"十三五"规划教材·会计系列

U0754125

管理会计

(第三版)

胡元林　杨锡春／主编
李红琨　李　琳／副主编

立信会计出版社
LIXIN ACCOUNTING PUBLISHING HOUSE

图书在版编目(CIP)数据

管理会计 / 胡元林主编. —3 版. —上海：立信
会计出版社，2020.7(2021.1 重印)

"十三五"规划教材. 会计系列

ISBN 978 - 7 - 5429 - 6555 - 4

Ⅰ. ①管… Ⅱ. ①胡… Ⅲ. ①管理会计-高等学校-
教材 Ⅳ. ①F234.3

中国版本图书馆 CIP 数据核字(2020)第 122651 号

策划编辑 孙 勇
责任编辑 孙 勇
封面设计 南房间

管理会计(第三版)

Guanli Kuaiji

出版发行	立信会计出版社		
地 址	上海市中山西路 2230 号	邮政编码	200235
电 话	(021)64411389	传 真	(021)64411325
网 址	www.lixinaph.com	电子邮箱	lixinaph2019@126.com
网上书店	http://lixin.jd.com		http://lxkjcbs.tmall.com
经 销	各地新华书店		
印 刷	上海万卷印刷股份有限公司		
开 本	787 毫米×1092 毫米	1/16	
印 张	18		
字 数	426 千字		
版 次	2020 年 7 月第 3 版		
印 次	2021 年 1 月第 2 次		
印 数	3 101—5 200		
书 号	ISBN 978 - 7 - 5429 - 6555 - 4/F		
定 价	39.00 元		

"十三五"规划教材·会计系列
编委会

总　　序

早在140多年前，马克思就在《资本论》第二卷中明确地谈到会计对社会经济发展的重要价值："过程越是按社会的规模进行，越是失去纯粹个人的性质，作为对过程的控制和观念总结的簿记就越是必要。"在现代信息社会中，经济的发展尤其离不开会计。会计是从事经济和管理工作的人员必须掌握的一门基础性学科，其所提供的信息是企业管理者进行决策时必不可少的。在经济全球化加速发展的今天，会计作为经济信息系统和国际通用的商业语言，在全球经贸往来核算中，扮演着越来越重要的角色。

伴随着经济的发展，国家对高等教育发展进行了战略调整，李克强总理提出要"引导一批本科高校向应用技术型高校转型"，要大力发展现代职业教育，这就要求我们培养出来的会计人才要更多地体现出实践性、应用性的特点。这对我们的会计教学及教材建设提出了新的要求，也为会计教学改革提供了新的契机。同时，为做好会计人才培养的规划，也需要建设一套完整的会计系列教材并以此为依托引领未来一段时间的会计教育，特别是需要通过编写一套能够体现应用型人才培养特点的会计系列教材来推进应用型会计特色专业建设和人才培养模式的改革。近几年，我国新修订了一些会计准则和审计准则并补充了许多新的税收法规，也出台了新的内部控制规范指引，这都要求我们对原有的会计教材进行补充和调整。

"工欲善其事，必先利其器"，编写一套能够满足绝大多数学校的需要、适应应用型会计本科教学特点的系列教材的任务已经摆在了我们的面前。为此，我们专门选择了一些在云南省高校长期从事会计、财务和审计教学，而且教学效果较好，得到大家普遍认可的专家、学者组成编委会，共同编写这套会计系列教材。在本套教材的编写过程中，我们力求体现以下特点。

一是前沿性。本套教材力争体现最新会计准则、审计准则和新出台的相关法律法规，吸收最新的教学和科研成果。

二是应用性。本套教材主要针对应用型本科的教学需要进行内容的安排和组织，特别注重对实践能力的训练，以增强学生的动手能力。本套教材在注重知识应用的同时还结合理论进行知识点的讲授，便于加深学生对理论的理解。

三是系统性。无论是单本教材还是整套教材，都突出知识的系统性和全面性。学生通过学习教材可以掌握会计、财务管理和审计的各种知识。我们在编写时注重各种教材间的衔接,从而体现本套教材的特点。

　　本套教材由《会计原理与实务》《中级财务会计(第二版)》《成本会计(第二版)》《管理会计(第三版)》《财务管理》《资产评估》《会计信息系统》《会计综合模拟实训(第三版)》《审计学》《会计伦理与会计道德》《税务会计》《政府与非营利组织会计》等组成。

　　感谢云南省高等学校会计专业教学指导委员会的各位专家和参与编写本套教材的各位老师,他们对本套教材从编写方案的提出,到教材大纲的论证,直至初稿的撰写和审阅都付出了辛勤的劳动,同时感谢立信会计出版社对本套教材出版的大力支持。

　　由于是系列教材,编写任务较重,书中不足和疏漏之处在所难免,恳请读者和各位同仁不吝指正,以便再版时进一步补充和修订。

陈 红

2020 年 6 月

第三版前言

2014年11月14日,财政部正式发布了《财政部关于全面推进管理会计体系建设的指导意见》(以下简称《指导意见》),《指导意见》提出,力争通过5~10年的努力,使我国管理会计发展接近或达到世界先进水平,并且从理论体系、指引体系、人才培养和信息化建设这四个方面指明了管理会计的发展路径。

事业发展,人才为先。尽管当前我国会计人员队伍已达千万之众,但是精通管理会计理论与实践的人才却较为稀缺。造成我国管理会计人才匮乏的最大原因是管理会计人才培养体制的落后,目前的管理会计人才培养体制既缺乏实战性的系统课程,又缺乏打通理论与实践的讲授方式。而建设符合我国企业特色的管理会计教材正是解决该困境的突破口。

本教材在编写过程中坚持理论与实践相结合的原则,在借鉴国内外管理会计相关理论的基础上,结合我国实际,较系统、全面地阐述了管理会计的基本理论和基本方法,同时重视对学生基本素质和基本技能的培养。全书共计十四章,分为五大单元:第一单元(第一至第四章)为管理会计的基础,内容包括管理会计概述、成本性态、变动成本法、本量利分析;第二单元(第五至第七章)为预测与决策会计,内容包括预测分析、短期经营决策、长期投资决策;第三单元(第八至第九章)为规划与控制会计,内容包括预算管理、成本控制;第四单元(第十至第十一章)为责任与评价会计,包括责任会计、业绩评价;第五单元(第十二至第十四章)为管理会计的发展,包括战略管理会计、环境管理会计和知识资本管理会计。

(1)侧重基础知识。本教材以夯实学生管理会计基础为目标,主要讲述管理会计的基本理论、基本方法、基本操作技能,真正突出以学生为中心的特点;对管理会计研究的新进展仅适当涉及,力求开拓学生视野。

(2)注重循序渐进。参与编写的教师均为一线教师,有丰富的教学经验和教学组织能力,对章节之间的组织以及典型例题、案例的安排能充分考虑知识点之间的衔接和逻辑关系,有利于学生知识体系的构建和培养。

(3)教学理念新颖。每章均包括:学习目标、案例引导、基本内容、本章小结、思考与练习,既注重培养学生学习兴趣,又能够扩大学生的知识面,增强学生的动手能力。

(4)教学素材丰富。本教材配有相应的教学素材,如PPT、习题答案、教学大纲及教案等,便于教师教学和读者学习、巩固。

　　本教材由胡元林教授、杨锡春教授任主编,李红琨、李琳和董慧霞任副主编。昆明理工大学的金顺姬编写第一、第二章,昆明理工大学的胡元林编写第三、第十二、第十三、第十四章,昆明理工大学的李琳编写第四章,云南财经大学的杨锡春编写第五、第六章,昆明理工大学的潘华、胡元林、张明凯编写第七章,云南财经大学的刘静编写第八、第十章,云南财经大学的李红琨编写第九、第十一章。本教材书稿完成后,由胡元林教授、杨锡春教授对全书进行修改、增补和定稿。

　　本教材适用于大学本科和高职高专教学,也可以作为财务会计人员、经济管理人员在职培训和自学教材。

　　在本教材编写过程中,承蒙立信会计出版社和兄弟院校有关专家、教授的大力支持和帮助,特此表示感谢。由于我们水平有限,书中难免会存在一些问题,恳请读者批评指正。

胡元林　杨锡春

2020 年 6 月

目　　录

第一章　管理会计概述

【学习目标】　本章介绍了管理会计的概念、职能及其基本内容,管理会计的产生与发展,管理会计与财务会计的关系,管理会计组织与管理会计师职业道德。通过本章的学习,应理解管理会计的本质,掌握管理会计的基本内容,了解管理会计的发展过程及其发展趋势,理解管理会计与财务会计的关系,掌握管理会计师职业道德标准及与职业道德发生冲突时的解决方法。

【引导案例】

管理会计师与传统的"账房先生"有何区别

陈稳和李刚是中国某大学会计系的同班同学,毕业于 2020 年,两人同时应聘到当地某知名制造企业的财务部门。陈稳细心缜密,有扎实的基础知识,在企业从事财务会计工作,工作的大部分时间用于登记账簿与核算,充当着"账房先生"的角色。每到新年年初,陈稳都会通宵加班,他需要尽快编制财务报表,将企业的财务状况与经营成果向外界公布。李刚性格开朗果断,沟通能力强,负责成本控制、预算执行与绩效考核等管理工作。李刚需要频繁接触财务部门以外的其他职能部门,如销售部、采购部以及制造部等,与其他部门共同协作来开展管理工作。李刚经常会针对企业经营管理遇到的特定问题进行分析研究,以便向财务总监和其他高层管理者提供预测、决策和控制考核所需的信息资料。

陈稳和李刚都从事会计工作,为什么他们的工作特点完全不同呢?

第一节　概　　述

一、管理会计的概念

管理会计是随着社会经济的发展、科学技术的进步、企业经营管理现代化而逐步发展起来的,它是在财务会计基础上孕育、发展并分离出来的一门新兴的综合性边缘学科,是会计学和管理学相结合的产物。

第二次世界大战以后,生产社会化程度有了大幅度提高,社会化大生产使所有权与经营权进一步分离,导致企业外部利益相关者特别关注能反映企业财务状况和经营成果的会计信息。同时,会计工作也日益向基层单位、管理部门和生产技术领域渗透,会计最初的受托责任已渐渐降到次要地位。而随着电子计算机的应用和普及,会计逐步由手工处理发展为电子数据处理系统,技术方法日益先进,促进了会计信息的传递,扩大了信息的使用范围。在这种环境下,会计理论和方法随着企业内部和外部对会计信息的不同要求而分化为两个领域,即管理会计和财务会计。

　　财务会计与管理会计的分离使得这两个会计分支形成了各自的体系和方法。财务会计的主要目标是按照公认的会计原则提供和报告已发生的历史信息,满足外部监管者的需要;而管理会计则侧重于信息的积累、对比、分析和解释,以帮助企业管理当局预测前景、参与决策、规划未来、控制和评价各责任单位的经济活动。

　　尽管管理会计从问世到现在已经历了一个多世纪的发展,但学术界对管理会计的概念和内涵仍众说纷纭,形成了多种观点。但总的来说,管理会计的概念可以从狭义和广义两个方面来理解。

　　狭义的管理会计又称微观管理会计,是在市场经济条件下,以加强企业内部经营管理、实现最佳经营效益为最终目的,以现代企业经营活动及其价值表现为对象,通过对历史和未来财务信息及其他各种信息的深加工和再利用,实现对企业生产经营过程的预测、决策、规划、控制和责任考评等职能,以帮助企业内部管理人员制定合理的经济目标方案,并协助管理部门达到其经济目标,制定合理的经济决策的一个会计分支。它是一种侧重于在现代企业内部经营管理中发挥作用的会计,同时又是企业管理的重要组成部分。

　　广义的管理会计,是指现代会计系统中区别于传统会计的,直接体现预测、决策、规划、控制和责任考评等会计职能的那部分内容。这个定义既揭示了狭义管理会计的本质,又有助于逐步形成宏观管理会计、战略管理会计和国际管理会计的定位。

　　广义和狭义的管理会计定义的最大区别在于,后者明确了管理会计信息的使用者是企业内部的管理人员,不包括企业外部的利益相关者。这就将管理会计与财务会计作为两个独立的会计分支而分开,从而形成了现代会计的两个分支的划分。本教材主要讨论狭义的管理会计问题。

二、管理会计的职能

　　管理会计的目标是帮助管理当局对资源的最优化使用作出决策。管理会计的目标是通过管理会计职能的发挥来实现的。管理会计的职能是指管理会计在企业管理过程中所承担的职责和具有的功能。管理会计的职能是随着社会经济的发展而逐步扩大的。目前,管理会计的职能主要包括预测、决策、规划、控制、评价等方面。

　　第一,预测职能。预测是指在掌握现有信息的基础上,依照科学方法和规律对未来的事情进行预计和推测,以预先了解事情发展的过程与结果的行为。管理会计发挥预测职能,就是按照企业未来的总目标和经营方针,充分考虑经济规律的作用和经济条件的约束,选择合理的模型,有目的地预计与推测企业未来销售、利润、成本及资金的变动趋势和水平,为企业经营决策提供可靠的依据。

　　第二,决策职能。决策是指为了实现特定的目标,在充分考虑各种可能的前提下,借助一定的工具和科学的方法,对未来所采取的行为作出决定的过程。决策作为企业经营管理的核心,贯穿于企业管理的各个方面和整个过程。管理会计发挥决策的职能,主要体现在根据企业的决策目标,收集和整理各种相关信息资料,利用科学的方法计算出各方案的指标值,并作出各方案的财务评价,从中选出最优方案。

　　第三,规划职能。规划是指在最终决策的基础之上,把确定好的有关经济目标分解到相关的预算当中,做到有效地配置企业的各项资源,使企业获得最大的经济利益,为过程控制和责任考评奠定基础。在管理会计中,规划职能主要是通过编制各种预算与计划来实现的。

第四,控制职能。控制的目的是保证企业的实际经济活动能按照预期计划或预算进行,最终达到预期目标。管理会计的控制职能,主要体现在把企业经济过程的事前控制与事中控制进行有机地结合,对执行过程中的实际情况与最初计划的差异进行分析,明确原因,及时地采取相应的解决措施,以确保经济目标的顺利实现。

第五,评价职能。管理会计的评价职能,是通过建立责任会计制度来实现的,主要体现在事后根据各责任单位定期编制的业绩报告,将实际发生数与预算数进行对比、分析来评价和考核各责任单位的业绩,以便奖勤罚懒、奖优罚劣,正确处理分配关系,保证经济责任制的贯彻执行。

三、管理会计的基本内容

管理会计的基本内容与其职能相对应,一般分为预测与决策会计、规划与控制会计、责任与评价会计三部分,具体分为预测分析、决策分析、全面预算、成本控制和责任与评价会计等方面。

1. 预测与决策会计

预测与决策会计是以企业经营目标为依据,主要包括预测分析、短期经营决策、长期投资决策等内容,在管理会计中侧重于发挥预测经济前景和实施经营决策的作用。它处于管理会计的核心地位,又是管理会计形成的关键内容之一。

2. 规划与控制会计

规划与控制会计以全面预算为依据,主要包括财务预算、成本控制与标准成本系统等内容,在决策目标和经营方针已经明确的前提下,侧重于发挥为执行既定的决策方案而进行有效规划和控制的作用。

3. 责任与评价会计

责任与评价会计主要包括责任会计、绩效评价等内容,是指在组织企业经营时,按照分权管理的思想划分各个内部管理层次的相应职责、权限及所承担义务的范围和内容,形成不同层次的责任中心,通过考核评价各责任中心履行职责的情况,反映其真实业绩,从而调动企业职工积极性、形成激励机制的管理会计子系统。

预测与决策会计、规划与控制会计和责任与评价会计三者既相互独立,又相辅相成,共同构成了现代管理会计的基本内容。

第二节　管理会计的产生与发展

管理会计起源于19世纪末20世纪初的美国,20世纪上半叶已成雏形,20世纪50年代以后得到迅速发展。管理会计随着经济的不断发展经历了从简单到复杂、从低级到高级的发展阶段。管理会计的发展,大体可分为管理会计的萌芽与形成阶段、现代管理会计阶段与现代管理会计的变革阶段三个阶段。

一、管理会计的萌芽与形成阶段

美国是管理会计最早萌芽的国家。19世纪末20世纪初,美国完成了从农业国向工业国的转变,许多工厂发展成为生产多种产品的大企业,并出现了巨型企业。但是这些大企业的管理还相当落后,传统的经营管理方式所无法克服的粗放经营、资源浪费、效率低下等弊端同大机器生产的矛盾越来越尖锐。美国的经济发展速度和企业中劳动生产率的水平远远落后于科学技术成就和经济条件所提供的可能性。于是,取代落后的"传统管理"的"科学管理"方式应运而生。1911年,泰勒(Frederick Taylor)提出的科学管理理论,为"标准成本制度"的确立奠定了基础。泰罗等工程师进行工作分析和时间、动作研究,建立起特定单位产出所需的人工和材料的科学标准,开创了将间接制造费分配给产品成本的实务。标准的制定和实施,消除了资源浪费严重、生产效率低下等方面的弊端,提高了生产效率;也使企业会计突破了事后核算的格局,采取对经济过程实施事前规划和事中控制的技术方法,更好地促进经营目标的实现。

伴随着企业管理方式的变革,会计开始了由近代会计向现代会计过渡,原始的管理会计初见端倪。标准成本、预算控制和差异分析等主要内容在实践中不断充实和完善,逐步形成了管理会计的雏形。

二、现代管理会计阶段

第二次世界大战结束后,大量新技术、新工艺、新装备被广泛应用,新兴产业部门层出不穷,社会生产力迅猛发展,企业规模的逐渐扩大使得市场竞争加剧。这些新的环境因素要求企业尽快实现管理的现代化,将过去以生产为中心的生产型管理模式转变为以经济效益为中心的经营型管理模式。与此同时,现代管理科学迅速发展,极大地推动了管理会计的发展。20世纪50年代,为了有效地实行内部控制,美国各大企业普遍建立了专门行使控制职能的总会计师(controller)制。1958年,美国会计学会的一份研究报告中明确地指出了管理会计基本方法,包括标准成本计算、预算管理、盈亏临界点分析、差量分析法、变动预算、边际分析等内容,从而组建了管理会计方法体系的基础。至60年代,电子计算机和信息科学的发展,产生了"业绩会计"和"决策会计",从而使管理会计的理论方法体系进一步确定。到70年代末,美国学术界对于管理会计理论体系的研究达到了高峰。这个时期的管理会计追求的是"效益"(effectiveness),它强调的是首先把事情做对(doing right thing),然后再把事情做好(doing thing right)。至此,管理会计形成了以"决策与计划会计"和"执行会计"为主体的管理会计结构体系。

三、现代管理会计的变革阶段

进入20世纪80年代后期,企业的制造环境发生了根本性的变化。随着社会经济的高速发展,消费者对商品的需求日益多样化和个性化,导致企业生产由传统的大批量标准化生产转变为以顾客需求为导向的"顾客化"生产模式。同时,科学技术的进步和创新促使企业生产的技术含量迅速提高,生产流程日趋计算机化和自动化。社会经济和科学技术的重大变革和发展对管理会计产生了重大的冲击,促使管理会计不断发展并扩展到新的领域。

在新的制造环境下,活劳动(直接人工费)在投入资本中所占的比重大幅度下降,而各项间接费用所占的比重则大幅度提高等,导致成本结构发生了根本性变化。传统的成本计算方法面临严峻挑战。传统的成本计算方法仍采用按工时分配等传统的间接费用分配方法,严重扭曲了成本信息,造成了成本信息失真,进而影响了管理者的定价决策、产品生产组合决策等。为了克服这一缺陷,作业成本法在实践中受到了重视并得以应用。作业成本法与传统成本计算方法最明显的区别在于,它按照不同的成本动因将所有的制造费用追踪归属到某一种作业或作业中心,然后再由每一种作业或作业中心按照作业成本中心分配给不同的产品。

另外,世界经济的快速发展和经济一体化进程的加快,国际化大市场逐渐形成,企业竞争更趋剧烈,促使企业必须站在宏观战略角度进行各种决策。而战略管理理论的长足发展,促使战略管理会计的产生。除此以外,环境管理会计、人力资源管理会计等新型学科的出现,也不断拓展着管理会计的内涵和外延。

从管理会计的发展历程可以看出,管理会计是伴随着社会经济的发展而发展的,生产力的不断进步是管理会计产生和发展的根本原因,商品经济的发展为管理会计的产生奠定了物质基础,管理科学的发展是管理会计产生发展的理论基础。随着社会生产力和科技的不断进步,管理会计的基本理论和方法将日趋成熟和完善,它在现代企业管理中的地位和作用也将进一步加强。

第三节　管理会计与财务会计的关系

会计是借助于专门的技术方法,对一定单位的资金运动进行全面、综合、连续、系统的核算与监督,向外部使用者与企业内部决策者提供会计信息,以提高经济效益的一种经济管理活动。现代会计学分为财务会计和管理会计两大分支,这两者既有密切的联系,又有明显的区别。

一、管理会计与财务会计的联系

管理会计与财务会计同时为企业提供服务,两者之间有以下联系。

第一,两者的最终目标一致。管理会计与财务会计所处的工作环境相同,共同为实现企业管理目标和经营目标服务。在服务过程中,财务会计侧重于对企业实际运行状态的记录和总结;管理会计则是利用经济数据通过各种方法来帮助企业管理当局作出决策,完成其设定的管理目标,侧重于过程控制。但是作为会计的两个分支,它们都是为企业管理服务的。

第二,两者的对象相同。财务会计与管理会计的对象从总体上来说是一致的,即以物资运动和价值运动为基础,以信息运动为纽带,体现人与人之间社会生产关系的社会再生产过程。只不过由于分工的不同,两者在"时""空"两方面各有侧重而已。财务会计的对象以企业的生产经营情况为主,时间上侧重于过去的、已经发生的经济活动及其发出的信息,在空间上侧重于经济活动主体的全部经济活动及其发出的信息;而管理会计则是对财务会计的客体"情况"进行再加工,在时间上则侧重于现在的以及未来的(预期的)经济活动及其发出的信息,在空间上则侧重于部分的、可供选择的或特定的经济活动及其发出的信息。

第三,两者共同组成一个完整的会计系统。会计系统是由财务会计和管理会计两个子系统耦合而成的。这两个子系统有着"你中有我、我中有你,相辅相成"的天然联系。管理会计要受到财务会计工作质量的制约,而财务会计的发展与改革也应当充分考虑到管理会计的要求,以扩大信息交换处理能力和兼容能力,避免不必要的重复和浪费。两者信息来源相同,主要指标相互渗透。财务会计提供的历史性资金、成本、利润等有关指标,是管理会计进行长期与短期决策分析的重要依据,而管理会计所确定的计划,又是财务会计进行日常核算的目标,两者的主要指标体系和内容基本一致。

二、管理会计与财务会计的区别

管理会计从财务会计分离出来后,形成了与财务会计并列的独立学科,与财务会计相比,它们之间的区别主要表现在以下几个方面。

第一,两者的服务对象不同。财务会计的侧重点在于根据日常的业务记录、登记账簿,定期编制有关的财务报表,向与企业有经济利害关系的团体、个人报告企业的财务状况与经营成果,其具体目标主要为企业外界服务,财务会计又可称为"外部会计"。而管理会计的侧重点在于针对企业经营管理遇到的特定问题进行分析研究,以便向企业内部各级管理人员提供预测决策和控制考核所需要的信息资料,其具体目标主要为企业内部管理服务,管理会计又可称为"内部会计"。

第二,两者的工作主体不同。财务会计主要以整个企业为工作主体,提供总括的财务会计信息,用来反映和评价整个企业的财务状况和经营成果。管理会计主要以企业内部责任单位为工作主体,其工作主体表现为多层次,既可以是整个企业,又可以是企业内部的局部区域或个别部门甚至某一管理环节。

第三,两者遵循的原则不同。财务会计必须严格遵循公认的会计原则(在我国表现为必须严格遵守《企业会计准则》和企业会计制度),以保证所提供的财务信息和财务报表在时间上的一致性和空间上的可比性。管理会计不受公认的会计原则的约束,在工作中可按照内部管理的需要编制各种报表,编制的方法和原则可以根据需要而定。

第四,两者的作用时效不同。财务会计的作用时效主要在于过去,着重于对过去实际已经发生的经济业务进行事后核算和监督,属于"报账型会计"。管理会计的作用时效不限于过去,管理会计能够能动地利用财务会计的资料进行预测和规划未来,同时控制现在,从而横跨过去、现在、未来三个时态。管理会计面向未来的作用时效摆在第一位,而分析过去是为了控制现在和更好地指导未来。因此,管理会计实质上属于"经营型会计"。

第五,两者的信息的特征、载体不同。财务会计能定期地向与企业有利害关系的团体或个人提供较为全面、系统、连续、综合的财务信息。财务会计的信息载体是有统一格式的凭证系统、账簿系统和报表系统,统一规定财务报告的种类。管理会计所提供的信息往往是为满足内部管理的特定要求而有选择地、部分地和不定期的管理信息。管理会计的信息载体大多为没有统一格式的各种内部报告,而且对报告的种类也没有统一规定。

第六,两者的工作程序和方法体系不同。财务会计必须执行固定的会计核算程序,从制作凭证、登记账簿到编报财务报告,都必须按规定的程序处理,不得随意变更其工作内容或颠倒工作顺序。其方法比较稳定,按照特定的会计准则和制度核算经济事项,数字运算相对简单。管理会计的程序性不固定,没有强制性,有较大的回旋余地,企业可根据自己实际情况设计管理会计工作的流程,这样就导致不同企业间管理会计工作的较大差异。同时管理会计可选择灵活多样的方法对不同的问题进行分析处理,即使对相同的问题也可根据需要和可能而采用不同的方法进行处理,在信息过程中大量运用现代数学方法。

第七,两者的编报时间不同。财务会计的报表要求按照月、季、半年和年定期编制。管理会计编制与提供报表的时间跨度通常不固定,且不要求定期编制,根据管理需要,从小时、日到年,甚至几十年都有可能。

第八,两者的体系的完善程度不同。财务会计就其体系的完善程度而言,已经达到相对成熟和稳定的地步,形成了通用的会计规范和统一的会计模式,具有统一性和规范性。管理会计体系尚不够完整,正处于继续发展和不断完善的过程中,缺乏统一性和规范性。

第四节　管理会计组织与管理会计师职业道德

一、管理会计组织

管理会计相关职责的履行需要相应的管理会计组织和管理会计人员来完成。在西方,企业内部除了设置财务会计机构外,通常设有单独的管理会计部门,两个部门并行,共同接受总会计师的领导。管理会计人员的主要工作是根据企业实际和未来发展方向,对其经营目标和实施方案进行预测与决策,编制预算,对经营活动进行价值控制,组织成本核算管理,考核、评价有关的经营业绩,为加强企业内部管理献计献策。可见,管理会计工作可以渗透到企业的各个方面和各个环节,它既为企业总体管理服务,又属于企业管理系统的有机组成部分,并处于价值管理的核心地位。

在我国,由于管理会计工作尚处于起步阶段,企业内部没有专设的机构和人员负责该项工作,只能由财务人员兼做,如销售组负责销售预测、材料组负责存货控制,由于是兼职,因而往往顾此失彼。随着改革的深入,现代企业制度的完善以及会计电算化的普及,特别是国家层面对管理会计的重视,我们相信越来越多的企业会逐步认识到管理会计的重要性,通过设置管理会计机构、配备管理会计人才,来加强企业的预测、决策、规划、控制、评价等职能。

二、管理会计师职业道德

管理会计师在现代企业的发展中充当着非常重要的角色,在企业中拥有不可或缺的重要地位,管理会计师职业道德的好坏直接关系到企业的长远发展。本教材参考美国管理会计师协会制定的《管理会计师道德行为标准》对管理会计师的职业道德行为标准进行介绍,其内容大体可分为基本原则和道德裁决两部分。

（一）基本原则

（1）专业胜任能力。管理会计师要提供高质量的专业服务,必须具有较强的业务能力,他们必须做到:①接受职业后续教育,维持专业技能。取得管理会计师资格后,不能停留于已有的经验和知识而故步自封,应当不断接受后续教育,更新专业知识,提高业务能力。②遵守法律、法规及职业规范。不能从事违法行为,不能损害国家利益和他人利益,必须遵守国家法律、法规,遵守职业规范。③在企业会计核算所提供的信息基础上,计算和分析相关数据,为企业经营管理和决策提供全面、可信的内部报告。

(2)保密。管理会计师的工作性质决定了他们能够掌握大量的企业内部信息,这些机密一旦泄露,将会给企业带来巨大的经济损失,因此管理会计师必须做到:①除授权及法定情况外,应保守工作中获得的机密。②以适当方式告知下属工作中的机密时,必须监督他们保密。③坚决不利用企业机密获取不正当利益。

(3)诚实正直。管理会计师为企业的经营管理活动提供决策信息,信息的质量不仅取决于管理会计师的技术水平,还取决于他们的品行。因此,管理会计师应当做到:①遵守回避原则。为了保证管理会计师所提供信息的客观性,对于明显涉及管理会计师切身利益的业务,管理会计师应该回避;对于涉及切身利益而他人未知的业务,管理会计师应主动声明并回避。②坚决不参加妨碍公正履行职责的宴请、娱乐等活动;坚决不接受影响执业的馈赠礼物。③坚决不从事违反企业规章及企业目标的活动。管理会计师作为企业的高层管理人员或管理咨询人员,应该维护企业的利益,严格遵守企业的各项规章制度,为实现企业目标而努力。④识别和揭示影响专业判断及管理决策的各种局限。⑤披露有利和不利信息,揭示所有的专业判断及形成的各种观点。⑥坚决不参加和支持有损职业形象的活动。

(4)客观性。管理会计师对有关事项的调查、判断及意见的表述,应当基于客观的立场,以客观事实为依据,不受他人左右,不掺杂个人主观意见。在分析问题和处理问题时,不能以个人的好恶或成见行事,应当提供真实客观的信息。管理会计师应当做到:①披露客观、公正的信息。客观、公正的信息是管理人员作出正确决策的基础,管理会计师有责任保证信息的高质量。②充分地披露信息。只有充分、翔实地披露信息,才能使信息的使用者正确地理解内部会计报告。

(二)道德裁决

在实际工作中,管理会计师可能会遇到怎么确认不道德行为或怎么解决道德冲突的问题。当面对重大职业道德问题时,管理会计师必须严格遵守职业道德标准的基本原则。如果这些基本原则不能解决问题时,管理会计师应考虑采用以下方法:

(1)立即向上级报告。遇到需要裁决的问题时可向上级报告,仍不能解决时再向更高一级领导报告。如果上级是道德裁决执行人员,那么,内部审计机构、监事会、董事会或股东大会都可以作为道德裁决的再审议机构。除了上述合法的审议组织和个人外,对需要裁决的问题不得交给任何未经许可的人员和机构处理。

(2)对需裁决事项,可通过与有关人员进行深入的讨论,辨明是非,以便决定将采取什么样的行动。

(3)如果经各级再审议机构评议后,道德裁决问题仍未解决,管理会计师为了保护自己的利益,避免承担法律责任,最好的选择是离开企业,并向企业的法人代表提交详细的备忘录,说明存在的问题以解脱相应的责任。

本 章 小 结

　　管理会计和财务会计一起并称为现代会计的两大分支。相对于财务会计,管理会计是根据企业实际和未来发展方向,对其经营目标和实施方案进行预测与决策,编制预算,对经营活动进行价值控制,组织成本核算管理,考核评价有关的经营业绩,为加强企业内部管理献计献策。本章主要阐述了管理会计的基本概念、职能、基本内容以及管理会计产生与发展的历史演进,并将管理会计同财务会计相比较,分析两者的联系和区别。本章还介绍了管理会计师应具备的职业道德。通过本章内容的学习,学生可以认识到管理会计在企业管理中的重要作用,初步掌握管理会计的基本理论和方法,为管理会计课程后续的学习打下良好的基础。

思 考 与 练 习

复 习 思 考 题

1. 管理会计的定义是什么? 其基本职能是什么?
2. 管理会计的产生与发展分为几个阶段?
3. 管理会计与财务会计的主要区别是什么?
4. 管理会计师的职业道德有哪些?

练 习 题

一、单项选择题

1. 企业会计的两大分支是(　　　)。
   A. 决策会计和预测会计　　　　　　B. 财务会计和成本会计
   C. 财务会计和管理会计　　　　　　D. 控制会计和责任会计

2. 管理会计的服务对象侧重于(　　　)。
   A. 股东　　　　　　　　　　　　　B. 外部集团
   C. 债权人　　　　　　　　　　　　D. 企业内部的经营管理

3. 财务会计的服务对象主要是(　　　)。
   A. 企业内部经营管理人员　　　　　B. 企业外部信息使用者
   C. 企业董事会　　　　　　　　　　D. 企业总经理

4. 财务会计主要是通过(　　　)为企业外部的各种社会集团服务。
   A. 原始凭证　　　　　　　　　　　B. 记账凭证
   C. 会计凭证　　　　　　　　　　　D. 定期编制的财务会计报表

5. 管理会计的核算依据是(　　　)。
   A. 会计原则和法规　　　　　　　　B. 会计制度

C. 企业会计准则　　　　　　　　　D. 服从管理需要

6. 管理会计萌芽于美国,萌芽时期为20世纪(　　)年代。

    A. 10　　　　　B. 20　　　　　C. 30　　　　　D. 50

7. 管理会计的会计主体不是(　　)。

    A. 整个企业　　B. 销售部门　　C. 生产部门　　D. 个人

8. 不属于管理会计师道德行为标准基本原则的是(　　)。

    A. 专业胜任能力B. 客观性　　　C. 准确性　　　D. 保密性

9. 20世纪60年代,随着电子计算机和信息科学的发展,产生了(　　),从而使管理会计的理论方法体系进一步确定。

    A. 业绩和决策会计　　　　　　　B. 决策与评价会计

    C. 预测与决策会计　　　　　　　D. 规划与控制会计

10. 作为"经营型会计",管理会计为了有效地服务于企业内部经营管理,必须(　　)。

    A. 反映过去　　B. 反映现在　　C. 历史描述　　D. 面向未来

二、多项选择题

1. 以下不是财务会计与管理会计工作侧重点的有(　　)。

    A. 前者服务于企业外部利益相关者,后者服务于企业内部管理者

    B. 前者服务于企业债权人,后者服务于投资者

    C. 前者的服务对象与企业无关,后者的服务对象与企业有关

    D. 前者是记录反映企业的经营状况,后者是预测评价企业的经营状况

2. 管理会计与财务会计的区别有(　　)。

    A. 遵循原则　　B. 核算依据　　C. 服务对象　　D. 编报主体

3. 下列项目中,属于管理会计基本职能的有(　　)。

    A. 考核评价经营业绩　　　　　　B. 参与经营决策

    C. 控制经济过程　　　　　　　　D. 核算经营成果

4. 管理会计师职业道德的道德裁决包括(　　)。

    A. 遇到需要裁决的问题时,可向上级报告

    B. 对需裁决事项,通过与有关人员进行深入的讨论,辨明是非

    C. 道德裁决问题解决不了,管理会计师为了避免承担法律责任,可以离开企业

    D. 管理会计师离开企业时,有必要向企业的法人代表提交详细的备忘录

5. 管理会计的基本内容是由(　　)构成的。

    A. 预测与决策会计　　　　　　　B. 决策与评价会计

    C. 规划与控制会计　　　　　　　D. 控制与业绩评价会计

第二章 成本性态

【学习目标】 本章介绍了成本的分类、成本性态分类、成本性态分析的程序和方法及成本性态分析的意义和存在的问题。通过本章的学习,应了解固定成本、变动成本及混合成本的基本概念及特征;掌握成本性态分析的方法,使用高低点法、散布图法以及最小二乘法将混合成本分解为固定部分和变动部分;评价成本方程式的可靠性;了解成本性态分析的意义和存在的问题。

【引导案例】

航空公司的决策

对航空公司的管理层而言,投入巨资购置飞机和设备绝非一项轻率的决策,他们知道该决策对未来数年的成本和利润将产生重大的影响,而且该投资的大部分成本都是固定的,而未来的收益却有可能因经济的走势而起伏不定。如果经济形势变坏,预期收益就无法弥补投入的成本。当预计经济形势较差时,航空公司该如何保护自己,避免损失呢?有管理者说:"我们管理层有一个目标,以 5%~10% 的比率租赁我们的飞行航队飞机,并且每年调整,这样就使公司在经济低迷时释放冗余客运量(从而降低相关成本)的能力提高。"可见,理解成本性态及管理层决策对成本的影响有助于公司加强成本控制。

第一节 成本及其分类

一、成本的概念

成本是商品经济的产物,其内容随着经济的发展而发展。马克思指出,成本的经济性质是"按照资本主义方式生产的每一个商品 W 的价值,用公式来表示是'$W=C+V+M$'。如果我们从这个产品价值中减去剩余价值 M,那么,商品剩下来的,只是一个在生产要素上耗费的资本价值'$C+V$'的等价物或补偿价值"。"商品价值的这个部分,即补偿所消耗的生产资料价格和所使用的劳动力价格的部分,只是补偿商品使资本家自身耗费的东西,所以对资本家来说,这就是商品的成本价格"①。在这里,成本仅指产品的生产成本。在后续的研究中,人们不断拓展成本的内涵,将成本视为企业在生产经营过程中所耗费的各项费用,是反映企业生产经营管理工作质量的一项综合性经济指标。财务会计把成本分为制造成本与非制造成本(期间费用),而制造成本又具体分为直接材料、直接人工及制造费用,非制造成本具体分为销售费用、管理费用及财务费用。管理会计主要是为企业内部

---

① 《资本论》第 3 卷。《马克思恩格斯全集》第 25 卷,人民出版社 1974 年版,第 30 页。

经营管理服务的,这就需要根据各种职能要求核算和提供符合各种目的的成本信息,因此,在管理会计学中,成本又被赋予了与传统的财务会计学和成本会计学截然不同的内涵。从管理会计的角度,成本是指特定的会计主体为了达到一定的目的而发生的可以用货币计量的代价。该概念强调以下方面:①成本是一种价值牺牲,即是对资源消耗的一种计量;②成本以货币形式进行计量;③成本是为了一定目的的价值牺牲,注重形成成本的原因(目的性)和成本发生的必要性。

管理会计扩展了成本的内涵和外延,使得成本表现具有多样化。为了服务于经营决策,管理会计所提供的成本信息可划分为变动成本、固定成本、机会成本、重置成本、目标成本和标准成本等。管理会计中的成本对于企业的日常经营管理、降低成本及提高经济效益有着重要意义。

二、成本的分类

成本有许多分类标志,选择不同的标志可以将成本划分为不同的类型。而不同类型的成本可以分别满足企业管理的不同要求。成本按其标志不同可有以下六种分类:成本按其经济用途分类,成本按其性态分类,成本按其实际发生的时间分类,成本按其可控性分类,成本按其可辨认性分类,成本按其相关性分类。

(一)成本按其经济用途分类

在制造企业中,将生产经营中发生的费用按经济用途分类,可分为计入产品成本的生产成本和直接计入当期损益的非生产成本两类。这种分类属于传统会计中的分类方法。

生产成本是指生产产品或提供劳务而发生的成本,通常包括直接材料、直接人工及制造费用。直接材料是指直接用于产品生产、构成产品实体的原料、主要材料以及有助于产品形成的辅助材料费用。直接人工是指直接参加产品生产的工人的薪酬费用。制造费用是指间接用于产品生产的各项费用,以及虽直接用于产品生产,但不便于直接计入产品成本,因而没有专设成本项目的费用(如机器设备的折旧费用)。制造费用包括企业内部生产单位的管理人员薪酬费用、固定资产折旧费、租赁费(不包括融资租赁费)、低值易耗品摊销、取暖费、水电费、办公费、运输费、保险费、设计制图费、试验检验费、季节性或修理期间的停工损失以及其他制造费用。

非生产成本是指期间费用,包括销售费用、管理费用及财务费用。销售费用是指企业在产品销售过程中发生的费用,以及为销售本企业产品而专设的销售机构的各项费用,包括运输费、装卸费、包装费、保险费、广告费、销售人员职工薪酬费用等。管理费用是指企业为组织和管理企业生产经营所发生的各项费用,包括企业的行政管理部门在经营管理过程中发生的费用(如职工薪酬费用、修理费、低值易耗品摊销、工会经费、社会保险费、职工教育经费、业务招待费等)。财务费用是指企业为筹集生产经营所需资金而发生的各项费用,包括利息支出(减利息收入)、汇兑损失(减汇兑收益)以及相关的手续费等。

(二)成本按其性态分类

成本性态是指成本总额随业务量(包括生产量、销售量、机器工时等)的增减而变动的特性,又称成本习性。企业的生产经营费用按照成本性态可以分为:固定成本、变动成本和混合成本三种类型。成本按性态分类有利于揭示企业利润和业务量之间的关系,是企业进行成本控制和分析的有效方法。

固定成本是指成本总额在一定时间和一定产量范围内,不直接受业务量变动的影响,而能保持不变的成本。例如,厂房和机器设备按直线法计提的折旧费、管理人员的基本薪资、职工培训费等均属固定成本。

变动成本是在特定产量范围内,其总额会随业务量的变化而变动的成本。例如,生产部门发生的直接人工工资、构成产品的直接材料费用、按销售收入的一定比例提取的销售佣金、技术转让费等均属于变动成本。

混合成本是指介于固定成本和变动成本之间的部分,其总额随业务量变动而变动但又不呈正比例变动的那部分成本。例如,检验人员超时工作时,月底需要支付基本工资和加班工资,这时检验人员的工资属于混合成本。

（三）成本的其他分类

成本除按经济用途和性态进行分类外,还可以按实际发生的时间、可控性、可辨认性、相关性进行分类。

1. 成本按其发生的时间分类

成本按其发生时间,可分为历史成本与未来成本。历史成本是指以前时期已经发生或本期刚刚发生的成本,也是财务会计中的实际成本。

未来成本是指未来发生的成本,也称预计成本。例如,计划成本、预算成本和标准成本等,未来成本与管理会计的规划、控制、考核相联系。

2. 成本按其可控性分类

成本按其可控性,可分为可控成本与不可控成本。可控成本是指责任单位对其成本的发生可以在事先预计并落实责任、在事中可以进行控制以及在事后可以进行考核的成本。

不可控成本是可控成本的相对立概念,是指在某一个单位或部门的权限范围内无法控制的成本。

3. 成本按其可辨认性分类

成本按其可辨认性,可分为直接成本和间接成本。直接成本是指那些与特定的归集对象有直接联系,能够明确判断其归宿的成本,又称可追溯成本。

间接成本是指那些与特定的归集对象并无直接联系或无法追踪其归宿的成本,又称不可追溯成本。

4. 成本按其相关性分类

成本按其相关性,可分为相关成本与无关成本。相关成本是指与特定决策方案有关的成本,如机会成本、边际成本、直接成本、可控成本等。无关成本是指与特定决策方案无关的成本,如沉没成本、不可避免成本等。

第二节　成本性态分析

如前所述,成本性态是指成本总额与其业务量之间的依存关系。这里的业务量是指企业在一定的生产经营期间内投入或完成的经营工作量的统称,可以用多种计量单位表示,既可以用绝对量(如生产量、销售量等)、价值量(如销售收入、产值等)和时间量(如机器工时、人工工时)表示,也可以用相对量(如作业率或开工率)反映。通常情况下,业务量是指生产量或销售量。而成本总额则主要是指为取得营业收入而发生的营业成本费用,包括全部生产成本和销售费用、管理费用等非生产成本。

一、成本性态的类型

成本按其性态进行分类是管理会计学中最重要的一种分类,是管理会计学的基本内容。成本按照成本性态进行分类,可以分为固定成本、变动成本和混合成本三种类型。

(一)固定成本

1. 固定成本的概念及分类

固定成本是指在一定时期和一定业务量范围内,其总额不受业务量增减变动影响而能保持不变的成本。例如,房屋设备租赁费、保险费、广告费、管理人员的薪酬、按照年限法计提的固定资产折旧费等。固定成本进一步又分为约束性固定成本和酌量性固定成本两大类。

约束性固定成本是指在短期内,管理当局的决策不能随意改变其支出数额的固定成本。约束性固定成本通常是提供和维持企业生产经营能力所需设施、机构等而发生的成本,这些成本的大小取决于生产经营能力的规模,是维持企业最基本的生产能力的支出,因此又称经营能力成本(capacity cost)。例如,厂房及机器设备按直线法计提的折旧费、房屋及设备租金、不动产税、财产保险费、照明费、行政管理人员的薪金等,均属于约束性固定成本。

酌量性固定成本是指企业管理当局在会计年度开始前,根据经营、财力等情况确定期间预算而形成的固定成本,如新产品开发费、广告费、职工培训费等。由于这类成本的预算数只在预算期内有效,企业领导可以根据具体情况的变化,确定不同预算期的预算数,所以,也称为自定性固定成本。这类成本的数额不具有约束性,可以斟酌不同的情况加以确定。需要指出的是,虽然酌量性固定成本的支出额是由企业管理层决定的,但绝不是说这种成本可以无限制地压缩,因为它关系企业未来的发展。企业要降低酌量性固定成本,就要从精打细算、厉行节约、杜绝浪费入手,合理确定这部分成本的数额。

2. 固定成本的特征

固定成本具有以下两个特征:

一是在相关业务量范围之内,成本总额不随业务量的变动而变动,表现为固定金额,如图 2-1 所示。其成本总额的性态模型为 $y=a$。

二是在相关业务量范围之内,单位业务量负担的固定成本(即单位固定成本)随业务量的增减变动呈反比例变动,如图 2-2 所示。其单位固定成本的性态模型为 $y=\dfrac{a}{x}$。

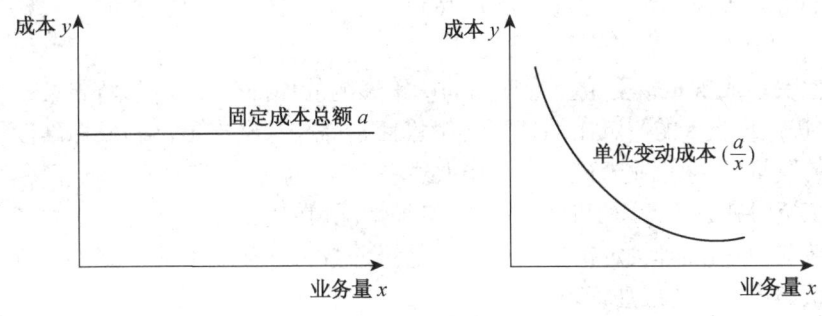

图 2-1　固定成本总额　　　　　　　图 2-2　单位固定成本

【例 2-1】　莲华公司 2×17 年每月租金为 24 000 元,1～3 月份产量分别为 6 000 件、5 000 件和 4 000 件,则公司固定成本、产量与单位固定成本的关系如表 2-1 所示。

表 2-1

莲华公司变动成本与产量资料

月份	租金总额 a(元)	产量 x(件)	单位成本 $\frac{a}{x}$(元)
1	24 000	6 000	4
2	24 000	5 000	4.8
3	24 000	4 000	6

从表 2-1 可以看出,该公司每月发生的租金总额均为 24 000 元,与产量的多少没有关系,但单位产品负担的租金却与产量的多少呈反比例变动。

3. 固定成本的相关范围

固定成本总额只有在一定时期和一定业务量范围内才是固定的,这就是说固定成本的固定性是有条件的。这里所说的一定范围叫作相关范围,如业务量的变动超过这个范围,固定成本就会发生变动,如图 2-3 所示。

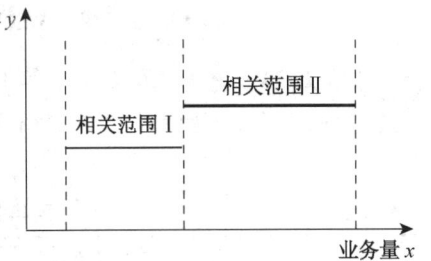

图 2-3　固定成本的相关范围

（二）变动成本

1. 变动成本的概念及分类

变动成本是在一定时期和一定业务量范围内,其总额会随业务量的变动而呈正比例变动的成本。例如,生产部门发生的直接人工工资、构成产品的直接材料费用、按销售收入的一定比例提取的销售佣金、技术转让费等均属于变动成本。

变动成本可分为技术性变动成本和酌量性变动成本两大类。

技术性变动成本也称约束性变动成本,是指其单位成本主要受技术因素决定的那部分变动成本。也是企业管理当局的决策无法改变其支出数额,并与业务量有明确的技术或实物关系的变动成本。例如,生产成本中主要受到设计方案影响的、单耗相对稳定的外购零部件成本,流水作业生产岗位上的工人的工资和福利费等都属于这类成本。要降低这类成本,需要通过改进产品设计、降低单耗、提高劳动生产率等手段来实现。

酌量性变动成本是指受企业管理当局决策影响的那部分变动成本,如按产量计酬的工人薪金、按销售收入的一定比例计算的销售佣金等。这些支出比例或标准取决于企业管理当局的决策,当然企业管理当局在作上述决策时不能脱离当时的市场环境。例如,在确定计件工资时就必须考虑当时的劳动力市场情况,在确定销售佣金时必须考虑所销产品的市场情况,并由经理决定销售佣金计提的百分数。这类成本的显著性特点是其单位成本的发生额可由企业最高管理层决定。

2. 变动成本的特征

变动成本有如下特征:

一是在相关业务量范围之内,变动成本总额呈正比例变动,即变动成本总额随业务量的变化而呈正比例变化,如图 2-4 所示。其成本总额的性态模型为 $y=bx$。

二是在相关业务量范围之内,单位成本的不变性,即在业务量不为零时,单位变动成本不受业务量增减的影响而保持不变,如图 2-5 所示。其单位变动成本的性态模型为 $y=b$。

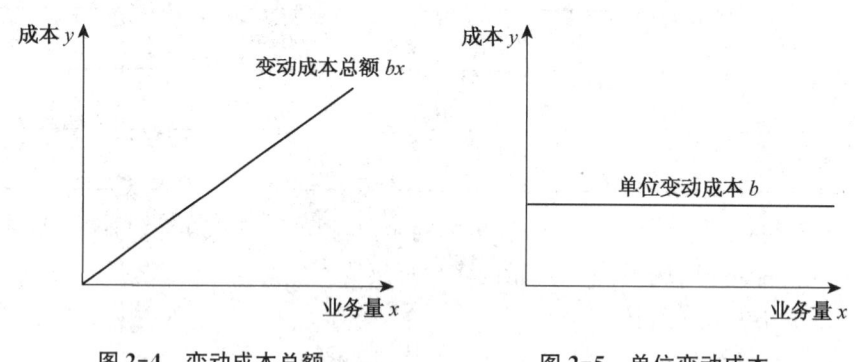

图 2-4　变动成本总额　　　　　　　图 2-5　单位变动成本

【例 2-2】　莲华公司 2×17 年 1～3 月份的产量分别为 6 000 件、5 000 件和 4 000 件,每生产一件产品需要支付工人计件工资 10 元,则变动成本与产量的关系如表 2-2 所示。

表 2-2

莲华公司变动成本与产量资料

月份	产量 x(件)	单位计件工资 b(元)	计件工资总额 bx(元)
1 月	6 000	10	60 000
2 月	5 000	10	50 000
3 月	4 000	10	40 000

3. 变动成本的相关范围

变动成本总额随着业务量变动并呈正比例变动的这种完全的线性联系,只有在一定的相关范围内存在;超出了相关范围,它们之间的联系则可能表现为非线性的。变动成本的相关范围就是指成本总额与业务量之间呈现为线性联系的这一段而言的,如图 2-6 所示。

（三）混合成本

混合成本是介于固定成本和变动成本之间的，其总额随业务量变动而变动，但又不呈正比例变动的那部分成本。这种同时兼有变动成本和固定成本双重特性的成本，称为混合成本。

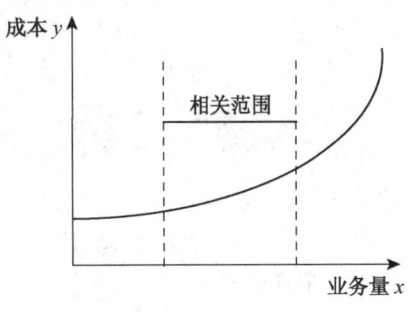

图 2-6　变动成本的相关范围

混合成本与业务量的关系比较复杂，按其变动形态不同，混合成本还可以进一步分为以下四种：半变动成本、半固定成本、延期变动成本和曲线式混合成本。

1. 半变动成本

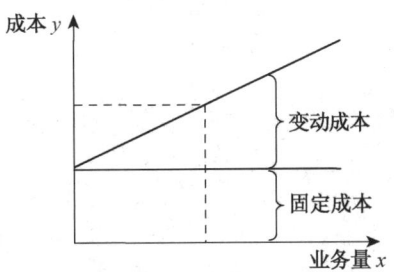

图 2-7　半变动成本模型

半变动成本也称为标准式混合成本，这种成本通常有一个基数，且与业务量无关，相当于固定成本；在此基础上，随着业务量的增加，成本相应地呈比例增加，相当于变动成本，可用公式 $y=a+bx$ 来表示。例如，热处理的电炉设备，每班需要预热，因预热而耗电的费用，属于固定成本；而预热后进行热处理的耗电费用，随着业务量的增加而逐步增加，又属变动成本。半变动成本与业务量的关系如图 2-7 所示。

2. 半固定成本

半固定成本也称阶梯式变动成本，表现为成本总额随产量的变化而呈阶梯形增长，如图 2-8 所示。在一定的业务范围内，其成本总额不随着业务量的变动而变动，类似固定成本；而当业务量突破这一范围，成本总额就会跳跃上升，并在新的业务量变动范围内固定不变。因此，成本是分阶段递增的，在每一阶段内其总额是固定的。例如，企业质检员、化验员等人员的工资等，就属于企业的半固定成本。半固定成本与业务量的关系如图 2-8 所示。

3. 延期变动成本

延期变动成本的特点是：在一定的业务量范围内其总额保持固定不变，一旦突破这个业务量限度，其超额部分的成本就相当于变动成本。延期变动成本实际上是将横轴"延伸"至业务量"临界点"时的半变动成本。例如，当企业职工的工资实行计时工资制时，其支付给职工的正常工作时间内的工资总额是固定不变的；但当职工的工作时间超过了正常水平，企业需按规定支付加班工资，且加班工资的大小与加班的长短存在着某种比例关系。延期变动成本与业务量的关系，如图 2-9 所示。

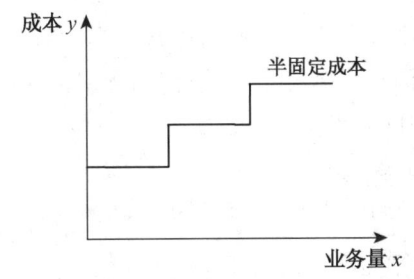

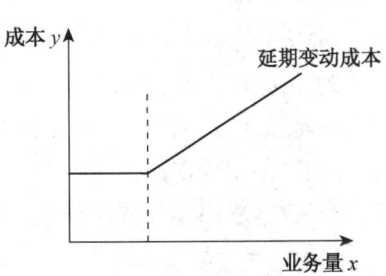

图 2-8　半固定成本模型　　　　　　图 2-9　延期变动成本模型

4. 曲线式混合成本

曲线式混合成本是指成本总额与业务量之间是非线性关系的成本。曲线式混合成本通常有一个初始量,一般不变,相当于固定成本;在这个初始量的基础上,成本随业务量变动但并不存在线性关系,在坐标图上表现为一条抛物线。按照曲线斜率的不同变动趋势,曲线式混合成本可进一步分为递增型混合成本和递减型混合成本。递增型混合成本是指业务量增长成本也增长,但成本增长的速度比业务量增长的速度快的成本,其成本曲线是一条凹形曲线如图 2-10 所示。递减型混合成本是指业务量增长成本也增长,但成本增长的速度比业务量的增长的速度慢的成本,其成本曲线是一条凸形曲线如图 2-11 所示。

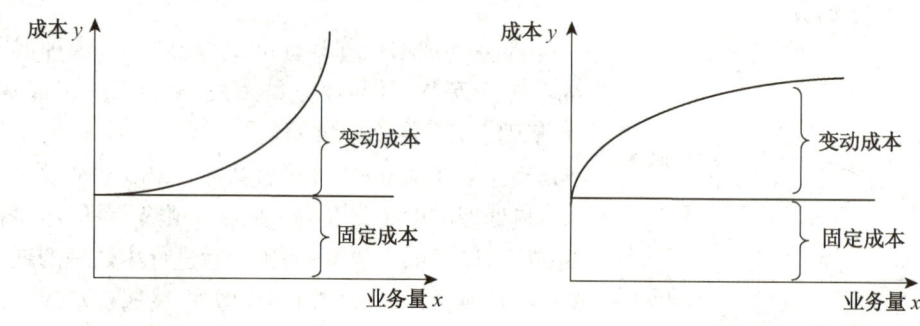

图 2-10　递增型混合成本模型　　　　图 2-11　递减增型混合成本模型

二、成本性态分析的程序

按照性态进行分类,企业的成本被区分为固定成本、变动成本和混合成本三大类别。虽然这种划分方式符合实际,也比较准确,但这种分类仅仅属于定性分析,不利于定量研究和模型的建立,需要我们进一步进行成本形态分析。

所谓成本性态分析,是指在成本性态分类的基础上,按一定的程序和方法,将全部成本最终区分为固定成本和变动成本两大类,并建立相应的成本函数模型 $y=a+bx$ 的过程。

成本性态分析是管理会计的一项基本工作。通过成本性态分析,将全部成本区分为固定成本和变动成本两个部分,为后续的本量利分析、预测分析、短期经营决策和全面预算等奠定基础。

成本性态分析的程序是指完成成本性态分析任务所经过的步骤。目前共有以下两种程序可供选择:

(1) 分步分析程序。在该程序下,要先对全部成本按其性态进行分类,即将其分为固定成本(假定为 a_1)、变动成本(假定为 b_1x)和混合成本三个部分;然后再对混合成本进行分解,即按照一定技术方法将混合成本区分为固定部分(假定为 a_2)和变动部分(假定为 b_2x),接着,分别将固定成本的固定部分(a_2)和变动部分(b_2x)与原有的固定成本(a_1)和变动成本(b_1x)汇总,求出总的固定成本($a=a_1+a_2$)和变动成本($bx=b_1x+b_2x$),最后建立有关成本模型 $y=a+bx$。

(2) 同步分析程序。在该程序下,不需要分别对成本按其性态分类和进行混合成本的分解,而是按一定方法将全部成本直接一次性地区分为固定成本总额(假定为 a)和变动成本总额(假定为 bx)两部分,并建立有关成本模型 $y=a+bx$。

如何选择合适的成本性态分析程序,需要企业根据自身实际和成本构成进行分析。

三、成本性态分析的方法

成本性态分析方法是指完成成本性态分析任务所采取的技术手段。常用的成本性态分析方法主要包括历史资料分析法、技术测定法、账户分析法和合同确认法。

(一)历史资料分析法

历史资料分析法是根据若干期间成本和业务量的历史资料,运用一定数学方法对其进行数据处理,从而确定常数 a 和 b 的数值,完成成本模型 $y=a+bx$ 的一种定量分析方法。它主要包括高低点法、散布图法和回归直线法3种具体应用形式。

1. 高低点法

高低点法也称两点法,是指根据企业一定期间业务量及其成本的历史资料,从中选出业务量最高和最低的两点坐标,并据此来推算固定成本总额和单位变动成本的一种成本性态分析方法。高低点法的具体步骤主要包括:

(1)确定高低点坐标。根据企业一定期间业务量及其成本的历史资料,找出业务量最高时的坐标 (x_h, y_h) 和业务量最低时的坐标 (x_l, y_l)。

(2)联立方程,计算 a 和 b。方程组为:

$$\begin{cases} y_h = a + bx_h \\ y_l = a + bx_l \end{cases}$$

则:　　　　$b=$(最高业务量成本 y_h －最低业务量成本 y_L)÷(最高业务量 x_h －最低业务量 x_L)

将 b 值代入方程中,则可计算出 a 值。

$$a = \text{高点成本} - b \times \text{高点业务量} = y_h - bx_h$$
$$= \text{低点成本} - b \times \text{低点业务量} = y_l - bx_l$$

(3)建立成本性态模型,确定 $y=a+bx$。

【例2-3】　莲华公司的 2×18 年 $7 \sim 12$ 月份的机器维修费和业务量的有关资料,如表2-3所示。

表2-3

莲华公司业务量与维修费资料

月份	业务量(机时)	维修费总计(千元)
7	800	730
8	700	720
9	1 250	920
10	950	750
11	1 100	890
12	1 400	930

从所给的资料可以看出,业务量最高时的坐标为(1 400,930),最低时的坐标为(700,

720)。则得到联立方程：

$$\begin{cases} 930 = a + 1\,400b \\ 720 = a + 700b \end{cases}$$

则：

$$单位变动成本 b = \frac{930 - 720}{1\,400 - 700} = 0.3(千元)$$

$$固定成本总额 = 930 - 1\,400 \times 0.3 = 510(千元)$$

或

$$固定成本总额 = 720 - 700 \times 0.3 = 510(千元)$$

由此建立成本性态模型 $y = 510 + 0.3x$。

高低点法具有简便易算的优点，只要有两个不同时期的业务量和成本，就可进行成本性态分析，使用较为广泛。但这种方法只根据最高、最低两点资料来决定成本性态，而不考虑两点之间业务量和成本的变化，有一定的偶然性，计算结果往往不够精确。

2. 散布图法

散布图法是指根据若干时期的历史资料，将其业务量和成本数据逐一标注在坐标图上，形成若干个散布点，再通过目测的方法尽可能画出一条接近所有坐标点的直线，并据以推算出固定成本和单位变动成本的一种成本性态分析方法。

散布图法的基本步骤主要包括：

（1）绘出散布图。根据收集的以前各期业务量与总成本的历史数据，在平面直角坐标系中，绘制成本的散布点，以横轴代表业务量，纵轴代表成本，将各期总成本数据标入直角坐标系，画出散布图。

（2）用目测法画出一条反映成本平均变动趋势的直线。注意要尽量使画出的这条直线两边的散布点个数相同，而且使各点到直线的距离之和达到最小。

（3）确定固定成本平均值，所画出的直线与纵轴的交点即固定成本平均值。

（4）计算单位变动成本。在所画直线上任取一点，已知其坐标为 (x, y)，根据 $b = \frac{y - a}{x}$ 的计算公式，计算出单位变动成本。

（5）计算总成本。按照计算出的固定成本平均值 a、单位变动成本 b，预测未来某期业务量下的总成本，预测公式为：$y = a + bx$。

【例 2-4】 以［例 2-3］的资料为例，要求用散布图法进行成本性态分析，确定公司维修费用的成本性态模型。

首先，将 2×18 年 7～12 月份的业务量和维修费用的坐标点分别标注在坐标图上，如图 2-12 所示。

其次，目测一条能够反映成本变动趋势的直线，直线与纵轴的交点为固定成本，在图中读出该直线的截距为 $a = 620$。

再次，在直线上任取一点，测出坐标为 $(1\,400, 930)$，计算 b 值为：

$$b = (930 - 620) \div 1\,400 = 0.221\,4$$

最后，代入 a、b 值，得出成本习性模型为：$y = 620 + 0.221\,4x$。

散布图法的主要优点是考虑了全部已知的历史成本数据，避免了高低点法的偶然性，

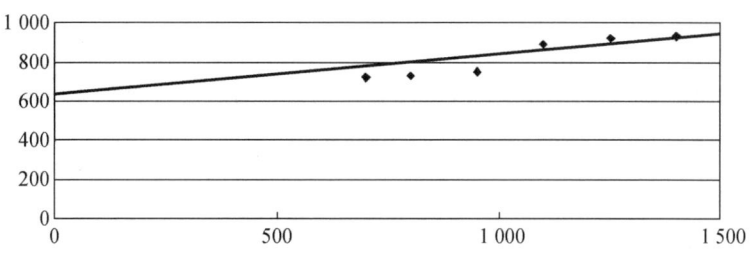

图 2-12　业务量和维修费用的散布图

因而其计算结果比高低点法确定的结果精确。同时,用图示反映成本性态更为直观和易于掌握。但是因为其采用目测的方法来确定成本函数,带有一定程度的主观随意性,其计算结果不能十分准确。

3. 回归直线法

回归直线法是根据若干期业务量和成本的历史资料,运用最小平方法原理,计算能代表平均成本水平的直线截距和斜率,以其作为固定成本和单位变动成本的一种成本分解方法。与高低点法和散布图法相比,回归直线法是一种更为精确的方法。

其原理是从散布图中可以找到一条与全部观测值误差的平方和最小的直线,这条直线在数学上称为回归直线或回归方程:$y=a+bx$,按照数理统计的回归分析法可以直接计算出回归系数 a 和 b 的值。其中:

$$b=\frac{n\sum xy-\sum x\sum y}{n\sum x^2-(\sum x)^2}\qquad a=\frac{\sum x^2\sum y-\sum x\sum xy}{n\sum x^2-(\sum x)^2}$$

另外,求出 b 后,a 还可以这样求解:

$$a=\frac{\sum y}{n}-b\frac{\sum x}{n}=\bar{y}-b\bar{x}$$

【例 2-5】　五华公司 2×18 年 7～12 月份的机器维修费的有关资料如表 2-4 所示。

表 2-4

五华公司 2×18 年 7～12 月的机器维修费

月份	业务量 x(机器小时)	维修费 y(千元)	xy	x^2
7	6.5	120	780	42.25
8	8.5	130	1 105	72.25
9	5	120	600	25
10	8	130	1 040	64
11	10	140	1 400	100
12	6	125	750	36
$n=6$	$\sum x=44$	$\sum y=765$	$\sum xy=5\ 675$	$\sum x^2=339.5$

将有关数据代入公式得:

$$b = [(6 \times 5\,675) - (44 \times 765)] \div [(6 \times 339.5) - 44^2] = 3.9(千元)$$
$$a = (765 \div 6) - 3.9 \times (44 \div 6) = 98.9(千元)$$

根据上述计算结果,采用回归直线法计算出的设备维修费性态模型为:

$$y = 98.9 + 3.9x$$

值得注意的是,采用回归直线法分解混合成本时,混合成本总额与业务量之间必须具有线性联系。如果没有这种线性联系,分解出来的结果就失去了意义。因此,在计算 a 和 b 之前,应先进行相关程度分析,根据相关程度的分析结果来确定这种方法的适用性。相关程度以相关系数 r 来表示。其计算公式为:

$$r = \frac{n \sum xy - \sum x \sum y}{\sqrt{\left[n \sum x^2 - \left(\sum x\right)^2\right]\left[n \sum y^2 - \left(\sum y\right)^2\right]}}$$

相关系数 r 的值介于 -1 与 $+1$ 之间,即 $-1 \leqslant r \leqslant +1$。当 $r > 0$ 时,表示两变量正相关;当 $r < 0$ 时,表示两变量为负相关;当 $|r| = 1$ 时,表示两变量为完全线性相关;当 $r = 0$ 时,表示两变量间无线性相关关系;当 $0 < |r| < 1$ 时,表示两变量存在一定程度的线性相关。且 $|r|$ 越接近 1,两变量间线性关系越密切。$|r|$ 越接近于 0,表示两变量的线性相关越弱。一般可按三级划分:$|r| < 0.4$ 为低度线性相关;$0.4 \leqslant |r| < 0.7$ 为显著性相关;$0.7 \leqslant |r| < 1$ 为高度线性相关。

在本例中,$r = 0.934\,4$,属于高度线性相关,可以运用回归直线法进行分析。

(二)技术测定法

技术测定法又称工程研究法,是由工程技术人员通过某种技术方法,测定正常生产流程中投入与产出之间的规律性,依据其工程技术特点来区分固定成本和变动成本的一种混合成本分解法。

在企业建设和生产过程中,有关部门通常会编制可行性研究报告或工程设计说明书,这些报告或说明书中一般包含着在一定产量条件下应耗用的材料、燃料、动力、工时等消耗标准,可较为准确地反映出一定生产技术管理水平条件下的投入与产出规律。

工程研究法是在缺乏历史成本数据条件下可用的最有效的方法,也是用于检验历史成本分析结论的最佳方法。其优点在于确定理想的投入与产出关系,使企业能够建立具有较高科学性和先进性的标准成本和预算控制。但是,这种方法应用起来比较复杂,需要耗用较多的人力、物力。

(三)账户分析法

账户分析法又称会计分析法,是以会计人员的经验和主要成本性态划分成本的一种定性分析方法。采用这种方法,会计人员根据有关成本账户及其明细账的内容,结合其与产量的依存关系,对每个账户进行分析,把与变动成本较为接近的划为变动成本,把与固定成本较为接近的划为固定成本,对不易直接区分的混合成本则按照一定比例将它们分解为变动成本和固定成本。这种方法简便易行,但比较粗糙且带有主观判断。

(四)合同确认法

合同确认法是根据所签订合同规定的计价方法与合同提供的业务量的关系分析成本的一种分析方法。这种方法将不论业务量多少均需要支付的基数部分划入固定成本,将按业务量计价的部分划入变动成本。合同确认法一般适用于水电费、煤气费、电话费等公用事业费的成本性态分析。

上述几种成本分解方法,各有优缺点和适用范围,在企业实际工作中可以起到相互补充和印证的作用。

第三节　成本性态分析的意义及存在的问题

一、成本性态分析的意义

成本性态分析为管理会计中各种分析方法的实际应用奠定了基础。进行成本性态分析,在企业经营管理中具有十分广泛和重要的意义。

第一,成本性态分析是采用变动成本法的前提条件。变动成本法是区别于传统会计中全部成本法的一种成本计算方法,此方法下,产品成本只包含变动生产成本。运用变动成本法,必须首先对成本进行性态分析。

第二,成本性态分析是本量利分析的前提。本量利分析,历来被认为是管理会计的基础分析方法,而被广泛应用。主要分析的是总成本、业务量、利润三者之间的关系,在分析中要使用成本函数,就需要对过去的数据进行分析,将其分成固定成本和变动成本两大类。因此。要进行本量利分析,必须对成本进行性态分析。

第三,成本性态分析是正确制定经营决策的基础。为了分清相关成本和无关成本,短期决策首先需要将成本按其性态划分为固定成本和变动成本。固定成本既然不随产量的变动而变动,在短期决策中一般属于无关成本;而变动成本则属于相关成本。理解这一概念,是正确进行短期决策的关键。

第四,成本性态分析是正确评价各部门工作业绩的基础。在管理会计的控制职能中,其中的一个重要内容就是衡量、评价实际工作的业绩,将其与计划或预算指标进行比较。就成本控制而言,为了正确评价各部门控制成本的成效,也应将成本划分为可控成本和不可控成本。由于变动成本和固定成本的划分依据是成本和产量的变动性,对于生产基层单位来说,大多数变动成本属于可控成本。我们评价一个部门的工作业绩,最主要的就是看它对可控成本控制得如何,是否达到预期的目标。

二、成本性态分析存在的问题

成本性态分析在企业管理中的应用是相当普遍的,应用得好是相当有效的,但也应该注意一些问题。

一是"相关范围"的限定有局限性。固定成本与变动成本的成本性态,只有在一段有限的期间和一个有限的产量范围内,才是正确的,如果超过了一定时期或者一定的业务量范围,成本性态的特点就有可能发生变化。正是因为相关范围的多变性,使成本性态分析只能用于短期分析,而不能用于企业的长期分析。

二是"成本与业务量之间的完全线性关系"的假定,不尽切合实际。如前所述,我们一般假设成本函数为 $y=a+bx$,但在许多情况下,成本和产量之间的联系是非线性的。这就需要我们用非线性函数来反映,这样得出的方程式可能相对复杂。但在我们的研究中,我们没有考虑非线性关系,这可能导致我们的研究结论出现偏差和误导,需要引起我们的注意。

本 章 小 结

本章阐明了成本的概念、成本类型与成本性态分析方法。成本性态是指成本总额与业务量的增减而变动的特性,又称成本习性。企业的生产经营费用按照成本性态可以分为固定成本、变动成本和混合成本,而混合成本通过一定的程序和方法可以分解为变动成本和固定成本。即通过成本性态分析方法,建立相应的成本函数模型为:总成本＝固定成本＋单位变动成本×业务量。通过本章的学习,有助于学生深入理解成本的基本理论,并掌握对混合成本的分解,为后续将学习的变动成本法与本量利分析等,打下良好的基础。

思 考 与 练 习

复习思考题

1. 什么是成本性态? 成本按照成本性态怎样分类?
2. 什么是混合成本? 常见的混合成本分为哪几类?
3. 成本性态分析分解方法有几种?
4. 成本性态分析的意义是什么?

练 习 题

一、单项选择题

1. 管理会计将成本区分为固定成本、变动成本和混合成本三大类,这种分类的标志是( )。
   A. 成本的可辨认性　　　　　　　　B. 成本的可盘存性
   C. 成本的性态　　　　　　　　　　D. 成本的时态

2. 在相关范围内,随产量变动而变动的是( )。
   A. 单位产品成本　　　　　　　　　B. 单位变动成本
   C. 制造费用总额　　　　　　　　　D. 单位固定成本

3. 甲企业每月生产某种零部件数量在 1 000 件以内时,需要组装人员 10 名;在此基础上,每增加产量 500 件,需要增加 4 名组装人员。在此种情况下,组装人员的工资成本属于( )。
   A. 阶梯式混合成本　　　　　　　　B. 标准式混合成本
   C. 低坡式混合成本　　　　　　　　D. 曲线式混合成本

4. 混合成本的类型不包括(　　)。

  A. 阶梯式　　　　　　　　　　B. 半变动成本

  C. 约束性固定成本　　　　　　D. 曲线式

5. 下列属于约束性固定成本的是(　　)。

  A. 广告费　　　　　　　　　　B. 新产品开发费

  C. 机器设备按直线法计提的折旧费　D. 职工培训费

6. 下列各项目中,属于酌量性固定成本的是(　　)。

  A. 不动产的税金　　　　　　　B. 照明费

  C. 厂房、设备等固定资产所提的折旧　D. 企业发生的广告费

7. 下列适合于用计算机回归软件来解决的混合成本分解法是(　　)。

  A. 高低点法　　　　　　　　　B. 散布图法

  C. 合同确认法　　　　　　　　D. 回归直线法

8. 关于混合成本分解方法中的高低点法,其"高点"一般是指(　　)。

  A. 成本总额最大的点　　　　　B. 成本和业务量都最大的点

  C. 业务量总额最大的点　　　　D. 单位成本最大的点

9. 适用于新建行业或新产品的成本性态分析的方法是(　　)。

  A. 散布图法　　　　　　　　　B. 工程研究法

  C. 高低点法　　　　　　　　　D. 回归直线法

10. 下列各种混合成本可以用模型 $y=a+bx$ 表示的是(　　)。

  A. 半固定成本　　　　　　　　B. 延伸变动成本

  C. 半变动成本　　　　　　　　D. 阶梯式变动成本

11. 在正常业务量情况下给员工支付的月工资是固定的,但当工作时间超出正常标准,则需按加班时间的长短成比例地支付加班薪金。从成本性态的角度看,人工成本属于(　　)。

  A. 固定成本　　　　　　　　　B. 半变动成本

  C. 无法判断　　　　　　　　　D. 延期变动成本

12. 下列关于成本的说法中,正确的有(　　)。

  A. 固定成本是指不直接受业务量变动的影响而保持固定不变的成本

  B. 按销售收入的一定百分比支付的销售佣金属于酌量性变动成本

  C. 延期变动成本通常有一个初始的固定基数,在此基数内与业务量的变化无关,在此基数之上的其余部分,则随着业务量的增加成正比例增加

  D. 递减曲线成本是递减的

二、多项选择题

1. 下列属于混合成本分解方法的有(　　)。

  A. 工程研究法　　B. 高低点法　　　C. 合同确认法　　　D. 散布图法

  E. 回归直线法

2. 合同确认法一般适用于(　　)的成本性态分析。

  A. 广告费　　　B. 煤气费　　　　C. 电话费　　　　D. 按月支付的租金

3. 变动成本具有的特征有(　　)。

　　A. 变动成本总额的不变性　　　　　B. 单位变动成本的反比例变动性

　　C. 变动成本总额的正比例变动性　　D. 单位变动成本的不变性

4. 固定成本具有的特征有(　　　)。

　　A. 固定成本总额的不变性　　　　　B. 单位固定成本的反比例变动性

　　C. 固定成本总额的正比例变动性　　D. 单位固定成本的不变性

5. 成本性态分析中,属于历史资料分析法的有(　　　)。

　　A. 高低点法　　　B. 散布图法　　　　C. 回归直线法　　　　D. 账户分析法

6. 下列各项中,属于固定成本项目的有(　　　)。

　　A. 采用工作量法计提的折旧　　　　B. 不动产财产保险费

　　C. 直接材料费　　　　　　　　　　D. 写字楼租金

7. 下列各项中,属于变动成本的有(　　　)。

　　A. 新产品的研究开发费用

　　B. 按产量法计提的固定资产折旧

　　C. 按销售收入一定百分比支付的技术转让费

　　D. 随产品销售的包装物成本

8. 根据成本性态,在一定时期、一定业务量范围之内,属于酌量性固定成本的是(　　　)。

　　A. 新产品研发费用　　　　　　　　B. 设备维修费

　　C. 广告费　　　　　　　　　　　　D. 职工培训费

9. 约束性固定成本不受管理当局短期经营决策行动的影响。下列各项中,属于企业约束性固定成本的是(　　　)。

　　A. 厂房折旧　　　　　　　　　　　B. 厂房租金支出

　　C. 高管人员基本工资　　　　　　　D. 新产品研究开发费用

10. 在应用高低点法进行成本性态分析时,不属于选择高点坐标依据的是(　　　)。

　　A. 最高点业务量　　　　　　　　　B. 最高的成本

　　C. 最高点业务量和最高的成本　　　D. 最高点业务量或最高的成本

三、计算题

　　1. 某企业只生产一种产品。预测 7 月份总销量 194 件。1～6 月的实际产销量和部分成本资料如表 2-5 所示。

表 2-5

某企业 1～6 月实际产销量和部分成本

月份	1	2	3	4	5	6
总成本(元)	2 000	2 900	2 500	3 000	2 200	2 100
总销量(件)	100	190	180	200	120	110

　　要求:

　　(1) 如果你是公司财务经理,用高低点法进行成本性态分析。

　　(2) 如果你是公司财务经理,利用成本性态模型和 7 月份的预测产销量,预测 7 月份的总成本。

　　2. 某企业 2×19 年 1～12 月份的机器工作小时与电费支出的资料如表 2-6 所示。

表 2-6

某企业 2×19 年 1～12 月份的机器工作小时与电费支出

月　　份	1	2	3	4	5	6
机器小时(千时)	100	80	90	90	140	120
电费(百元)	310	250	300	310	400	340
月　　份	7	8	9	10	11	12
机器小时(千时)	110	130	110	80	70	60
电费(百元)	320	350	330	260	220	200

要求:

(1) 根据上述资料,用回归直线法进行成本性态分析,将电费支出分解为变动成本和固定成本,并写出公式。

(2) 如果该企业某月的机器工作小时为 150 千时,则电费支出总额将为多少?

3. 某企业 2×19 年 7～12 月的维修费用与有关业务量(直接人工小时)的历史资料如表 2-7 所示。

表 2-7

某企业 2×19 年 7～12 月的维修费用与有关业务量

月　　份	7	8	9	10	11	12
维修费(千元)	40	60	40	28	36	46
直接人工小时(千小时)	38	46	24	14	30	44

要求:

(1) 根据上述资料用高低点法对维修费进行成本性态分析并建立成本模型。

(2) 预测在直接人工为 40 千小时,维修费用总额为多少?

4. 某企业只生产一种产品。2×19 年 1～6 月份的产品产量和相关成本资料如表 2-8 所示。

表 2-8

某企业 2×19 年 1～6 月份的产品产量和相关成本

月　　份	1	2	3	4	5	6
总成本(千元)	150	130	180	200	240	2 452
产量(千件)	6	5	7	8	10	9

要求:利用回归直线法进行成本性态分析。

第三章 变动成本法

【学习目标】 本章主要介绍变动成本法的概念、特点、变动成本法与完全成本法的区别以及两种成本法分期营业利润差额的变动规律、变动成本法的优缺点。要求学习者掌握变动成本法的特点、熟悉变动成本法与完全成本法的区别,明确变动成本法的优缺点及其在经营管理活动中的运用。

【引导案例】

销售增加,利润下降？——扩大销售面临的困境

2019 年 3 月 20 日,某医药集团财务经理在阅读本集团下属各企业的年度报告及有关文字说明时,对报告中涉及的生产输液原料的甲、乙两个企业的情况颇感困惑:甲企业 2017 年产销不景气,库存大量积压,购货款需求不断增加,资金频频告急。2018 年该企业对此积极努力,一方面适当生产,另一方面则想方设法广开渠道,扩大销售,减少库存,但从报告上反映的利润来看,2018 年却较 2017 年下降了。乙企业的情况则相反,2018 年市场不景气,销售量比 2017 年下降,但年度财务决算报表上几项经济指标除资金外都比 2017 年好。为什么销售量上升利润反而下降,销售量下降利润反而上升？作为一名管理会计人员,你认为导致这种现象的原因可能是什么？

第一节 变动成本法概述

一、变动成本法的概念

变动成本法是指在计算产品成本的时候,只包括产品生产过程中直接消耗的直接材料、直接人工和变动性制造费用,而不包括固定性制造费用的一种成本计算方法。在这种成本法下,所有的固定成本(包括固定性制造费用)都作为期间成本在发生的当期全额从营业收入中扣除,所以这种方法也称为直接成本法。它是管理会计中广泛应用的一种成本计算方法。由于变动成本法的产生,为了加以区分,人们就把传统的成本计算方法称为完全成本法。

完全成本法是指在计算产品成本时,不仅包括产品生产过程中直接消耗的直接材料、直接人工,还包括全部的制造费用(包括变动性和固定性的制造费用)的一种成本计算方法。由于完全成本法是将所有的制造成本,无论是固定性的还是变动性的,都"吸收"到了产品成本之中,因而也称为"成本吸收法"。

二、变动成本法的理论根据

变动成本法与完全成本法最大的区别在于在计算产品成本时,对于固定性制造费用

的处理不同。变动成本法认为,固定性制造费用通常是为企业创造生产条件而发生的,与产量无关,其金额既不会由于产量的提高而增加,也不会因产量的下降而减少,与产品的实际生产无直接联系,而与时间联系较密切。它们实质上是与会计期间相联系所发生的费用,并随着时间的消逝而逐渐丧失,其效益不应递延到下一个会计期间,具有和时间费用相同的性质。故其效益不应递延到下一个会计期间,而应在费用发生的当期全额列入利润表内,作为本期边际贡献总额的减除项目。

三、变动成本法的特征

与完全成本法相比,变动成本法具有以下特征:

(1) 变动成本法是以成本性态分析为前提。只有进行成本性态分析,制造费用才被分为固定性制造费用和变动性制造费用,进而生产成本才可以被划分为变动生产成本(包括直接材料、直接人工、变动性制造费用)和固定性生产成本(即固定性制造费用)。

(2) 变动成本法采用贡献式损益计量模式。变动成本法分两步计算期间损益,首先以销售收入减去销售产品的变动成本计算确定边际贡献;然后再减去期间成本(固定成本)确定营业利润,即采用所谓的贡献式损益计量模式。

(3) 变动成本法主要是为了满足企业内部的经营预测与决策。按照企业会计准则要求,企业应按照完全成本法提供的成本资料编制对外的财务报表;而变动成本法作为一种成本会计制度,主要为企业内部经营管理提供成本计算基础。

四、变动成本法的作用

(1) 提供每种产品的盈利能力资料。每种产品的盈利能力资料,是管理会计要提供的重要管理信息之一。因为利润的规划和经营管理中许多重要的决策,都要以每种产品的盈利能力作为考虑的重要依据。而每种产品的盈利能力可通过其"边际贡献"来综合表现。所以,各种产品的边际贡献正是其盈利能力的表现,也是它对企业最终利润所作贡献大小的重要标志。而产品贡献的确定又有赖于变动成本的计算。

(2) 为正确地制定经营决策以及进行成本的计划和控制,提供许多有价值的资料。以边际贡献分析为基础,进行盈亏临界点和本量利分析,有助于揭示产量与成本变动的内在规律,并用于预测前景,规划未来(如规划目标成本,目标利润及编制弹性预算等)。同时,这些资料也有利于正确地制定短期经营决策。这就使得短期经营决策常常借助于边际贡献的信息来进行。

(3) 变动成本计算便于和标准成本、弹性预算和责任会计等直接结合,在计划和日常控制的各个环节发挥重要作用。变动成本与固定成本具有不同的成本性态,对于变动成本可通过指定标准成本和建立弹性预算进行日常控制。因此采用变动成本计算法,有利于采用科学的成本分析方法和正确的成本控制方法,也有利于正确评价各部门的工作业绩。

五、变动成本法核算的账户设置及处理

以变动成本法为基础建立统一的成本计算系统,其具体做法是:

(1) 日常核算以变动成本法为基础,"在产品""产成品"账户均登记变动成本。

（2）设置"变动制造费用"账户,借方用来核算生产过程中发生的变动费用,期末则将其发生额转入"在产品"账户。也可以将"变动制造费用"账户作为"在产品"账户的二级账户处理,这样做更符合传统的成本计算习惯。

（3）设置"固定制造费用"账户,借方用来归集当期发生的固定性制造费用,期末则将应由已销产品负担的部分自贷方转入"销售成本"账户的借方而列入利润表;该账户的期末余额则以期末在产品和产成品所应负担的固定性制造费用,与期末"在产品"和"产成品"账户的余额一起合计列入资产负债的"存货"项下。

（4）设置"变动非制造费用"和"固定非制造费用"账户,借方用来分别归集销售费用和管理费用中的变动部分和固定部分,期末则如数由贷方转入"本年利润"账户。

第二节　变动成本法与完全成本法的比较

一、产品成本及期间成本的划分及构成不同

变动成本法将全部成本按成本习性分类,区分为变动成本和固定成本,只有变动成本才计入产品成本,其余成本均作为期间成本处理。

完全成本法将总成本按经济用途分类,区分为生产成本和非生产成本,并且将全部生产成本(包括变动和固定的生产成本)都计入产品成本,将非生产成本都作为期间成本处理。

完全成本法的产品成本包括全部生产成本,而变动成本法的产品成本只包括变动生产成本,两者的不同在于固定制造费用的归属对象。完全成本法将固定制造费用归属于产品,计入产品成本,产品销售后,转入营业成本;产品未销售出去,递延到下一会计期;变动成本法将固定制造费用归属于会计期间,作为期间成本处理,因而固定制造费用无递延性,应在每一会计期间全额转销,冲减当期的收益。产品成本及期间成本的构成内容如表3-1所示。

表3-1

产品成本及期间成本的构成内容

变动成本法			成本划分	完全成本法	
（按成本性态划分成本）				（按成本经济用途划分成本）	
变动成本	变动生产成本	直接材料	产品成本	直接材料	生产成本
		直接人工		直接人工	
		变动制造费用		全部制造费用	
	变动非生产成本	变动销售及管理费用	期间成本	销售及管理费用	非生产成本
固定成本	固定生产成本	固定制造费用			
	固定非生产成本	固定销售及管理费用			

【例3-1】　某企业生产A产品15 000件,发生直接材料费用60 000元、直接人工45 000元、变动制造费用30 000元,固定制造费用30 000元。变动管理及销售费用15 000元,固定管理及销售费用20 000元。本年销售10 000件。要求用两种方法计算A产品的成本和期间成本。具体计算过程如表3-2所示。

表3-2

完全成本法和变动成本法计算比较　　　　　　　　　　　　单位:元

成本项目		完全成本法		变动成本法	
		总成本	单位成本	总成本	单位成本
产品成本	直接材料	60 000	4	60 000	4
	直接人工	45 000	3	45 000	3
	变动制造费用	30 000	2	30 000	2
	固定制造费用	30 000	2	—	—
	成本合计	165 000	11	135 000	9
期间成本	固定性制造费用	—	—	30 000	2
	变动管理及销售费用	15 000		15 000	1.5
	固定管理及销售费用	20 000		20 000	2
	合计	35 000		65 000	

以上计算表明,按照完全成本法计算的产品总成本和单位成本分别为165 000元和11元;按照变动成本法计算的产品总成本和单位成本分别为135 000元和9元。两种成本计算方法的区别在于对固定制造费用的处理不同,即完全成本法将固定制造费用30 000元计入成本,而变动成本法则将制造费用30 000元计入期间费用,这也导致了两者的期间成本的差异。

二、销售成本与存货成本水平不同

由于产品成本的组成不同,两种成本计算法下的销售成本、存货成本也不同。

在变动成本法下,企业期初期末的存货成本中只包括变动生产成本,固定制造费用被作为期间成本直接计入损益,无须再转化为销售成本和存货成本。因此本期销售成本、期末存货成本都不包括固定制造费用,两者都可按照变动成本计价。

期末存货成本＝期末存货量×单位变动生产成本
本期销售成本＝本期销售量×单位变动生产成本

在完全成本法下,本期的固定制造费用将和变动制造费用一起在已销产品和期末存货之间按照一定的方法进行分配,在此种方法下,必须先计算出期末存货成本后,才能计算本期销售成本。即:

期末存货成本＝期末存货量×单位生产成本
本期销售成本＝期初存货成本＋本期发生的生产成本－期末存货成本

【例3-2】　按照[例3-1]所提供的资料,企业生产A产品15 000件,年初存货为零,销量10 000件,期末存货5 000件,则在两种成本法下的期末存货成本和销售成本计算如下。

在变动成本法下：

期末存货成本＝期末存货量×单位变动生产成本＝5 000×9＝45 000(元)

本期销售成本＝本期销售量×单位变动生产成本＝10 000×9＝90 000(元)

在完全成本法下：

期末存货成本＝期末存货量×单位生产成本＝5 000×11＝55 000(元)

本期销售成本＝期初存货成本＋本期发生的生产成本－期末存货成本

＝0＋165 000－55 000＝110 000(元)

本例中，本期销售成本 110 000 元正好与销售 10 000 件、每件产品生产成本为 11 元的金额(即 10 000×11＝110 000)相等，但这种现象仅在期初存货为零或每期单位生产成本均相等时成立。

三、损益确定程序及其损益结果的差异

两种成本计算方法的区别不仅体现在成本计算方面，它们还会影响营业利润的确定程序和结果。在变动成本法下，只能按照贡献式损益确定程序计量营业利润，而在完全成本法下则要按照传统式损益确定程序计量营业利润。

1. 完全成本法下损益确定程序

在传统式损益确定程序下，首先用营业收入补偿本期营业成本，确定营业毛利，再用营业毛利补偿本期期间费用来确定营业利润。具体计算如下。

(1) 先确定营业毛利：

营业毛利＝营业收入－营业成本

其中：　　　营业成本＝本期销售成本(完全生产成本)

销售成本＝期初存货成本＋本期发生的生产成本－期末存货成本

(2) 再计算营业利润：

营业利润＝营业毛利－营业费用

其中：　　　营业费用＝非生产成本＝销售费用＋管理费用＋财务费用

2. 变动成本法下损益确定程序

在贡献式损益确定程序下，首先用营业收入补偿本期变动成本总额，从而确定边际贡献，然后再用边际贡献补偿固定成本总额确定当期营业利润。具体计算如下。

(1) 先计算边际贡献：

边际贡献＝营业收入－变动成本

其中：　　　变动成本＝本期销售成本(销货中的变动生产成本)＋变动非生产成本

＝单位变动生产成本×本期销售量＋单位变动非生产成本

×本期销售量

(2) 再计算营业利润：

营业利润＝边际贡献－固定成本

其中：　　　固定成本＝固定生产成本＋固定非生产成本

＝固定制造费用＋固定销售费用＋固定管理费用
＋固定财务费用

【例 3-3】 结合［例 3-1］［例 3-2］所述,某企业生产 A 产品 15 000 件,发生直接材料费用 60 000 元、直接人工 45 000 元、变动制造费用 30 000 元,固定制造费用 30 000 元,变动管理及销售费用 15 000 元,固定管理及销售费用 20 000 元。本年销售 10 000 件,单位产品售价 20 元。要求按照两种方法分别编制利润表并比较其损益差异。具体如表 3-3 所示。

表 3-3

按照两种成本计算方法编制的利润表 单位:元

贡献式利润表		传统式利润表	
营业收入(10 000×20)	200 000	营业收入(10 000×20)	200 000
减:变动成本		减:营业成本	
变动生产成本(10 000×9)	90 000	期初存货成本	0
变动销售及管理费用	15 000	本期生产成本	165 000
变动成本合计	105 000	可供销售商品生产成本	165 000
边际贡献	95 000	期末存货成本	55 000
减:固定成本		营业成本合计	110 000
固定制造费用	30 000	营业毛利	90 000
固定管理及销售费用	20 000	减:营业费用	
固定成本合计	50 000	固定管理及销售费用	20 000
营业利润	45 000	变动销售及管理费用	15 000
		营业费用合计	35 000
		营业利润	55 000

由表 3-3 计算结果可知,两种成本计算方法的损益计算程序和结果是不同的,按照完全成本法确定的营业利润为 55 000 元,比按照变动成本法确定的利润 45 000 元多 10 000 元,其原因在于本期生产量大于销售量,发生的 30 000 元的固定制造费用,在完全成本法下,分成了两部分:一部分(10 000×2＝20 000)随着销售通过销售成本计入利润表,另一部分(5 000×2＝10 000)未销售出去,作为存货计入资产负债表,从［例 3-2］可知,完全成本法下的期末存货成本比变动成本法下的存货成本高 10 000 元。而在变动成本法下,固定制造费用全部作为期间成本计入利润表。

第三节 两种成本法下分期营业利润差额的变动规律

一、两种成本法下分期营业利润的比较

从［例 3-3］可以看出,两种成本计算方法计算出来的利润可能存在差额,那究竟是什么原因导致这种差异产生的呢? 这两种方法下营业利润差额是否有一定的规律可以遵

循？能否用更加简单的方法直接计算出这种差额？这些不仅是管理会计学十分重要的理论问题,同时也是分歧较大的学术问题。

首先我们界定某期两种成本计算方法确定的营业利润差额,用公式表示为:

$$\text{某期两种成本计算方法营业利润差额} = \text{该期完全成本法的营业利润} - \text{该期变动成本法的营业利润}$$

如[例 3-3]中,两种成本计算方法营业利润差额为 10 000 元,显然,不同期间两种成本法营业利润差异可能大于零,也可能小于零,还可能等于零。那究竟是什么原因导致两种成本法的营业利润出现不为零的差额呢？由于营业利润是收入与费用配比的结果,所以分析两种成本法出现不同利润的原因,必须从影响收入和费用的因素入手,包括单价、销售量、销货成本和期间成本等因素,它们都有可能是造成两种成本法下营业利润差额不为零的原因。

结合前面的实例可以看出,对于两种成本法,单价和销售量所确定的销售收入相同,而且对于全部非生产成本和变动生产成本的处理也是一样的,所以导致两种成本法下营业利润差额不为零的因素不会是单价、销售量、全部非生产成本和变动生产成本,而只能是固定制造费用。

有人将两种成本法下营业利润差额不为零的原因,归根于对固定制造费用的处理方法不同,这是不确切的。我们先通过实例来比较两种成本法下的多期营业利润。

【例 3-4】 已知某企业从投产迄今连续 10 年的有关产销业务量、销售单价和成本资料,如表 3-4 所示。根据资料,分别按照两种成本法编制利润表,如表 3-5 所示。结果分析表,如表 3-6 所示。其中,在完全成本法中,存货发出计价分别采用先进先出法和后进先出法。

表 3-4

产销量、单价及成本资料

项目 \ 年次		1	2	3	4	5	6	7	8	9	10
产销量与存货量(件)	期初存货量(Q_1)	0	0	1 000	1 000	1 250	1 000	1 000	900	900	1 650
	本期生产量(χ_1)	5 000	5 000	5 000	6 000	5 000	6 000	5 000	3 500	6 000	4 100
	本期销售量(χ_2)	5 000	4 000	5 000	5 750	5 250	6 000	5 100	3 500	5 250	5 750
	期末存货量(Q_2)	0	1 000	1 000	1 250	1 000	1 000	900	900	1 650	0
成本和单价水平	单位变动生产成本(万元/件)								b_1		12
	单位变动非生产成本(万元/件)								b_2		0.5
	每期固定制造费用(万元)								a_1		15 000
	每期固定非生产成本(万元)								a_2		4 500
	销售单价(万元/件)								p		25
每期生产成本		75 000	75 000	75 000	87 000	75 000	87 000	75 000	57 000	87 000	64 200
每期非生产成本		7 000	6 500	7 000	7 375	7 125	7 500	7 050	6 250	7 125	7 375
每期销售收入		125 000	100 000	125 000	143 750	131 250	150 000	127 500	87 500	131 250	143 750

表3-5

相关利润表

单位:元

年　次	1	2	3	4	5	6	7	8	9	10
贡献式										
营业收入	125 000	100 000	125 000	143 750	131 250	150 000	127 500	87 500	131 250	143 750
减:变动生产成本	60 000	48 000	60 000	69 000	63 000	72 000	61 200	42 000	63 000	69 000
减:变动非生产成本	2 500	2 000	2 500	2 875	2 625	3 000	2 550	1 750	2 625	2 875
营业贡献边际	62 500	50 000	62 500	71 875	65 625	75 000	63 750	43 750	65 625	71 875
减:期间成本										
固定性制造费用	15 000	15 000	15 000	15 000	15 000	15 000	15 000	15 000	15 000	15 000
固定非生产成本	4 500	4 500	4 500	4 500	4 500	4 500	4 500	4 500	4 500	4 500
期间成本合计	19 500	19 500	19 500	19 500	19 500	19 500	19 500	19 500	19 500	19 500
营业利润	43 000	30 500	43 000	52 375	46 125	55 500	44 250	24 250	46 125	52 375
传统式(先进先出)										
营业收入	125 000	100 000	125 000	143 750	131 250	150 000	127 500	87 500	131 250	143 750
减:营业成本										
期初存货成本	0	0	15 000	15 000	18 125	15 000	14 500	13 500	14 657.14	23 925
本期生产成本	75 000	75 000	75 000	87 000	75 000	87 000	75 000	57 000	87 000	64 200
可销售商品生产成本	75 000	75 000	90 000	102 000	93 125	102 000	89 500	70 500	101 657.14	88 125

（续表）

期末存货成本	0	15 000	15 000	18 125	15 000	14 500	13 500	14 657.14	23 925	0
营业成本合计	75 000	60 000	75 000	83 875	78 125	87 500	76 000	55 842.86	77 732.14	88 125
营业毛利	50 000	40 000	50 000	59 875	53 125	62 500	51 500	31 657.14	53 517.86	55 625
减：营业费用	7 000	6 500	7 000	7 375	7 125	7 500	7 050	6 250	7 125	7 375
营业利润	43 000	33 500	43 000	52 500	46 000	55 000	44 450	25 407.14	46 392.86	48 250
传统式（后进先出）										
营业收入	125 000	100 000	125 000	143 750	131 250	150 000	127 500	87 500	131 250	143 750
减：营业成本										
期初存货成本	0	0	15 000	15 000	18 625	15 000	15 000	13 500	13 500	24 375
本期生产成本	75 000	75 000	75 000	87 000	75 000	87 000	75 000	57 000	87 000	64 200
可销售商品生产成本	75 000	75 000	90 000	102 000	93 625	102 000	90 000	70 500	100 500	88 575
期末存货成本	0	15 000	15 000	18 625	15 000	15 000	13 500	13 500	24 375	0
营业成本合计	75 000	60 000	75 000	83 375	78 625	87 000	76 500	57 000	76 125	88 575
营业毛利	50 000	40 000	50 000	60 375	52 625	63 000	51 000	30 500	55 125	55 175
减：营业费用	7 000	6 500	7 000	7 375	7 125	7 500	7 050	6 250	7 125	7 375
营业利润	43 000	33 500	43 000	53 000	45 500	55 500	43 950	24 250	48 000	47 800

表 3-6

结 果 分 析 表

项目	年次	1	2	3	4	5	6	7	8	9	10
产销量	生产量(件)	5 000	5 000	5 000	6 000	5 000	6 000	5 000	3 500	6 000	4 100
	销售量(件)	5 000	4 000	5 000	5 750	5 250	6 000	5 100	3 500	5 250	5 750
	平衡关系	平衡	产>销	平衡	产>销	产<销	平衡	产<销	平衡	产>销	产<销
利润额(万元)	完全成本法(先进先出)	43 000	33 500	43 000	52 500	46 000	55 000	44 450	25 407.14	46 392.86	48 250
	变动成本法	43 000	30 500	43 000	52 375	46 125	55 500	44 250	24 250	46 125	52 375
	差额	0	3 000	0	125	−125	−500	200	1 157.14	267.86	−4 125
利润额(万元)	完全成本法(后进先出)	43 000	33 500	43 000	53 000	45 500	55 500	43 950	24 250	48 000	47 800
	变动成本法	43 000	30 500	43 000	52 375	46 125	55 500	44 250	24 250	46 125	52 375
	差额	0	3 000	0	625	−625	0	−300	0	1 875	−4 575

从表 3-6 的结果分析表中可以发现:第一,尽管两种成本法始终采取不同的方式处理固定制造费用——完全成本法始终将其作为产品成本处理,变动成本法始终将其作为期间成本处理,但并非每期都出现营业利润差额不为零的现象,有时其差额为零。第二,当存货计价方法发生改变时,营业利润差额的变动规律也有可能发生变化。第三,当期末存货计价采用后进先出法时,产销平衡关系与营业利润差额的变化有一定的规律;而当期末存货计价采用先进先出法时,产销平衡关系与营业利润差额的变化则没有一定的规律。

因此,两种成本方法分期营业利润出现差额的根本原因在于两种成本计算法计入当期利润表的固定制造费用的水平出现了差异,具体表现为完全成本法下期末存货吸收的固定制造费用与期初存货释放的固定制造费用之间的差异。因为在完全成本法下,计入当期利润表的固定制造费用的数额,不仅受到当期发生的全部固定制造费用水平的影响,还受到可能存在的期末期初存货成本中所包含的固定制造费用水平的影响。

在其他条件不变的前提下,只要某期完全成本法下期末存货吸收的固定制造费用与期初存货释放的固定制造费用不同,就意味着两种成本法计入当期利润表的固定制造费用的数额不同,一定会使两种成本法的当期营业利润不相等;如果某期完全成本法下期末存货吸收的固定制造费用与期初存货释放的固定制造费用相同,就意味着两种成本法计入当期利润表的固定制造费用的数额相同,一定会使两种成本法的当期营业利润相等。

二、两种成本法下营业利润差额的变动规律

两种成本法下分期营业利润差额可以通过计算公式作进一步证明。

完全成本法损益计算的基本公式为:

营业利润＝销售收入－销售成本－非生产成本

＝销售收入－(销售产品变动生产成本＋销售产品的固定制造费用)

－(当期全部变动非生产成本＋当期全部固定非生产成本)　　(3-1)

变动成本法损益计算的基本公式为：

营业利润＝销售收入－变动成本－固定成本

　　　　＝销售收入－（销售产品变动生产成本＋当期全部变动非生产成本）

　　　　－（当期全部固定制造费用＋当期全部固定非生产成本）　　　　（3-2）

用(3-1)式减(3-2) 式，可以得到：

$$\begin{aligned}
\text{两种成本法下营业利润差额} &= \text{当期全部固定制造费用} - \text{销售产品的固定制造费用} \\
&= \text{当期全部固定制造费用} - \left(\text{期初存货中固定制造费用} + \text{当期全部固定制造费用} - \text{期末存货中固定制造费用} \right) \\
&= \text{期末存货中固定制造费用} - \text{期初存货中固定制造费用} \\
&= \text{期末存货数量} \times \text{本期单位产品固定制造费用} - \text{期初存货数量} \times \text{上期单位产品固定制造费用}
\end{aligned} \tag{3-3}$$

上述(3-3)式表明了两种成本法的营业利润差额决定于期初和期末存货成本中固定制造费用的差额，利用该公式，可以得出两种成本法分期损益差异的变动规律。

（1）如果完全成本法下期末存货的固定制造费用等于期初存货的固定制造费用，则用这两种成本法计算的分期损益相等。

（2）如果完全成本法下期末存货的固定制造费用大于期初存货的固定制造费用，则按照完全成本法计算的利润大于按变动成本法计算的利润。

（3）如果完全成本法下期末存货的固定制造费用小于期初存货的固定制造费用，则按照完全成本法计算的利润小于按变动成本法计算的利润。

进一步假设，如果前后各期产量相同、成本水平不变，即按照完全成本法计算的单位产品成本相同，则(3-3)式可以进一步简化为：

两种成本法下营业利润差额＝（期末存货数量－期初存货数量）×单位产品固定制造费用

从中可以看出，在前后各期产量相同、成本水平不变的情况下，两种成本法分期损益的差异存在以下规律：

（1）当某期生产量等于销售量（即期末存货数量等于期初存货数量）时，两种成本法下计算的损益完全相同。

（2）当某期生产量大于销售量（即期末存货数量大于期初存货数量）时，按完全成本法所计算的损益大于按变动成本法计算的损益。

（3）当某期生产量小于销售量（即期末存货数量小于期初存货数量）时，按完全成本法所计算的损益小于按变动成本法计算的损益。

三、不同产销水平下两种成本计算方法营业利润的比较

1. 连续各期生产量相等而销售量不等的情况下，两种成本计算方法对分期利润的影响

【例 3-5】 假定某企业只生产一种产品，第一、第二、第三年每年的生产量均为 22 000 件，而销售量分别为 22 000 件、19 000 件和 25 000 件。销售单价为 10 元。单位变动生产成本 5 元，单位变动销售及管理费用 1 元，固定制造费用 22 000 元，固定销售及管理费用

26 000元,具体资料如表3-7所示。

表3-7

成本及生产数据资料

项　　目	第一年	第二年	第三年
期初存货(件)	0	0	3 000
本期生产(件)	22 000	22 000	22 000
本期销售(件)	22 000	19 000	25 000
期末存货(件)	0	3 000	0
销售单价(元)	10	10	10
单位变动生产成本(元)	5	5	5
变动销售及管理费用(元)	1	1	1
固定制造费用(元)	22 000	22 000	22 000
固定销售及管理费用(元)	26 000	26 000	26 000

根据上述资料,分别用两种方法计算第一至第三年税前净利,如表3-8、表3-9所示。

表3-8

利润表(变动成本法) 单位:元

项　　目	第一年	第二年	第三年
销售收入	220 000	190 000	250 000
减:变动成本	132 000	114 000	150 000
其中:本期销货成本	110 000	95 000	125 000
变动销售及管理费用	22 000	19 000	25 000
边际贡献	88 000	76 000	100 000
减:固定成本	48 000	48 000	48 000
其中:固定制造费用	22 000	22 000	22 000
固定销售及管理费用	26 000	26 000	26 000
税前利润	40 000	28 000	52 000

表3-9

利润表(完全成本法) 单位:元

项　　目	第一年	第二年	第三年
销售收入	220 000	190 000	250 000
减:销货成本	132 000	114 000	150 000
其中:期初存货成本	0	0	18 000
加:本期生产成本	132 000	132 000	132 000

（续表）

项　　目	第一年	第二年	第三年
减:期末存货成本	0	18 000	0
销售毛利	88 000	76 000	100 000
减:销售及管理费用	48 000	45 000	51 000
其中:变动销售及管理费用	22 000	19 000	25 000
固定销售及管理费用	26 000	26 000	26 000
税前利润	40 000	31 000	49 000

根据以上计算结果分析两种方法下税前利润的差异。

第一年,在变动成本法下,固定制造费用作为期间费用全额扣除;在完全成本法下,由于产销平衡,固定制造费用由当期已销产品全额分担,即固定制造费用全额扣除,故两种方法计算出的税前净利无差异。

第二年,当期生产的在当期未销售完,即期末结余存货 3 000 件。在采用完全成本法计算时,固定制造费用须在已销存货与结余存货间分配,其中,每件产品承担的固定制造费用为 1 元(22 000÷22 000),故期末存货承担的固定制造费用为 3 000 元(1×3 000);而在变动成本法下,固定制造费用作为当期费用全额扣除,所以,与变动成本法相比,当期列在完全成本法下利润表中的成本少了 3 000 元,则完全成本法下的当期税前净利比变动成本法下的多了 3 000 元。

第三年,当期生产的在当期售完,上期结余的 3 000 件也在本期售完。即采用完全成本法时,期初存货承担的固定制造费用 3 000 元(1×3 000),而本期固定制造费用随本期产品的全部售完而全额扣除,即期末没有存货吸收固定制造费用,所以,与变动成本法相比,本期列在完全成本法下利润表中的成本多了期初存货承担的 3 000 元,则完全成本法下的当期税前净利比变动成本法下的少了 3 000 元 。

从上面分析可以看出,如果一定期间内产品的生产量和销售量不相等,采用两种成本计算方法以确定的税前利润必然会发生差异。但从较长期间看,这些差异又可以相互抵销。

2. 连续各期销售量相等而生产量不等的情况下,两种成本计算方法对分期利润的影响

【例 3-6】 某微型电机厂 2×16—2×18 年 3 年的电机产量、销量、单价及有关成本资料如表 3-10 所示,其中存货按先进先出法计价,要求分别用两种方法计算 3 年的税前净利,如表 3-11 所示。

表 3-10

成本及生产数据资料　　　　　　　　　　　　　　　　单位:元

年份	产量	销量	单价	制造费用		期间费用	
				单位变动	固定	单位变动	固定
2×16	5 000	5 000	20	5	14 000	2	2 000
2×17	7 000	5 000	20	5	14 000	2	2 000
2×18	3 000	5 000	20	5	14 000	2	2 000

表 3-11

利　润　表 单位:元

变动成本法

摘　要	2×16 年	2×17 年	2×18 年
销售收入	100 000	100 000	100 000
减:变动成本	35 000	35 000	35 000
变动生产成本	25 000	25 000	25 000
变动期间费用	10 000	10 000	10 000
边际贡献	65 000	65 000	65 000
减:固定成本	16 000	16 000	16 000
固定制造费用	14 000	14 000	14 000
固定期间费用	2 000	2 000	2 000
税前利润	49 000	49 000	49 000

完全成本法

摘　要	2×16 年	2×17 年	2×18 年
销售收入	100 000	100 000	100 000
减:已销生产成本	39 000	35 000	43 000
期初存货	0	0	14 000
本期生产成本	39 000	49 000	29 000
期末存货	0	14 000	0
销售毛利	61 000	65 000	57 000
减:期间费用	12 000	12 000	12 000
变动期间费用	10 000	10 000	10 000
固定期间费用	2 000	2 000	2 000
税前利润	49 000	53 000	45 000

通过以上分析,我们发现,变动成本法体现了销售量、成本与利润之间的变化规律,在单价、单位变动生产成本不变动的情况下,在变动成本法下,各期利润直接与销售量多少相关。只要销售量不变,无论产量增减变动多少,按变动成本法计算的利润不变(见表 3-11)。如果销售量增加或减少,则利润也会随之增加或减少,因此,变动成本法有助于企业重视市场销售。

在完全成本法下,由于将固定制造费用计入产品成本,可以得出这样的结论:产量越高,单位产品负担的固定制造费用越低,这意味着,增加产量,可以降低单位产品成本;减少产量,会导致单位成本上升。按该法提供的成本信息有助于促进企业扩大生产,刺激增产的积极性。但是,这种信息也存在着一定的局限性,企业会为了降低单位产品所耗用的固定生产成本去盲目地扩大产量,最终有可能导致产品的积压,不利于企业资金的流通与周转,同时也可能歪曲各部门努力降低成本的真实业绩。

第四节　变动成本法的优缺点

一、变动成本法的优点

(1) 变动成本法能够揭示利润和业务量之间的正常关系,有利于促使企业重视销售工作。在变动成本法下,产量的高低与存货量的增减对利润都没有影响。在销售价格、成本水平、销售组合不变的情况下,利润将随销售量同步增长,有助于促使企业管理者重视市场销售,认真研究市场动态,实现以销定产,防止因盲目生产带来的产品大量积压,提高企业的经济效益。

(2) 变动成本法可以提供有用的成本信息,便于科学地进行成本分析和成本控制。在变动成本法下,产品成本取决于各项变动生产成本发生的多少,因此可直接分析因成本控制工作本身的好坏而造成的成本升降;同时,有助于将固定成本和变动成本指标分解落实到各个责任单位,分清各部门责任,调动各部门降低成本的积极性。

(3) 变动成本法提供的成本和收益资料,便于企业进行短期经营决策。采用变动成本法取得的单位变动成本、边际贡献和其他有关的信息(变动成本率、边际贡献率、安全边际率等),对管理人员十分有用,揭示了业务量与成本变动的内在规律,明确生产、销售、成本和利润之间的关系,为开展本量利分析奠定了基础。所有这些,均能帮助管理人员深入地进行本量利分析、边际贡献分析,预测前景(预测销售量或销售额、成本、利润等),进行短期经营决策。

(4) 采用变动成本法可以简化成本核算工作。在变动成本法下,把固定制造费用作为期间成本,从边际贡献中扣除,可以省掉许多间接费用分配的手续,大大减少产品的核算工作,同时也避免间接费用分配过程中的主观随意性,提高成本核算的准确性。

二、变动成本法的缺点

(1) 固定成本与变动成本的划分具有一定主观性。采用变动成本法的前提是按成本的习性将成本划分为变动成本和固定成本,但由于企业大部分成本费用都是混合成本,这样就必须先按一定的方法分解混合成本。对混合成本的分解是一种粗糙的计算,根据不准确的变动成本数据计算出来的产品成本自然是不准确的。

(2) 变动成本法所计算出来的单位产品成本,不符合传统的成本观念的要求。按照传统成本观念的认识,生产成本是产品在生产过程中发生的全部耗费,既包括变动生产成本,也应该包括固定生产成本。变动成本法下固定制造费用不计入产品成本而作期间成本。这样,一方面使期末存货的成本构成中排除了固定制造费用,使资产负债表上的资产价值偏低;另一方面使期间成本偏高,又造成利润表上的净收益偏低。所以,变动成本法的这种处理方法,不符合传统的成本观念的要求,也将影响到股东等投资者的利益。

(3) 不能适应长期投资决策的需要。变动成本法是以成本形态分析为基础,以相关范围内固定成本和单位变动成本固定不变为前提条件的,这在短期内是成立的。而从长期来看,单位变动成本和固定成本总额很难固定不变,因此,按成本性态要求编制的利润表资料,无法应用于调整生产能力等长期决策。

本 章 小 结

本章详细讲解了变动成本法的内涵、特点,讨论了变动成本法与完全成本法的区别,明确了这两种成本法对营业利润造成的不同影响,最后探讨了变动成本法的优缺点。变动成本法是管理会计中广泛应用的一种成本计算方法,是指在计算产品成本的时候,只包括产品生产过程中直接消耗的直接材料、直接人工和变动制造费用的一种成本计算方法。它与完全成本法的区别在于对固定制造费用的处理,由此导致两种成本方法在产品成本及期间成本的划分、存货计价、销货成本的计算、损益计算程序以及损益结果等方面出现差异,也造成了两种成本法分期营业利润差额的出现,而造成分期营业利润差额的真正原因在于两种成本计算法计入当期利润表的固定制造费用的水平出现了差异。进一步探讨了两种成本法下的当期营业利润差额的变动规律,发现按两种成本法计算的营业利润差额决定于期初和期末存货成本中固定制造费用的差额。分析结果表明,变动成本法更适合短期决策和加强经营控制,能使管理当局更加重视销售,避免盲目生产。

思 考 与 练 习

复 习 思 考 题

1. 什么是变动成本法? 它有什么特点?
2. 变动成本法和完全成本法的理论依据是什么? 各有什么优缺点?
3. 变动成本法和完全成本法的主要区别表现在哪些方面?
4. 变动成本法和完全成本法计算利润会出现差异,其原因是什么? 这两种方法下营业利润出现差额有何规律?

练 习 题

一、单项选择题

1. 在变动成本法下,构成产品成本的是( )。
   A. 变动生产成本   B. 生产成本
   C. 变动成本总额   D.变动成本与固定成本之和
2. 在变动成本法下,销售收入减去变动成本等于( )。
   A. 销售毛利   B. 税后利润   C. 税前利润   D. 边际贡献
3. 在变动成本法下,固定制造费用应当列作( )。
   A. 非生产成本   B. 期间成本   C. 产品成本   D. 直接成本
4. 在( )情况下,按完全成本法计算的税前利润必然小于按变动成本法计算的税前利润。

A. 存货量减少   B. 存货量增加

C. 存货量不变   D. 产品成本变动

5. 已知 2×17 年某企业按变动成本法计算的营业利润为 13 500 元,假定 2×18 年销量与 2×17 年相同,产品单价及成本水平都不变,但产量有所提高。则 2×18 年按变动成本法计算的营业利润(　　)。

A. 必然大于 13 500 元   B. 必然等于 13 500 元

C. 必然小于 13 500 元   D. 可能等于 13 500 元

6. 造成某期按变动成本法与完全成本法确定的营业净利润不相等的根本原因是(　　)。

A. 两法对固定制造费用的处理方式不同

B. 两法计入当期利润表的固定生产成本的水平不同

C. 两法计算销售收入和生产成本之间的水平不同

D. 两法对期间成本和生产成本之间的区分不同

7. 某企业只生产一种产品,2×18 年年初的存货是 40 000 元,期末存货是 0。在这种情况下,按完全成本法确定营业利润比按变动成本法确定的营业利润(　　)。

A. 小   B. 大   C. 相等   D. 不确定

8. 假设本期与上期的其他条件不变,当本期的销售量比上期减少时,如按变动成本法确定营业利润,本期与上期相比较将(　　)。

A. 增加   B. 减少

C. 可能增加,也有可能减少   D. 没有变化

9. 如果期末产品存货成本增加,采用变动成本法计算的税前利润与采用完全成本法计算的税前利润的关系为(　　)。

A. 两者相等   B. 前者大于后者   C. 前者小于后者   D. 两者没有关系

10. 下列各项中,能反映变动成本法局限性的说法是(　　)。

A. 导致企业盲目生产   B. 不利于成本控制

C. 不利于短期决策   D. 不符合传统的成本观念

二、多项选择题

1. 在变动成本法下,产品成本包括(　　)。

A. 变动管理费用   B. 变动销售费用   C. 变动制造费用   D. 直接材料

E. 直接人工

2. 在变动成本法下,期间成本包括(　　)。

A. 管理费用   B. 销售费用   C. 制造费用   D. 固定生产成本

E. 非生产成本

3. 变动成本法与完全成本法的区别表现在(　　)。

A. 产品成本的构成内容不同   B. 存货成本水平不同

C. 损益确定程序不同   D. 编制的利润表格式不同

E. 计算出的营业利润不同

4. 在变动成本法下,确定销售产品变动成本主要依据(　　)进行计算。

A. 销售产品变动生产成本　　　　　　B. 期末存货成本

C. 期初存货成本　　　　　　　　　　D. 销售收入总额

E. 销售产品变动销售及管理费用

5. 下列项目中,不会导致完全成本法和变动成本法确定的分期损益不同的有(　　　)。

A. 直接材料　　　B. 管理费用　　　　C. 财务费用　　　　D. 销售费用

E. 固定制造费用

6. 在不考虑其他附加条件的情况下,如果完全成本法下期末存货吸收的固定制造费用与期初存货释放的固定制造费用相比,则(　　　)。

A. 前者等于后者,营业利润差额等于零

B. 前者大于后者,营业利润差额大于零

C. 前者小于后者,营业利润差额小于零

D. 前者大于后者,营业利润差额小于零

E. 前者小于后者,营业利润差额大于零

三、计算题

1. 已知某企业本期有关成本资料如下:单位直接材料成本为 10 元,单位直接人工成本为 5 元,单位变动制造费用为 7 元,固定制造费用总额为 4 000 元,单位变动销售管理费用为 4 元,固定销售管理费用为 1 000 元。期初存货量为零,本期产量为 1 000 件,销量为 600 件,单位售价为 40 元。

要求:分别按两种成本法的有关公式计算下列指标:

(1) 单位产品成本;

(2) 期间成本;

(3) 销售成本;

(4) 营业利润。

2. 已知某厂只生产一种产品,第一、第二年的产量分别为 30 000 件和 24 000 件,销售量分别为 20 000 件和 30 000 件;存货计价采用先进先出法。产品单价为 15 元/件,单位变动生产成本为 5 元/件;每年固定制造费用的发生额为 180 000 元。销售及管理费用都是固定性的,每年发生额为 25 000 元。

要求:分别采用两种成本计算方法确定第一、第二年的营业利润(编制利润表)。

3. 某公司产品的有关数据如下:

期初存货:	—
生产量:	6 000 件
销售量(18 元/件):	5 000 件
正常生产量:	6 000 件

单位变动成本:

| 直接材料: | 5 元 | 直接人工: | 3 元 |
| 变动制造费用: | 1 元 | 变动销售及管理费用: | 2 元 |

固定成本：

固定制造费用：	24 000 元
固定销售及管理费用：	9 000 元

要求：

（1）计算完全成本法下单位成本。

（2）计算变动成本法下单位成本。

（3）分别用完全成本法和变动成本法为该公司编制利润表。

（4）解释完全成本法和变动成本法下的利润差异。

4. 已知：某厂连续两年的产销量、成本和售价等资料如3-12 所示。该厂按变动成本法计算的营业利润第一年为 150 000 元，第二年为 100 000 元，存货按先进先出法计价。

要求：用利润差额简算法计算完全成本法的各年营业利润。

表 3-12

某厂连续两年的产销量、成本和售价

	第一年	第二年
生产量（件）	8 000	10 000
销售量（件）	8 000	6 000
单位产品变动成本（元）	15	15
固定制造费用（元）	40 000	40 000
销售及管理费用（元）	10 000	10 000
单价（元）	40	40

5. 已知：某厂生产甲产品，产品单位为 10 元/件，单位产品变动生产成本为 4 元，固定制造费用总额为 24 000 元，销售及管理费用为 6 000 元，全部是固定性的，存货按先进先出法计价，最近 3 年的产销量资料如表 3-13 所示。

表 3-13

某厂最近 3 年产销量

	第一年	第二年	第三年
期初存货量	0	0	2 000
本期生产量	6 000	8 000	4 000
本期销售量	6 000	6 000	6 000
期末存货量	0	2 000	0

要求：

（1）分别按两种方法计算单位产品成本。

（2）分别按两种方法计算期末存货成本。

（3）分别按两种方法计算期初存货成本。

（4）分别按两种方法计算各年营业利润（编制利润表）。

（5）用差额简算验证完全成本法下的各年利润。

第四章 本量利分析

【学习目标】 本章介绍了本量利分析的概念、基本假设和作用,本量利分析的基本模型、经营安全程度的评价指标、本量利关系中的敏感分析。要求理解本量利分析的基本含义,掌握本量利分析的基本模型,掌握保本点、保利点和经营安全程度分析方法,掌握边际贡献及相关指标的计算,掌握多品种条件下的本量利分析方法,了解各因素变动对盈亏平衡点的影响。

【引导案例】

汽车制造商是怎么降低盈亏平衡点的

你也许会想,盈亏平衡这词在商业中很不常见。但是,当销售额出现下滑时,公司非常关心盈亏平衡点,通常通过控制成本、完善成本结构来降低盈亏平衡点。例如,在2008—2009年的经济衰退形势中,很多国家的汽车制造商面临巨幅销售下滑,不得不在经营策略上做出巨大改变以降低成本,达到盈亏平衡。在经济衰退前,对美国排名前三的汽车制造商来说,盈亏平衡水平在1.6亿美元左右,但是到2009年年初,盈亏平衡水平降到0.9亿美元。通用汽车、福特公司和克莱斯勒所采取的降低盈亏平衡水平的方法有关闭工厂、解雇工人、减少某些车型的产量。汽车制造商的主要思路就是大幅度降低每单位产量的固定成本和变动成本,成本降低的比例要尽量大于销售量减少的比例和销售价格降低的比例,这样才能降低盈亏平衡点以使公司持续盈利。近期我国汽车制造商也不断通过技术创新来降低成本,如比亚迪推出e平台,通过标准化的设计和集成化的系统来使汽车相关组件数量精简,体积变小,质量变轻,效率提升;还通过将原本分立的系统进行集成,进一步降低生产成本。采用e平台模块开发整车,解决了困扰纯电动车研发的"轻量化""空间布局""能量密度"等难题。

第一节 本量利分析概述

一、本量利分析的含义

本量利分析是成本—业务量—利润关系分析的简称,是指在成本习性分析和变动成本法的基础上,以模型与图示来揭示固定成本、变动成本、销售量、单价、销售额、利润等因素之间的内在变化关系,为会计预测、决策和规划提供必要的财务信息的一种定量分析方法。

二、基本假定

在现实经济生活中,销售数量、价格、成本和利润之间的关系非常复杂。例如,成本与业务量之间可能呈线性关系也可能呈非线性关系；销售收入与销售量之间也不一定是线性关系，因为售价可能发生变动。为了建立本量利分析理论，必须对上述复杂的关系做一些基本假定，由此来严格限定本量利分析的范围，对于不符合这些基本假定的情况，可以进行本量利扩展分析。其中，本量利分析的基本假定主要包括以下几方面。

（一）成本性态分析与变动成本法假定

假定企业的全部成本已经分解为变动成本和固定成本两部分，单位变动成本和固定成本金额已知，并且产品成本是按变动成本计算的，即产品成本只包括变动生产成本，所有的固定成本作为期间成本处理。

（二）相关范围和线性关系假定

由于本量利分析是在成本性态分析基础上发展起来的，所以成本性态分析的基本假定也就成为本量利分析的基本假定，也就是在相关范围内，固定成本总额保持不变，变动成本总额随业务量变化呈正比例变化，前者用数学模型来表示就是 $y=a$，后者用数学模型来表示就是 $y=bx$，所以，总成本与业务量呈线性关系，即 $y=a+bx$。相应的，假定售价也在相关范围内保持不变，这样，销售收入与销售量之间也呈线性关系，用数学模型来表示就是以售价为斜率的直线 $y=px$（p 为销售单价）。这样，在相关范围内，成本与销售收入均分别表现为直线。这与经济学家描述的成本线与收入线是曲线并不矛盾，因为经济学家描述的是一段相当长的时期内成本和收入的变动情况，而管理会计关注的则是较短时期内成本和收入的变动情况。

（三）品种结构稳定假定

该假定是指在一个生产和销售多种产品的企业里，每种产品的销售收入占总销售收入的比重是不会发生变化的。但在现实经济生活中，企业很难始终按照一个固定的品种结构来销售产品，如果销售产品的品种结构发生较大变动，必然导致利润与原来品种结构不变假设下预计的利润有很大差别。有了这种假定，就可以使企业管理人员关注价格、成本和业务量对营业利润的影响。

（四）产销平衡假定

所谓产销平衡就是企业生产出来的产品总是可以销售出去，能够实现生产量等于销售量。在这一假定下，本量利分析中的量就是指销售量而不是生产量，销售额和销售量相差一个价格乘数，各种形式的业务量是统一的，或易于相互转换，这可以减少分析工作量和避免分析复杂化。但在实际经济生活中，生产量可能会不等于销售量，这时产量因素就会对本期利润产生影响。

正因为本量利分析是建立在上述假定基础上的，所以一般只适用于短期分析。在实际工作中应用本量利分析原理时，必须从动态的角度去分析企业生产经营条件、销售价格、品种结构和产销平衡等因素的实际变动情况，调整分析结论，积极应用动态分析和敏感性分析等技术来克服本量利分析的局限性。

三、本量利关系的基本公式

基于上述假设，将成本、业务量和利润三者之间的关系用方程式来表达，就是本量利基本公式：

营业利润＝销售收入－成本总额

＝销售收入－变动成本总额－固定成本总额

如果企业只产销单一品种产品时,上述公式可展开为:

营业利润＝单价×销售量－单位变动成本×销售量－固定成本

＝(单价－单位变动成本)×销售量－固定成本

即: $$TP = (p-b)x - a$$

式中 TP 表示营业利润;p 表示单价;b 表示单位变动成本;x 表示销售量;a 表示固定成本总额。

本量利分析就是围绕上述基本公式,对各因素之间变动导致的影响进行系统的分析。

四、边际贡献及相关指标的计算

在本量利分析中,边际贡献是一个十分重要的概念。边际贡献是指销售收入与变动成本的差额,反映的是一定业务量的销售收入在补偿了变动成本之后,对固定成本补偿和创造利润的贡献。只有一定业务量的销售收入补偿完变动成本之后,才可能补偿固定成本,才可能为企业提供利润。因此,边际贡献也称为贡献毛利、边际利润等。

边际贡献有单位边际贡献、边际贡献总额、边际贡献率三种形式。

$$单位边际贡献(cm) = 单价 - 单位变动成本$$
$$= p - b$$
$$边际贡献(TCM) = 销售收入 - 变动成本$$
$$= px - bx$$
$$= 单位边际贡献 × 销量$$
$$= cmx$$
$$边际贡献率(CMR) = \frac{边际贡献(TCM)}{销售收入(px)} × 100\% = \frac{单位边际贡献(cm)}{销售价格(p)} × 100\%$$

根据本量利基本公式:

$$营业利润(TP) = 边际贡献 - 固定成本$$
$$= TCM - a$$

这说明边际贡献与企业利润有着密切关系,只有当边际贡献大于固定成本时才能为企业提供利润。

与边际贡献率密切关联的指标是变动成本率。变动成本率(bR)是指变动成本占销售收入的比例,也可表示为单位变动成本与单位售价的比例。

$$变动成本率(bR) = \frac{变动成本(bx)}{销售收入(px)} × 100\% = \frac{单位变动成本(b)}{单价(p)} × 100\%$$

变动成本率与边际贡献率的关系如下式:

$$边际贡献率(CMR) = 1 - 变动成本率(bR)$$
$$变动成本率(bR) = 1 - 边际贡献率(CMR)$$

可见,两者属于互补性质,企业或产品的变动成本率高,则其边际贡献率低,创利能力低;反之,变动成本率低,则边际贡献率高,创利能力高。

【例 4-1】 某企业只生产一种产品,单价 100 元/件,单位变动成本 70 元/件,每月固定成本 30 000 元,当月出售 1 250 件。计算该产品各边际贡献指标、营业利润、变动成本率,验证变动成本率与边际贡献率的关系。

解:

$$单位边际贡献(CM) = p - b = 100 - 70 = 30(元)$$

$$边际贡献总额(TCM) = cmx = 30 \times 1\,250 = 37\,500(元)$$

$$边际贡献率(CMR) = \frac{TCM}{px} \times 100\% = \frac{37\,500}{100 \times 1\,250} \times 100\% = 30\%$$

$$营业利润(TP) = TCM - a = 37\,500 - 30\,000 = 7\,500(元)$$

$$变动成本率(bR) = \frac{单位变动成本(b)}{单价(p)} \times 100\% = \frac{70}{100} \times 100\% = 70\%$$

$$边际贡献率(CMR) + 变动成本率(bR) = 30\% + 70\% = 1$$

第二节 单一品种的本量利分析

一、保本分析

(一)保本点的概念

所谓保本就是指一段时间内的销售收入等于总成本,即收支相等、盈亏平衡、利润为零的状态。在这种状态下,企业提供的产品或劳务的销售收入在扣除了变动成本后的余额,恰好等于固定成本,即企业的边际贡献等于固定成本,这时候企业利润为零。

保本分析也叫盈亏平衡分析,是对企业正好处于保本状态下的成本、业务量和利润之间关系的分析。企业只有达到保本才能继续经营下去,以这种状态为基础,经营好可以盈利,经营不好就要亏损。因此,保本分析具有重要意义。

保本的状态可用"保本点"来衡量。保本点也叫盈亏平衡点、盈亏临界点,是指企业达到保本状态的业务量的总称。保本点一般有两种表现形式:一种是用实物量表示的保本销售量(简称保本量),即销售多少数量的产品才能保本;一种是用价值量表示的保本销售额(简称保本额),即销售多少金额的产品才能保本。

(二)保本点的确定方法

确定保本点的方法主要有基本等式法、边际贡献法和本量利分析图法等。

1. 基本等式法

基本等式法是指在本量利关系的基本公式基础上,计算出保本量和保本额的一种方法。

根据公式 $TP = (p-b)x - a$,在盈亏平衡状态 $TP = 0$,则公式就变为:

$$(p-b)x - a = 0$$

所以,

$$x = \frac{a}{p-b}$$

即:

$$保本量 = \frac{固定成本}{销售价格 - 单位变动成本}$$

保本额＝销售价格×保本量

【例 4-2】 某企业只生产一种产品，单价 100 元/件，单位变动成本 70 元/件，每月固定成本 30 000 元，计算确定该企业的保本点指标。

解：
$$保本量 = \frac{固定成本}{销售价格-单位变动成本} = \frac{30\,000}{100-70} = 1\,000(件)$$

$$保本额 = 销售价格 \times 保本量 = 100 \times 1\,000 = 100\,000(元)$$

2. 边际贡献法

边际贡献法是指利用边际贡献与业务量、利润之间的关系直接计算保本量和保本额的方法。当产品提供的边际贡献总额正好等于固定成本总额时，就处于保本状态，用公式表示为：

$$边际贡献(TCM) = 固定成本(a)$$

即：
$$cmx = a$$

$$x = \frac{a}{cm}$$

即：
$$保本量\ x = \frac{固定成本(a)}{单位边际贡献(cm)}$$

$$保本额 = 单价(P) \times 保本量\ x = \frac{固定成本(a)}{边际贡献率} = \frac{固定成本(a)}{1-变动成本率}$$

【例 4-3】 沿用[例 4-2]的资料，计算该企业的保本点指标。

解：
$$单位边际贡献 = 100-70 = 30(元)$$

$$边际贡献率 = 30 \div 100 \times 100\% = 30\%$$

$$保本量 = \frac{固定成本}{单位边际贡献} = \frac{30\,000}{30} = 1\,000(件)$$

$$保本额 = 销售价格 \times 保本量 = \frac{固定成本}{边际贡献率} = \frac{30\,000}{30\%} = 100\,000(元)$$

3. 本量利分析图法

盈亏平衡点也可以用本量利分析图来表示。本量利分析图是指在平面直角坐标系上反映企业不同业务量水平条件下的盈亏状况的图形，也称盈亏平衡图。本量利分析图通常有标准本量利图、边际贡献式本量利图和利量图三种。其中，标准本量利图在管理会计中运用得最广泛，且能反映最基本的本量利关系。

标准本量利图的绘制步骤如下：

第一步，建立直角坐标。横轴代表销售量，纵轴代表成本和销售收入金额。

第二步，以单价 p 为斜率，过原点 o 画一直线 $y = px$，即销售收入线。

第三步，以固定成本 a 为截距，以单位变动成本 b 为斜率，画总成本线 $y = a + bx$。

第四步，当单价 p 大于单位变动成本 b 时，销售收入线与总成本线必然相交于一点，假定坐标为 (x_0, y_0)，则此点即是保本点，x_0 为保本量，y_0 为保本额。保本图如图 4-1 所示。

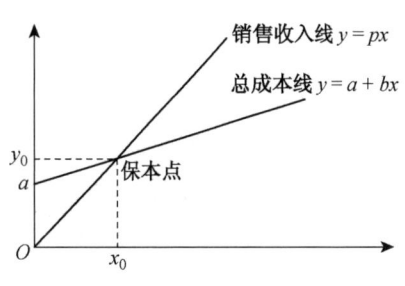

图 4-1 保本图

仍沿用[例 4-2]的资料,销售收入线为 $y=100x$,总成本线为 $y=30\,000+70x$,令两者相等,则保本点的坐标为($1\,000$,$100\,000$)。

(三)经营安全程度分析

除了计算保本点,企业还应关注经营的安全程度,即安全边际指标。

安全边际是指盈亏平衡点以上的销售量,也就是现有销售量超过盈亏平衡点销售量的差额。它标志着从现有销售量或预计可达到的销售量到盈亏平衡点,还有多大的差距。此差距说明现有或预计可达到的销售量再降低多少,企业才会发生损失。差距越大,则企业发生亏损的可能性就越小,企业的经营就越安全。安全边际可以用绝对数和相对数形式来表示。

绝对数包括安全边际量和安全边际额两种,两者间存在一个单位价格的乘数关系。

安全边际量=现有或预计销售量-保本点销售量

安全边际额=现有或预计销售额-保本点销售额=单价×现有或预计销售量-单价×保本量

　　　　　　=安全边际量×单价

相对数指标一个是安全边际率,它是指企业的安全边际与实际或预期的销售量的比率。安全边际率便于不同企业或行业之间的比较。

$$安全边际率=\dfrac{安全边际量}{现有或预计销售量}\times100\%=\dfrac{安全边际额}{现有或预计销售额}\times100\%$$

西方会计学界一般用安全边际率来评价企业生产经营的安全程度,如表 4-1 所示。

表 4-1

企业经营安全程度判断标准

安全边际率	40%以上	30%～40%	20%～30%	10%～20%	10%以下
安全程度	非常安全	安全	比较安全	关注	危险

除安全边际外,也可以用"保本作业率"来评价企业经营的安全程度。保本作业率又称危险率,是与安全边际率对应的指标。它是指企业保本业务量与实际或预计的销售业务量的比率,也是反映经营安全程度的相对指标。但是,保本作业率是一个反向指标,数值越大,企业的生产经营安全程度就越低。其计算公式为:

$$保本作业率=\dfrac{保本量}{现有或预计销售量}\times100\%=\dfrac{保本额}{现有或预计销售额}\times100\%$$

从边际贡献率和保本作业率的定义可以看出,两者是互补关系,即:

安全边际率+保本作业率=1

从前述分析我们已知,营业利润是由安全边际提供的,即只有超过盈亏平衡点的销售量才能为企业提供利润。由于盈亏平衡点销售量所提供的边际贡献正好弥补全部固定成本,所以超过盈亏平衡点以上的安全边际所提供的边际贡献额就是利润,因此,有了安全边际相关指标后,本量利关系式可以进一步表现为:

营业利润=安全边际量×单位边际贡献

　　　　=安全边际额×边际贡献率

【例 4-4】 仍沿用[例 4-2]的资料,假定该公司只生产一种产品,单价 100 元/件,单位变动成本 70 元/件,每月固定成本 30 000 元,下个月预计销售量是 1 800 件,计算该公司的安全边际指标,并评价其下月的经营安全程度。

解: 安全边际量＝现有或预计销售量－保本点销售量＝1 800－1 000＝800(件)

安全边际额＝现有或预计销售额－保本点销售额＝1 800×100－1 000×100

＝80 000(元)

或 安全边际额＝安全边际量×销售单价＝800×100＝80 000(元)

$$安全边际率＝\frac{安全边际量}{现有或预计销售量}×100\%＝\frac{800}{1\,800}×100\%≈44.44\%$$

该公司下月的安全边际率是 44.44%,是非常安全的。

【例 4-5】 沿用[例 4-2]和[例 4-4]的资料,计算该公司下月的营业利润。

解: 营业利润＝安全边际量×单位边际贡献＝800×30＝24 000(元)

或 营业利润＝安全边际额×边际贡献率＝80 000×30%＝24 000(元)

运用本量利基本公式计算:

$$营业利润＝(p-b)x-a$$
$$＝(100-70)×1\,800-30\,000$$
$$＝24\,000(元)$$

两种方法计算结果相同。

二、保利分析

保本状态是企业经营管理的一个基准,企业也不可能仅仅满足于不亏本或维持简单再生产,而是要根据市场供需情况和自身条件不断寻求发展,因此企业还需要进行如何实现目标利润的本量利分析,即需要了解为到达目标利润该如何确定或调整业务量、成本、价格等变量。这就是盈利条件下的本量利分析,简称保利分析。

（一）保利点及其确定

保利点是指在价格和成本水平既定的情况下,为确保事先确定的目标利润能够实现而应当达到的业务量的统称,包括保利销售量(简称保利量)和保利销售额(简称保利额)。

因为, 营业利润＝(单价－单位变动成本)×销售量－固定成本

$$目标利润(TP)＝(p-b)x-a$$

则, $$保利量(x')＝\frac{固定成本＋目标利润}{单价－单位变动成本}＝\frac{a+TP}{p-b}$$

$$保利额(y')＝单价×保利量＝px'$$

因为 $cm＝p-b$,$CMR＝(p-b)÷p$,则保利量、保利额的计算公式变为:

$$保利量(x')＝\frac{固定成本＋目标利润}{单位边际贡献}＝\frac{a+TP}{CM}$$

$$保利额(y')＝\frac{固定成本＋目标利润}{边际贡献率}＝\frac{a+TP}{cmr}＝\frac{固定成本＋目标利润}{1-变动成本率}＝\frac{a+TP}{1-br}$$

【例 4-6】 沿用[例 4-2]的资料,该公司下月要实现目标利润 210 000 元,计算下月的保利销售量和保利销售额。

解：　　保利量$(x') = \dfrac{固定成本＋目标利润}{单价－单位变动成本} = \dfrac{a＋TP}{p－b} = \dfrac{30\,000＋210\,000}{100－70} = 8\,000$（件）

保利额$(y') = 单价 \times 保利量 = px' = 100 \times 8\,000 = 800\,000$（元）

或　　　保利额$(y') = \dfrac{固定成本＋目标利润}{边际贡献率} = \dfrac{a＋TP}{cmr} = \dfrac{30\,000＋210\,000}{30\%} = 800\,000$（元）

通常的营业利润是指税前利润，是没有考虑所得税的影响。如果考虑所得税的影响，假设给定的目标利润是税后净利润，则需要进行相应转换，目标税后利润与营业利润之间的关系为：

$$目标税后净利润 = 目标营业利润 \times (1－所得税税率)$$

对于前面的保本分析，是假定目标利润为0，相应的目标净利润也为0，因此保本分析不需要考虑所得税的影响，成本、业务量、价格和利润之间的关系不受所得税的影响。当目标利润大于0时，成本、业务量、价格和利润之间的关系则会因所得税的存在而与保本分析的数量有所差别。但由于目标营业利润和目标税后净利润相差了一个乘数关系，在得出目标利润、成本、业务量和价格之间的关系后，只需以"目标净利润÷(1－所得税税率)"来代替关系式中的"目标营业利润"即可，从而得到目标净利润、成本、业务量和价格之间的关系。

（二）影响利润的各因素变动分析

变动分析是指本量利发生变动时相互影响的定量分析，它是本量利分析中最常用的一项内容，主要研究两个内容：一个是目标利润发生变动时，分析实现目标利润所需要的产销量、收入和支出；另一个是产销量、成本和价格发生变动时，测定其对利润的影响。

1. 实现目标利润的有关条件

在很多情况下，主管部门下达了利润指标，需要下级部门完成，在这种情况下，应该研究如何利用企业现有的资源，合理安排产销量、收入和成本支出，以实现特定利润。

$$目标利润 = (单价－单位变动成本) \times 销售量 － 固定成本 = (p－b)x－a$$

（1）实现目标利润的单价 $= 单位变动成本 + \dfrac{固定成本＋目标利润}{销售量}$

即：　　$p = b + \dfrac{a＋TP}{x}$

（2）实现目标利润的单位变动成本 $= 单价 － \dfrac{固定成本＋目标利润}{销售量}$

即：　　$b = p - \dfrac{a＋TP}{x}$

（3）实现目标利润的固定成本 $=$（单价－单位变动成本）$\times$ 销售量 － 目标利润

即：　　$a = (p－b)x － TP$

【例4-7】　沿用［例4-2］的资料，该企业现在每月生产能力仅为1\,500件，下月目标利润为18\,000元，为实现目标利润各有关因素应怎样变化？

解：实现目标利润的单价：

$$p = b + \frac{a + TP}{x} = 70 + \frac{30\,000 + 18\,000}{1\,500} = 102(元)$$

实现目标利润的单位变动成本：

$$b = p - \frac{a + TP}{x} = 100 - \frac{30\,000 + 18\,000}{1\,500} = 68(元)$$

实现目标利润的固定成本：

$$a = (p - b)x - TP = (100 - 70) \times 1\,500 - 18\,000 = 27\,000(元)$$

为实现目标利润 18 000 元,企业可以采取的单项措施为:提高售价到 102 元/件,或者减少单位变动成本为 68 元/件,或者将固定成本总额减少到 27 000 元。

但在现实经济生活中,这些实现目标利润的有关条件往往不会单独变动。例如,为了提高产量,往往需要增加固定成本,而为了把它们顺利地销售出去,有时又需要降低售价或增加广告费等固定成本。因此,企业采取综合措施实现目标利润需要进行综合计算和反复平衡。

【例 4-8】 用[例 4-2]的资料,该企业现在每月生产能力都有剩余,可以进一步增加产量,但由于售价偏高,使销路受到限制,为此,经理准备降价 10%,争取实现 18 000 元的目标利润,为实现目标利润各有关因素应怎样变化?

解:(1) 降价后为实现目标利润所需的销售量:

$$销售量 = \frac{固定成本 + 目标利润}{单价 - 单位变动成本} = \frac{a + TP}{p - b} = \frac{30\,000 + 18\,000}{100 \times (1 - 10\%) - 70} = 2\,400(件)$$

如果销售部门认为,降价 10% 后销量能达到 2 400 件,生产部门也能生产出来,则目标利润可以落实。否则,还要进一步分析。

(2) 计算既定销量下实现目标利润所需要的单位变动成本。

假设销售部门认为,上述 2 400 件的销量是达不到的,降价 10% 只能使销量增加至 2 000 件,为此,则需要降低成本了。

$$单位变动成本 = 单价 - \frac{固定成本 + 目标利润}{销售量} = 100 \times (1 - 10\%) - \frac{30\,000 + 18\,000}{2\,000} = 66(元)$$

为了实现目标利润,在降价 10% 的同时,还必须将单位变动成本从 70 元降至 66 元。如果生产部门认为,通过降低原材料和人工,单位变动成本可以降低至 66 元,则目标利润可以落实。否则,还要考虑节约固定成本。

(3) 计算既定产销量和单位变动成本下实现目标利润所需的固定成本。

假设生产部门认为,通过努力,单位变动成本只能降低至 67 元。为此,企业还需要压缩固定成本。

$$\begin{aligned}固定成本 &= (单价 - 单位变动成本) \times 销售量 - 目标利润 \\ &= [100 \times (1 - 10\%) - 67] \times 2\,000 - 18\,000 = 28\,000(元)\end{aligned}$$

为了实现目标利润,在降价 10%,使销量增至 2 000 件,单位变动成本降至 67 元的同时,还须降低固定成本 2 000 元(30 000 - 28 000),则目标利润可以实现。否则,还要反复再次协商,寻找增收节支的办法,或者向经理汇报,请其考虑修改目标利润。

2. 分析各因素变动对目标利润的影响

上面的分析中,利润是已知数,其他因素是待求的未知数。但有时会遇到另一种相反的情况,即影响利润的诸因素为已知数,利润是待求的未知数。这种影响利润诸因素的变动分析,主要方法是将变化了的参数带入本量利方程式,测定其造成的利润变动。

【例 4-9】 沿用[例 4-2]的资料,该企业目前的产销量为 1 200 件,其损益状况如下:利润＝销售收入－变动成本－固定成本＝1 200×100－1 200×70－30 000＝6 000 元,分别计算下列情况下,利润怎样变动。

(1) 原材料涨价,单位变动成本增加 8 元。

(2) 增加广告投入 13 000 元,同时销量增加 10%。

(3) 售价提高 5%,同时销量下降 10%。

解:(1) 原材料涨价,单位变动成本增加 8 元时:

$$利润＝1 200×100－1 200×(70＋8)－30 000＝－3 600(元)$$

由于单位变动成本上升 8 元,企业将亏损 3 600 元。因此,企业应采取措施,设法抵销这种影响。进一步分析可知,单位变动成本最多增加不能超过 5 元,否则企业不能盈利。

(2) 增加广告投入 13 000 元,同时销量增加 10% 时:

$$利润＝1 200×(1＋10\%)×(100－70)－(30 000＋13 000)＝－3 400(元)$$

由于增加广告投入 13 000 元,同时销量增加 10%,但企业仍将亏损 3 400 元。进一步分析可知,销量增加 10% 带来的收益最多只能弥补 39 600 元的固定成本,这是此时固定成本增长的上限。

(3) 售价提高 5%,同时销量下降 10% 时:

$$利润＝[100×(1＋5\%)－70]×1 200×(1－10\%)－30 000＝7 800(元)$$

由于售价提高 5%,同时销量下降 10% 时,企业仍可盈利 7 800 元,说明该企业产品的价格需求弹性较小,通过涨价来获利在一定价格范围内是可行的。

第三节　多品种的本量利分析

在实际工作中,绝大多数企业都不可能只生产一种产品,更多的是两种以上的多品种的产销活动,并且不同的产品有不同的售价、变动成本和边际贡献。不同质的各种产品,在数量上是不能简单相加的,因此在计算多种产品的盈亏平衡点和保利点时,就不适宜采用实物量单位进行分析,而只能用金额来分析。多品种的本量利分析法主要有以下几种。

(一) 综合边际贡献率法

综合边际贡献率法是指在确定企业综合边际贡献率的基础上,计算分析多品种条件下企业综合盈亏平衡点的一种方法。它适用于多种产品的固定成本总额无法划分的情况。其计算公式为：

$$综合盈亏平衡点销售额 = \frac{固定成本}{综合边际贡献率}$$

$$综合保利额 = \frac{固定成本 + 目标利润}{综合边际贡献率}$$

这种方法的关键是确定综合边际贡献率,综合边际贡献率的计算方法又有三种。

1. 加权平均边际贡献率法

由于不同产品的盈利能力是不同的,其边际贡献率也各不相同,因此,计算综合盈亏平衡点销售额所用的边际贡献率应该是各种产品的加权平均数。这种方法的计算步骤为：

第一,计算各种产品的边际贡献率；

第二,计算各种产品的销售比例,其计算公式为：

$$某种产品的销售比例 = \frac{该种产品的销售收入}{全部产品销售收入合计}$$

第三,计算企业的加权平均边际贡献率,其计算公式为：

$$加权平均边际贡献率 = \sum(各种产品的边际贡献率 \times 各种产品的销售比例)$$

第四,运用加权平均边际贡献率计算综合盈亏平衡点销售额和综合保利额,其计算公式为：

$$综合盈亏平衡点销售额 = \frac{固定成本}{加权平均边际贡献率}$$

$$综合保利额 = \frac{固定成本 + 目标利润}{综合边际贡献率}$$

第五,计算各种产品的盈亏平衡点销售额和保利销售额,其计算公式为：

$$某种产品盈亏平衡点销售额 = 综合盈亏平衡点销售额 \times 该种产品销售比例$$
$$某种产品保利销售额 = 综合保利额 \times 该种产品销售比例$$

【例 4-10】 某公司生产销售甲、乙、丙三种产品,固定成本为 11 500 元,产销资料如表 4-2 所示。

表 4-2

某公司产销资料

品　　名	甲	乙	丙
销量(个)	500	1 000	1 500
单价(元/个)	20	30	40
单位变动成本(元/个)	16	27	28

计算该公司甲、乙、丙三种产品的保本销售额各是多少? 如果该公司的目标利润为 23 000 元,则甲、乙、丙三种产品应各销售多少产品?

解:根据上述资料,编制加权平均边际贡献率计算表,如表 4-3 所示。

表 4-3

加权平均边际贡献率计算表　　　　　　　金额单位:元

项　　目	甲	乙	丙	合计
(1) 单价	20	30	40	
(2) 单位变动成本	16	27	28	
(3) 单位边际贡献	4	3	12	
(4) 边际贡献率	20%	10%	30%	
(5) 销售收入	10 000	30 000	60 000	100 000
(6) 销售比例	10%	30%	60%	
(7) 加权平均边际贡献率	2%	3%	18%	23%

$$综合盈亏平衡点销售额 = \frac{固定成本}{加权平均边际贡献率} = \frac{11\,500}{23\%} = 50\,000(元)$$

甲产品保本销售额 = 50 000 × 10% = 5 000(元)

乙产品保本销售额 = 50 000 × 30% = 15 000(元)

丙产品保本销售额 = 50 000 × 60% = 30 000(元)

甲产品保本销售量 = 5 000 ÷ 20 = 250(个)

乙产品保本销售量 = 15 000 ÷ 30 = 500(个)

丙产品保本销售量 = 30 000 ÷ 40 = 750(个)

由上述计算可知,当甲、乙、丙三种产品按照固定销售比例销售时,甲产品生产 250 个、乙产品生产 500 个、丙产品生产 750 个,三种产品的销售收入总额为 50 000 元,此时公司处于盈亏平衡状态。

$$综合保利额 = \frac{固定成本 + 目标利润}{加权平均边际贡献率} = \frac{11\,500 + 23\,000}{23\%} = 150\,000(元)$$

甲产品保利销售额 = 150 000 × 10% = 15 000(元)

乙产品保利销售额 = 150 000 × 30% = 45 000(元)

丙产品保利销售额 = 150 000 × 60% = 90 000(元)

甲产品保利销售量 = 15 000 ÷ 20 = 750(个)

乙产品保利销售量 = 45 000 ÷ 30 = 1 500(个)

丙产品保利销售量 = 90 000 ÷ 40 = 2 250(个)

当甲产品生产 750 个、乙产品生产 1 500 个、丙产品生产 2 250 个,三种产品的销售收入总额为 150 000 元,此时公司能获得 23 000 元的目标利润。

实际上,如果企业无法确定各种产品的销量时,加权平均边际贡献率法就无法使用,综合盈亏平衡点销售额的计算只能另外采用边际贡献率总和法、边际贡献总额法两种方法。

2. 边际贡献率总和法

边际贡献率总和法是在计算每种产品为企业创造的边际贡献率基础上,求出企业边际贡献率的总和,从而计算综合盈亏平衡点销售额的方法。其计算公式为:

$$某种产品为企业创造的边际贡献率 = \frac{该产品创造的边际贡献}{企业全部产品销售收入之和} \times 100\%$$

$$边际贡献率总和 = \sum 每种产品为企业创造的边际贡献率$$

$$综合盈亏平衡点销售额 = \frac{固定成本}{边际贡献率总和}$$

【例 4-11】 沿用［例 4-10］的部分资料，根据表 4-4，计算某公司的盈亏平衡点。

表 4-4

某公司销售数据

品 名	甲	乙	丙	合计
销售收入(元)	10 000	30 000	60 000	100 000
变动成本(元)	8 000	27 000	42 000	77 000
边际贡献(元)	2 000	3 000	18 000	23 000
边际贡献率	20%	10%	30%	—

解： 甲产品为企业创造的边际贡献率$=\dfrac{该产品创造的边际贡献}{企业全部产品销售收入之和}=\dfrac{2\,000}{100\,000}\times100\%=2\%$

乙产品为企业创造的边际贡献率$=\dfrac{该产品创造的边际贡献}{企业全部产品销售收入之和}=\dfrac{3\,000}{100\,000}\times100\%=3\%$

丙产品为企业创造的边际贡献率$=\dfrac{该产品创造的边际贡献}{企业全部产品销售收入之和}=\dfrac{18\,000}{100\,000}\times100\%=18\%$

边际贡献率总和$=\sum$ 每种产品为企业创造的边际贡献率$=2\%+3\%+18\%=23\%$

综合盈亏平衡点销售额$=\dfrac{固定成本}{边际贡献率总和}=\dfrac{11\,500}{23\%}=50\,000(元)$

此法适用于已知各种产品为企业创造的边际贡献率的情况，但该法无法进一步确定每种产品的保本点等指标。

3. 边际贡献总额法

边际贡献总额法是根据一定条件下企业各种产品的边际贡献总额与销售收入总额之比来确定综合边际贡献率的方法，其计算公式为：

$$综合边际贡献率=\dfrac{全部产品边际贡献之和}{全部产品销售收入之和}\times100\%$$

此方法不需要每种产品的详细资料，只需要企业边际贡献总额和销售收入资料，但也无法进一步确定每种产品的保本点等指标。

【例 4-12】 沿用［例 4-10］的资料，计算该公司的盈亏平衡点。

解： 综合边际贡献率$=\dfrac{23\,000}{100\,000}\times100\%=23\%$

综合盈亏平衡点销售额$=\dfrac{固定成本}{综合边际贡献率}=\dfrac{11\,500}{23\%}=50\,000(元)$

（二）联合单位法

当企业销售的多种产品存在一个固定销售组合时，就可以将多种产品按照实物量比例构成的固定销售组合视为一个联合单位。按照这个实物量比例就可以计算每一个联合单位的售价、变动成本，进而按照单一品种盈亏平衡分析法计算盈亏平衡点联合单位和综合盈亏平衡销售额。这种方法适用于同一种原料加工成性质相近、产出结构比较稳定的联产品的企业。有关计算公式为：

联合单位边际贡献＝联合单位售价－联合单位变动成本

$$盈亏平衡点联合单位＝\frac{固定成本}{联合单位边际贡献}$$

综合盈亏平衡销售额＝盈亏平衡点联合单位×联合单位售价

某种产品盈亏平衡点销量＝盈亏平衡点联合单位×该产品销售数量比

【例 4-13】 沿用［例 4-10］的资料，用联合单位法计算综合盈亏平衡点销售额以及各产品的盈亏平衡点销量和销售额。

解：因为三种产品的固定销售组合为 1:2:3，即一个联合单位相当于 1 个甲产品、2 个乙产品和 3 个丙产品组成的集合。

联合单位售价＝20×1＋30×2＋40×3＝200（元）

联合单位变动成本＝16×1＋27×2＋28×3＝154（元）

联合单位边际贡献＝联合单位售价－联合单位变动成本＝200－154＝46（元）

$$盈亏平衡点联合单位＝\frac{固定成本}{联合单位边际贡献}＝\frac{11\,500}{46}＝250（联合单位）$$

综合盈亏平衡销售额＝盈亏平衡点联合单位×联合单位售价

　　　　　　　＝250×200＝50 000（元）

甲产品盈亏平衡点销量＝盈亏平衡点联合单位×该产品销售数量比

　　　　　　　＝250×1＝250（个）

乙产品盈亏平衡点销量＝250×2＝500（个）

丙产品盈亏平衡点销量＝250×3＝750（个）

甲产品盈亏平衡点销售额＝盈亏平衡点销量×该产品售价

　　　　　　　＝250×20＝5 000（元）

乙产品盈亏平衡点销售额＝250×30＝15 000（元）

丙产品盈亏平衡点销售额＝250×40＝30 000（元）

除了上述两种多品种的本量利分析法以外，还有分品种计算法和主要品种法等。

分品种计算法是将企业的固定成本总额按一定标准在各种产品之间进行分配，然后对每一品种分别进行本量利分析。固定成本分配的标准可以是销售额或销售量，或者产品的重量、长度、面积、生产工时等。该方法适用于固定成本能在各种产品之间合理进行分配的多品种生产企业。

如果企业的多品种产品里存在着某种产品，其产销比重较大，所提供的边际贡献比重也较大，而其他产品边际贡献较小，则可以按主要品种法进行粗略或简化的本量利分析。主要品种法的企业固定成本总额由该主要产品负担，计算结果可能存在一些误差，但并不影响决策的正确性。

以上 4 种多品种条件下本量利分析方法有各自不同的适用环境，实际工作中，企业应根据具体情况，选择适合本企业特点的方法进行多品种本量利分析。

第四节　本量利敏感性分析

所谓敏感性分析，就是要研究当某个或若干个因素变量发生变化时，目标变量是否发生变化、发生多大变化，以及目标变量对因素变量的依赖程度。

本量利关系中的敏感性分析，主要是研究销售单价、单位变动成本、固定成本和销售量这些因素变动对盈亏平衡点和目标利润的影响程度。具体来说，本量利关系中的敏感性分析就是分析由盈利转为亏损时各因素变化的临界值和分析利润的敏感性。

一、保本敏感性分析

保本敏感性分析就是分析确定那些使得企业由盈利转为亏损的各因素变化的临界值，也就是计算出达到盈亏平衡点的销售量、销售单价的最小允许值以及单位变动成本和固定成本的最大允许值，从而确定这些因素在现有的水平上还有多大的变动余地。假设本量利基本公式的营业利润为 0，则保本单价、保本变动成本、保本固定成本的计算公式为：

(1) 保本单价 = 单位变动成本 + $\dfrac{固定成本}{销售量}$

即：$P = b + \dfrac{a}{x}$

(2) 保本单位变动成本 = 单价 − $\dfrac{固定成本}{销售量}$

即：$b = p - \dfrac{a}{x}$

(3) 保本固定成本 = （单价 − 单位变动成本）× 销售量

即：$a = (p - b)x$

【例 4-14】　假定某企业只生产和销售一种产品，产品计划年度内预计售价为每件 20 元，单位变动成本为 8 元，固定成本总额为 24 000 元，预计销售量为 10 000 件，全年利润为 96 000 元。计算保本单价、保本变动成本、保本固定成本。

解：(1)　保本单价$(p) = b + \dfrac{a}{x} = 8 + \dfrac{24\,000}{10\,000} = 10.4$(元)

这就是说，单价不能低于 10.4 元这个最小值，否则便会亏损，或者说，单价下降幅度不能低于 48%(9.6÷20)，否则企业就会亏损。

(2)　保本变动成本$(b) = p - \dfrac{a}{x} = 20 - \dfrac{24\,000}{10\,000} = 17.6$(元)

这就是说，单位变动成本达到 17.6 元时，也就是比 8 元高出 120% 时，企业的利润就为零。

(3)　保本固定成本$(a) = (p - b)x = (20 - 8) \times 10\,000 = 120\,000$(元)

这就是说，固定成本的最大允许值为 120 000 元，如果超过这个值，企业就会发生亏损。此时的固定成本总额增长了 500%。

二、利润敏感性分析

分析利润的敏感性是分析销售量、销售单价、单位变动成本和固定成本各因素变化对利润的影响程度，在这些因素中，有的因素微小的变化导致利润很大的变化，说明利润对该因素很敏感，该因素被称为敏感因素；而有的因素很大的变化只导致利润不大的变化，说明利润对该因素不敏感，该因素被称为不敏感因素。对敏感因素，必须予以高度重视，因为抓住了这些因素就抓住了问题的关键；对不敏感的因素，则可以不必作为分析的重点。因此,企业管理者应该清楚了解,利润对哪些因素变化比较敏感,对哪些因素变化不那么敏感,以便分清主次、抓住重点,利用有限的资源确保目标利润的实现。

反映敏感程度的指标称为敏感系数。其计算公式为:

$$敏感系数=\frac{目标变量变化率}{某因素变量变化率}$$

【例4-15】 沿用[例4-14]的资料,假定单价、单位变动成本、固定成本和销量分别增长40%,计算利润对各因素变动的敏感系数。

解:(1) 利润对单价的敏感系数计算,当单价增长40%时,单价$(P)=20\times(1+40\%)=28$(元)

$$目标利润(TP)=(28-8)\times10\,000-24\,000=176\,000(元)$$
$$目标利润变动百分比=(176\,000-96\,000)\div96\,000=83.33\%$$
$$单价的敏感系数=\frac{目标变量变化率}{某因素变量变化率}=\frac{83.33\%}{40\%}=2.08$$

(2) 利润对销售量的敏感系数计算,当销量增长40%时,销量$(X)=10\,000\times(1+40\%)=14\,000$(件)

$$目标利润(P)=(20-8)\times14\,000-24\,000=144\,000(元)$$
$$目标利润变动百分比=(144\,000-96\,000)\div96\,000=50\%$$
$$销售量的敏感系数=\frac{目标变量变化率}{某因素变量变化率}=\frac{50\%}{40\%}=1.25$$

(3) 利润对单位变动成本的敏感系数计算,当单位变动成本增长40%时,单位变动成本$(B)=8\times(1+40\%)=11.2$(元)

$$目标利润(P)=(20-11.2)\times10\,000-24\,000=64\,000(元)$$
$$目标利润变动百分比=(64\,000-96\,000)\div96\,000=-33.33\%$$
$$单位变动成本的敏感系数=\frac{目标变量变化率}{某因素变量变化率}=\frac{-33.33\%}{40\%}=-0.83$$

(4) 利润对固定成本的敏感系数计算,当固定成本增长40%时,固定成本$(A)=24\,000\times(1+40\%)=33\,600$(元)

$$目标利润(P)=(20-8)\times10\,000-33\,600=86\,400(元)$$
$$目标利润变动百分比=(86\,400-96\,000)\div96\,000=-10\%$$
$$固定成本的敏感系数=\frac{目标变量变化率}{某因素变量变化率}=\frac{-10\%}{40\%}=-0.25$$

需要说明的是,敏感系数是正数,表明该因素与利润是同向变动关系;敏感系数是负数,则表明该因素与利润是反向变动关系。分析敏感程度关键是看敏感系数绝对值的大小,绝对值越大,则敏感程度越高;反之,则越小。

从上面的计算中可以看出,利润对各因素变动的敏感程度是不同的,首先对销售单价的变动最敏感,其次是销售量,再次是单位变动成本,最后是固定成本。也就是说,单价变动对利润影响最大,固定成本变动对利润影响最小,销量、单位变动成本变动对利润影响居于其中。但是,这一排列顺序会因为条件变化而发生改变。

本 章 小 结

本量利分析中的盈亏平衡点、边际贡献、安全边际是3个十分重要的概念。在盈亏平衡点上,边际贡献总额与固定成本总额正好相等,企业处于不盈不亏、损益平衡的状态。边际贡献是销售收入减去变动成本后的差额,这个差额越大,越能弥补固定成本,企业越可能盈利。安全边际是指预计销售与盈亏平衡点销售之间的差额,它可以用数量或金额来表示,安全边际越大,企业盈利的安全程度也越大。在本量利分析的基本模型基础上,引入目标利润,可以进行保利分析,分析成本、价格等因素变动对目标利润的影响。本章涉及的多品种本量利分析方法主要包括综合边际贡献率法、联合单位法等,在实际运用时,应根据具体情况,选择适合本企业特点的方法进行多品种本量利分析。本量利分析中的敏感性分析,主要研究影响利润的各因素发生多大变化时,会导致企业由盈利转为保本以及各因素变化对利润变化的影响程度等问题,有利于管理者找到最敏感的因素,并判断由此产生的敏感程度,以利于决策分析。

思 考 与 练 习

复习思考题

1. 本量利分析的基本假定是什么?
2. 边际贡献有哪几种表现形式?请写出它们的计算公式。
3. 如何计算单一品种下的保本点和保利点?
4. 多品种下的保本点和保利点计算有什么特殊性?其计算方法有几种?
5. 分析各因素变动对保本点、保利点的影响。

练 习 题

一、单项选择题

1. 在本量利分析中,必须假定产品成本的计算基础是( )。
   A. 完全成本法　　B. 变动成本法　　　C. 吸收成本法　　　　D. 制造成本法
2. 生产多品种产品企业的综合保本销售额＝固定成本总额÷( )。
   A. 单位边际贡献　　　　　　　　B. 边际贡献率
   C. 单价－单位变动成本　　　　　D. 综合边际贡献率
3. 从保本图上得知,对单一产品分析,( )。
   A. 单位变动成本越大,总成本斜线率越大,保本点越高
   B. 单位变动成本越大,总成本斜线率越小,保本点越高
   C. 单位变动成本越小,总成本斜线率越小,保本点越高
   D. 单位变动成本越小,总成本斜线率越大,保本点越低

4. 利润＝(实际销售量－保本销售量)×(　　　)。

    A. 边际贡献率　　B. 单位利润　　　　C. 单位售价　　　　D. 单位边际贡献

5. 某企业只生产一种产品,单价6元,单位变动生产成本4元,单位销售和管理变动成本为0.5元,销量为500件,则其产品边际贡献为(　　　)元。

    A. 650　　　　　B. 750　　　　　C. 850　　　　　D. 950

6. 下列因素中,导致保本销售量上升的是(　　　)。

    A. 销售量上升　　　　　　　　　　B. 产品单价下降

    C. 固定成本下降　　　　　　　　　　D. 产品单位变动成本下降

7. 已知产品销售单价为24元,保本销售量为150件,销售额可达4 800元,则安全边际率为(　　　)。

    A. 33.33%　　　B. 25%　　　　　C. 50%　　　　　D. 20%

8. 在变动成本法下,其利润表所提供的中间指标是(　　　)。

    A. 边际贡献　　B. 营业利润　　　C. 营业毛利　　　D. 期间成本

9. 在下列指标中,可据以判断企业经营安全程度的指标是(　　　)。

    A. 保本量　　　B. 边际贡献　　　C. 保本作业率　　D. 保本额

10. 如果产品的单价与单位变动成本上升的百分率相同,其他因素不变,则保本销售量(　　　)。

    A. 上升　　　　B. 下降　　　　　C. 不变　　　　　D. 不确定

11. 生产单一品种产品企业,保本销售额＝(　　　)。

    A. 保本销售量×单位利润

    B. 固定成本总额÷边际贡献率

    C. 固定成本总额÷(单价－单位变动成本)

    D. 固定成本总额÷综合边际贡献率

    E. 固定成本总额÷边际贡献

12. 保本作业率与安全边际率之间的关系是(　　　)。

    A. 两者相等　　　　　　　　　　B. 前者一般大于后者

    C. 后者一般大于前者　　　　　　D. 两者之和等于1

13. 销售量不变,保本点越高,则能实现的利润(　　　)。

    A. 越小　　　　B. 不变　　　　　C. 越大　　　　　D. 不一定

14. 某企业只生产一种产品,月计划销售600件,单位变动成本6元,月固定成本1 000元,欲实现利润1 640元,则单价应为(　　　)元。

    A. 16.40　　　　B. 14.60　　　　C. 10.60　　　　D. 10.40

15. 销售收入为20万元,边际贡献率为60%,其变动成本总额为(　　　)万元。

    A. 8　　　　　　B. 12　　　　　　C. 4　　　　　　D. 16

16. 单价单独变动时,会使安全边际(　　　)。

    A. 不变　　　　B. 不一定变动　　C. 同方向变动　　D. 反方向变动

17. 下列因素单独变动时,不对保利点产生影响的是(　　　)。

    A. 单价　　　　B. 目标利润　　　C. 成本水平　　　D. 销售量

18. 某企业每月固定成本1 000元,单价10元,计划销售量600件,欲实现目标利润800

元,其单位变动成本为(　　)元。

A. 10　　　　　　B. 9　　　　　　C. 8　　　　　　D. 7

二、多项选择题

1. 下列两个指标之和为 1 的有(　　)。

A. 安全边际率与边际贡献率　　　　B. 安全边际率与保本作业率

C. 保本作业率与变动成本率　　　　D. 变动成本率与边际贡献率

E. 边际贡献率与保本作业率

2. 本量利分析基本内容有(　　)。

A. 保本点分析　B. 安全性分析　　C. 利润分析　　　D. 成本分析

E. 保利点分析

3. 安全边际率=(　　)。

A. 安全边际量÷实际销售量　　　　B. 保本销售量÷实际销售量

C. 安全边际额÷实际销售额　　　　D. 保本销售额÷实际销售额

E. 安全边际量÷安全边际额

4. 从保本图得知(　　)。

A. 保本点右边,成本大于收入,是亏损区

B. 销售量一定的情况下,保本点越高,盈利区越大

C. 实际销售量超过保本点销售量部分即是安全边际

D. 在其他因素不变的情况,保本点越低,盈利面积越小

E. 安全边际越大,盈利面积越大

5. 边际贡献率的计算公式可表示为(　　)。

A. 1-变动成本率　　　　　　　　B. 边际贡献÷销售收入

C. 固定成本÷保本销售量　　　　　D. 固定成本÷保本销售额

E. 单位边际贡献÷单价

6. 下列各项中,能够同时影响保本点、保利点及保净利点的因素为(　　)。

A. 单位边际贡献　　　　　　　　B. 边际贡献率

C. 固定成本总额　　　　　　　　D. 目标利润

E. 所得税税率

三、计算题

1. 某企业产销 A、B、C、D 四种产品的有关资料如表 4-5 所示。

表 4-5

某企业产销 A、B、C、D 四种产品的有关资料

产品名称	销售数量(件)	销售收入总额(元)	变动成本总额(元)	单位贡献边际(元)	固定成本总额(元)	利润(或亏损)(元)
A	(1)	40 000	(2)	6	7 000	9 000
B	3 000	60 000	(3)	(4)	10 000	-1 000
C	1 000	60 000	20 000	(5)	9 000	(6)
D	5 000	(7)	25 000	4	(8)	6 000

要求:计算填列表中用数字(1)(2)(3)(4)(5)(6)(7)(8)表示的项目。

2. 某公司只生产一种产品,2×17 年销售收入为 1 000 万元,税前利润为 100 万元,变动成本率为 60%。

要求:

(1) 计算该公司 2×17 年的固定成本。

(2) 假定 2×18 年该公司只追加 20 万元的广告费,其他条件均不变,试计算该年的固定成本。

(3) 计算 2×18 年该公司保本额。

3. 某企业只产销一种产品,2×17 年销售量为 8 000 件,单价为 240 元,单位成本为 180 元,其中单位变动成本为 150 元,该企业计划 2×18 年利润比 2×17 年增加10%。

要求:运用本量利分析原理进行规划,从哪些方面采取措施,才能实现目标利润(假定采取某项措施时,其他条件不变)。

4. 某公司生产甲、乙、丙三种产品,其固定成本总额为 19 800 元,三种产品的有关资料如表 4-6 所示。

表 4-6

某公司甲、乙、丙三种产品有关资料

品种	销售单价(元)	销售量(件)	单位变动成本(元)
甲	2 000	60	1 600
乙	500	30	300
丙	1 000	65	700

要求:

(1) 采用加权平均法计算该厂的综合保本销售额及各产品的保本销售量。

(2) 计算该公司营业利润。

5. 某公司 2×17 年销售收入为 180 000 元,销售成本为 160 000 元,其中固定成本为88 000 元,若 2×18 年计划增加广告费 3 200 元,产品单价仍为 40 元/件。

要求:

(1) 预测 2×18 年该公司的保本点;

(2) 若 2×18 年计划实现目标利润 52 800 元,则目标销售额应为多少?

6. 某公司 2×18 年预计销售某种产品 50 000 件,若该产品变动成本率为 50%,安全边际率为 20%,单位边际贡献为 15 元。

要求:

(1) 预测 2×18 年该公司的保本销售额;

(2) 2×18 年,该公司可获得多少税前利润?

7. 某公司产销一种产品,本年有关资料如表 4-7 所示。

表 4-7

某公司产品有关资料   单位:元

单位售价	20
单位变动成本:	
直接材料	4
直接人工	7
变动制造费用	3
单位边际贡献	6

要求:

(1) 若每月销售额为 25 000 元时可以保本,计算当年固定成本总额。

(2) 若直接人工增加 10%,要维持目前的边际贡献率,则单位售价应提高多少?

8. 某公司只销售一种产品,2×17 年单位变动成本为 15 元/件,变动成本总额为 63 000 元,共获税前利润 18 000 元,若该公司计划于 2×18 年维持销售单价不变,变动成本率仍维持 2×17 年的 30%。

要求:

(1) 预测 2×18 年的保本销售量。

(2) 若 2×18 年的计划销售量比 2×17 年提高 8%,则可获得多少税前利润?

第五章　预 测 分 析

【学习目标】　本章学习时应掌握经营预测的各种具体预测方法和适用条件,深入理解销售预测在经营预测中的重要地位,理解销售预测与成本预测、利润预测、资金需要量预测的关系,理解和掌握成本预测、利润预测的具体步骤,掌握销售百分比法的基本原理。

【引导案例】

2019 年华为手机的销量预测

IDC 发布的 2018 年全年全球智能手机出货量数据显示,世界前五大智能手机厂商最新排名出炉,分别是三星、苹果、华为、小米、OPPO。其中,三星手机出货量仍然居第一位,出货量为 2.923 亿台,市场份额为 20.8%,年同比下跌 8%;苹果手机出货量为 2.088亿台,市场份额为 14.9%,年同比下跌 3.2%;华为手机出货量为 2.06 亿台,市场份额为14.7%,年同比增长 33.6%。在迎接 2019 年的公开信中,华为终端负责人余承东豪言,预计华为手机在 2019 年年底的销量将达到 2.5 亿部,到 2020 年年底达到 3 亿部,正式超越三星成为世界第一。

2019 年 5 月 16 日,美国总统特朗普签署名为"确保信息和通信技术及服务供应链安全"的行政命令。该行政命令导致华为智能手机在 2019 年第二季度全球市场销量大幅下滑。任正非在 2019 年 6 月 17 日承认,华为手机的国外市场将会大幅萎缩,保守估计 2019年度销量至少下跌 40%,以华为 2018 年国外总出货 1 亿台手机为例,下降 40% 也就是在国外将少卖 4 000 万台。然而,强劲的促销和品牌定位帮助华为在大中华区实现了创纪录的智能手机销量,在该地区的销量增长了 31%。华为 2019 年上半年半年报显示,华为智能手机(含荣耀)发货量实现创纪录的 1.18 亿台,同比增长 24%。2019 年 7 月 20 日任正非直接表示,在美国禁令的影响下,要实现不减反增,华为手机 2019 年预计出货 2.7 亿台。

第一节　预测分析概述

所谓预测就是人们根据历史数据资料和现在拥有的信息,用科学的方法对客观事物未来的结果及其发展趋势进行推断和估计。预测是适应社会经济的发展和管理的需要而产生、发展起来的。预测作为一种社会实践活动,已有几千年的历史。预测真正成为一门自成体系的独立的学科仅仅是近几十年的事情。

一、经营预测的理论依据、意义与功能

(一)经营预测的理论依据

(1)可知性原理,即任何预测对象的未来发展趋势和状况都具有一定的规律性,并且

这种规律性可以为人们所认识和掌握。

（2）可能性原理，即作为预测对象的任何事物的未来发展趋势和状况必定在内外因素共同作用下出现，因此其结果具有多种可能性，而不是只存在单一的可能性。

（3）连续性原理，即未来可以看成是过去和现在的自然延伸，了解过去和现在是预测未来的基础和出发点。

（4）可控性原理，即在掌握预测对象自身发展规律的条件下，可以发挥人的主观能动性，使其朝着符合人们需要的方向发展。

（二）经营预测的意义

科学的经营预测是企业作出正确决策的前提条件和基础，是企业编制计划、进行科学决策的重要组成部分。预测是针对未来活动的一种推测，以作为制定未来各种计划的重要依据。科学的预测可以减少瞎指挥，克服盲目性。在市场经济条件下，每个企业都非常讲究计划，重视经营预测，并有组织地进行生产。因为企业的管理当局知道，在复杂多变的经济社会里，如果事先没有科学的预测和周密的规划，走一步算一步，工作必然处处被动，缺乏应变能力和竞争能力，这样就很难实现他们的预期的经营目标，更谈不上提高经济效益了。

（三）经营预测的功能

经营预测的功能有两种：一是帮助管理者规划系统，二是为企业的经营决策提供科学依据。合理而可靠的预测资料可以对生产设计做有效的产能规划，以降低生产成本。

二、预测的原则

（1）连贯性原则。预测对象具有的规律性不仅在过去和现在起作用，而且在未来的一段时间内继续发挥作用，这种连贯性包括时间的连贯性和预测系统结构的连贯性。

（2）相关类推原则。预测对象的发展变化与某些因素密切相关，而不是杂乱无章的，有的呈正相关关系，有的呈负相关关系。因此类推原则要求在建立适当的预测模型后，根据相关因素发展变化来类推预测对象的未来的变化规律。

（3）概率性原则。预测对象的发展既受到偶然因素的影响，又受到必然因素的影响。概率性原则要求利用统计方法获得预测对象发展的必然规律。

三、预测的基本方法

预测所采用的方法种类繁多，因预测对象和预测期限的不同而不同。基本方法大体上可归纳为定性预测方法和定量预测方法。

（一）定性预测方法

定性预测方法就是以预测者的经验、主观判断和分析能力来推断事物未来的性质和发展趋势的预测方法，如德尔菲法、市场调查法等。这种方法在量的方面不易准确量化，一般适用于缺少历史统计资料，而需要更多地依赖专家的经验的情形。

（二）定量预测方法

定量预测方法就是预测者运用现代数学方法和各种计算工具对预测所拥有的各种信息进行科学的加工处理，并相应建立预测的数学模型，以充分揭示各有关变量之间的内在规律，并对预测结果作出分析说明，如时间序列预测方法和非时间序列预测方法均属于定量预测方法。

四、预测的基本程序

预测的基本程序一般可分为以下五个步骤。

（一）确定预测目标

先要弄清预测什么？是预测目标利润还是预测目标成本？或是预测保本点等等。然后再根据预测的具体对象和内容确定预测的范围，并规定预测的期限和数量单位。

（二）收集相关的数据信息资料

系统的、准确和全面的数据信息资料是开展预测工作的前提条件。这就要求预测者必须对掌握的大量数据信息资料进行加工处理，找出各因素之间存在的关系，揭示事物发展的规律，以作为预测的依据。

（三）选择专门的预测方法

根据所确定的预测目标、预测对象的特征和所掌握的数据信息资料来选择专门的预测方法。

（四）得出预测结论

根据所收集的数据信息资料和选定的预测方法，得出实事求是、反映预测对象本质的预测结论。

（五）修正预测结论

经过一定期间后，事物发展发生了变化，我们必须对过去所得出的预测结论进行修正，以保证预测结论客观反映事物发展的实际情况。

第二节　销　售　预　测

一、销售预测的意义

在现代市场经济条件下，面对残酷的市场竞争环境，企业为了生存与发展，只有不断地开发适销对路、质量有保证、客户满意与需要的产品。企业必须在研究市场的基础上，自觉满足社会需要，以需定销，以销定产，努力适应和开发市场。在以销定产的经营模式下，企业销售预测对于指导利润预测、成本预测和资金预测，进行长短期决策，编制企业全面预算，安排生产等都起着重要的作用。对企业经营管理活动来说，销售预测是企业从事经营活动的起点和重要一环。

销售预测是在对市场进行充分调查的基础上，根据市场供需情况的变化趋势，以及企业的销售单价、促销活动、产品改进、分销途径等方面的计划安排，对该项商品的销售量或销售额所作出的预计和推测。在进行销售预测时，还应该适当考虑影响企业销售的因素，如当前市场环境、企业的市场占有率、经济发展趋势、竞争对手情况、国家宏观经济政策、技术创新、产品的价格、产品的功能和质量、企业提供的配套服务、企业的生产能力、企业营销方式等。

按照预测方法的性质,销售预测的方法主要包括定性预测分析方法和定量预测分析方法,这两大类预测分析方法同样适于其他经营预测。下面我们就结合销售预测分别加以介绍。

二、定性销售预测方法

(一)市场调查法

市场调查法就是组织有经验、有专长的专业人员,根据预测目的制定好调查提纲,选择好调查对象,深入实际,对消费者作广泛的调查,了解情况,收集资料,然后加以综合整理和分析研究,用统计平均数和比例方法加以推算,一般不采用数学模型。

(二)专家意见法

专家意见法,在国外又称为德尔菲法,就是向学有专长、见多识广的专家进行咨询,根据他们丰富的实践经验和判断能力对未来的销售数额作出预测的方法。这里的专家一般是指企业的高级管理人员(如总经理)、销售部门负责人(如销售部经理)、经销商和其他外界的专家,但不包括顾客和推销员。这种方法适用于资料少、未知因素多,希望依靠专家的经验来作出预测的问题。该方法的具体做法就是:通过信函咨询方式向若干专家分别征求意见,各专家在背靠背、互不通气的情况下,根据自己的观点和方法进行预测分析,然后企业将各专家的判断汇集在一起,并采用不记名的方式反馈给各位专家,请他们参考别人意见修正本人原来的判断,如此反复数次,最终确定预测的结果。

【例5-1】 已知某公司准备推出一种新产品,由于该新产品没有销售记录,公司准备聘请专家5人,采用德尔菲法进行预测,连续3次预测专家意见汇总表如表5-1所示。

表5-1

德尔菲法专家意见汇总
单位:件

专家编号	第一次判断			第二次判断			第三次判断		
	最高	最可能	最低	最高	最可能	最低	最高	最可能	最低
1	1 300	1 200	1 000	1 500	1 600	1 000	1 600	1 400	1 200
2	2 100	1 700	1 400	2 100	1 800	1 500	2 100	1 900	1 600
3	3 000	2 100	1 600	3 000	2 200	1 500	2 800	2 300	1 500
4	1 500	1 000	800	1 600	1 200	800	1 600	1 200	900
5	1 800	1 500	1 100	1 900	1 600	1 200	1 900	1 600	1 300
平均值	1 940	1 500	1 180	2020	1 680	1 200	2 000	1 680	1 300

公司在此基础上,按最后一次预测的结果,采用算术平均法确定最终的预测值为:

预测值=(2 000+1 680+1 300)÷3=1 660(件)

三、定量销售预测方法

根据采用的具体数学方法的不同,又分为简单算术平均法、移动加权平均法、指数平滑法和回归分析法。

(一)简单算术平均法

简单算术平均法就是以过去若干时期的销售量或销售金额的简单算术平均数作为计

划期的销售量或销售额的预测值。其计算公式为：

$$计划期的销售量或销售额\overline{X} = \frac{各期销售量（销售额）之和}{期数} = \frac{\sum X_i}{n}$$

这种方法的优点是计算简便，但它使各个月份的销售差异平均化，特别是没有考虑到近期的变动趋势，因而测出的预计数与实际数可能发生较大误差。注意这种方法的适用条件：适用于销售量（销售额）比较稳定的商品，如没有季节性的食品、日常生活用品、办公用品等。

【例 5-2】 某公司今年上半年甲产品销售量的资料如表 5-2 所示。要求：用简单算术平均法预测 7 月份的甲产品销售量。

表 5-2

甲产品销售量情况表　　　　　　　　　　　　单位：万件

月份	1	2	3	4	5	6
甲产品	124	126	129	133	138	142

解：7 月份甲产品的销售量 $\overline{X} = \frac{\sum X_i}{n} = (124 + 126 + 129 + 133 + 138 + 142) \div 6 = 132（万件）$

（二）移动加权平均法

移动加权平均法就是根据过去若干时期的销售量或销售金额，按其距计划期的远近分别进行加权，然后计算其加权平均数，据以作为计划期的销售预测数。

移动加权平均法的计算公式为：

$$计划期销售量（销售额）\overline{X} = 各期销售量（销售额）\times 权重之和 = \sum w_i X_i$$

所谓"移动"是指所采取的历史数据需随时间的推移而往后顺延。如用 3 期数据，需预测 6 月份的销售值，可采用 3 月、4 月、5 月的资料；预测 7 月份的销售值，可采用 4 月、5 月、6 月的资料；另外，按照接近计划期的实际销售情况对计划期预计数的影响较大的思想，在确定权重时采取时间远近不同分别加权，即近期确定的权重大，远期确定的权重小。为了计算方便，可令权重之和等于 1。一般地，若观察值为 3 期，则各期的权重按其距计划期的远近分别取 0.2、0.3 和 0.5；若观察值为 5 期，则各期的权重按其距计划期的远近分别取 0.03、0.07、0.15、0.25 和 0.5；若观察值为 6 期，则各期的权重按其距计划期的远近分别取 0.01、0.04、0.08、0.12、0.25 和 0.5。

【例 5-3】 仍以［例 5-2］的数据为例。要求：以前 6 期数据用移动加权平均法预测公司 7 月份的甲产品销售量。

解：7 月份甲产品的销售量 $\overline{X} = \sum w_i X_i$

$$= (0.01 \times 124 + 0.04 \times 126 + 0.08 \times 129 + 0.12 \times 133$$
$$+ 0.25 \times 138 + 0.5 \times 142) = 138.06（万件）$$

（三）指数平滑法

指数平滑法实质上是在移动加权平均法基础上发展起来的一种时间序列分析预测法，它是通过计算指数平滑值，配合一定的时间序列预测模型对现象的未来进行预测。其

原理是任一期的指数平滑值都是前一期实际观察值与前一期指数平滑值的加权平均。指数平滑法计算公式为:

$$计划期销售量(销售额)=前期实际销售量(销售额)\times \alpha$$
$$+前期预测的销售量(销售额)\times (1-\alpha)$$

其中,平滑系数 α 值大于 0,小于 1,一般取值为 $0.3\sim 0.7$。选取的平滑系数越大,则近期实际数对预测结果的影响越大;选取的平滑系数越小,则近期实际数对预测结果的影响越小。注意:选取较小的平滑系数计算的结果能反映观察值变动的长期趋势;选取较大的平滑系数计算的结果能反映观察值变动的新近趋势。

【例 5-4】 仍以[例 5-2]的数据为例,假设该公司 6 月份的预测值为 140 万件,平滑系数 α 值取 0.7。要求:用指数平滑法来预测公司 7 月份的甲产品销售量。

解:7 月份甲产品的销售量 $=142\times 0.7+140\times (1-0.7)=141.4$(万件)

(四)回归分析法

回归分析法是根据直线方程式 $y=a+bx$,按照数学上最小平方法的原理来确定一条能正确反映自变量 x 与因变量 y 之间具有误差的平方和最小的直线,这条直线为回归直线。

直线方程式 $y=a+bx$ 中常数项 a 与系数 b 的值可按下列公式计算:

$$a=\frac{\sum y-b\sum x}{n}$$

$$b=\frac{n\sum xy-\sum x\sum y}{n\sum x^2-\left(\sum x\right)^2}$$

【例 5-5】 仍以[例 5-2]的数据为例,以月份作为自变量 x,甲产品的销售量作为因变量 y。要求:用回归分析法预测该公司 7 月份的甲产品销售量。

解:根据资料有 $\sum x=21$,$\sum y=792$,$\sum xy=2\,837$,$\sum x^2=89$,$n=6$,则:

$$b=\frac{n\sum xy-\sum x\sum y}{n\sum x^2-\left(\sum x\right)^2}=3.71$$

$$a=\frac{\sum y-b\sum x}{n}=119.02$$

回归方程为:$y=119.02+3.71x$,将 $x=7$ 代入方程得 7 月份甲产品销售量的预测值为:$119.02+3.71\times 7=144.99$(万件)。

第三节 利润预测

在市场经济条件下,利润是企业在一定期间经营活动的结果,是营业收入减去与之相配的费用后的差额。利润预测是按照企业经营目标的要求,通过对影响利润变化的各因素进行综合分析,对未来一定时间内可达到的利润水平和变化趋势所进行的预计和推测。

通过利润预测可以明确目标,指导和调节企业的经营行为,促使企业采取切实有效的经营策略和措施,不断寻求提高利润的途径,从而提高企业的经济效益。

一、影响利润变化的因素

无论是目标利润的确定,还是利润敏感性分析,都会涉及许多因素对利润变化产生影响,这些因素主要包括以下几方面。

1. 企业产品销售量(x)

在市场需求及企业生产能力的基础上,若其他因素不变,那么产品产销量越高,企业利润数额越大。

2. 企业产品销售价格(p)

在其他因素不变的前提下,价格与利润保持正相关的关系,即价格越高,企业利润越大。但要考虑价格弹性的关系,要注意价格与销售量是呈负相关的变动,在价格发生变化时,两者对利润的影响。

3. 企业单位产品变动成本(b)和固定成本(a)

由于成本与利润呈负相关的关系,因此,单位产品变动成本和固定成本的下降均会导致企业利润的上升,由于杠杆的因素,利润变动的幅度大于成本的变动幅度。

4. 企业产品产销结构 $\left(\dfrac{x}{\sum x} \right)$

如果企业生产两种或两种以上的产品时,在上述因素不变的条件下,当企业的产品的产销结构发生变化也会导致利润的变化。即在企业总产销量不变的前提下,获利高的产品的产销量增加,则企业的利润会随之增加;反之,企业利润则会下降。

二、目标利润的预测

所谓目标利润是企业在未来一定期间必须经过努力才能够达到的利润水平,它是企业经营目标的重要组成部分。目标利润的预测主要采用以下几种方法。

（一）本量利法

本量利法就是根据成本、销售量和利润之间的数量关系来确定目标利润。其基本计算公式为:

$$目标利润＝单位产品售价×产销量－单位变动成本×产销量－固定成本总额$$

或 $$＝(单位产品售价－单位变动成本)×产销量－固定成本总额$$

【例 5-6】 某企业经营甲产品,单位售价为 30 元,单位变动成本为 10 元,固定成本为 150 000 元,预计年产销数量为 50 000 件。要求:计算该企业的目标利润。

解:目标利润＝(30－10)×50 000－150 000＝850 000(元)

在企业经营多种产品的情形下,仍可按上述公式分别计算出每种产品的边际贡献总额并加总,然后减去固定成本,即可计算出目标利润。

【例 5-7】 某企业同时生产甲、乙两种产品,其数据资料如表 5-3 所示,企业全年的固定成本总额为 1 000 000 元。要求:计算该企业的目标利润。

表 5-3

甲、乙两种产品的相关数据

	甲产品	乙产品
预计销售数量（件）	20 000	9 000
单位边际贡献（元）	60	90

解：目标利润＝60×20 000＋90×9 000－1 000 000＝10 100 000（元）

（二）利润增长率法

该方法就是根据基期的利润额和利润变动的实际情形,结合计划期销售及成本的预测数据,确定出一个适当的利润增长率,以求出目标利润。其基本计算公式为：

目标利润＝基期的利润总额×（1＋预计的利润增长率）

【例 5-8】　某上市公司上年已实现的利润总额为 800 万元,该公司的利润一般以每年 10％的速度增长,由于今年采用新工艺技术,利润增长率还可再提高 5％。要求：计算该上市公司的目标利润。

解：目标利润＝800×[1＋（10％＋5％）]＝920（万元）

（三）资金利润率法

该方法主要是根据资金与利润率之间的依存关系来确定目标利润,其计算公式为：

目标利润＝（基期资金占用额＋计划期追加资金投资额）×预计的资金利润率

【例 5-9】　某公司本年度实际的资金占用金额为 500 万元,为适应市场发展的需要,决定追加 100 万元购置新设备,并追加 30 万元的流动资金,预计公司的资金利润率为 20％。要求：计算该公司的目标利润。

解：目标利润＝（500＋100＋30）×20％＝126（万元）

第四节　成　本　预　测

一、成本预测的意义

成本作为衡量企业经济效益的重要指标,必然是会计管理的主要对象之一。在现代经济条件下,成本管理工作不仅要反映实际耗费和分析成本变化的原因,而且更应着眼于规划未来,进行成本预测,确定目标成本,从而控制成本的形成过程,降低成本,提高质量,实施全面成本管理。

成本预测是根据企业未来的发展目标和现实条件,参考其他资料,利用专门方法对企业未来成本水平及其发展趋势所进行的推测与估算。它要综合考虑企业盈利、销售、供应、生产、运输、储备等方面的情况,动员企业各个方面力量挖掘内部潜力,提出降低消耗、完成目标成本的方案,为成本决策和实施成本控制提供信息。成本预测既可围绕企业成本总规划开展,也可按阶段、品种的成本管理进行。

二、成本预测的作用

1. 有利于全面目标管理的实施

目标成本在全面目标管理中具有重要的地位,因为成本预测不仅为制定目标成本提供了客观依据,而且又能根据预测情形加以修正。可以说目标成本和成本预测构成了一个相互联系的有机整体,即在成本预测的过程中,也就确定了目标成本。

2. 有利于加强成本控制

随着经济的不断发展,单靠事后的成本控制已经远远不能适应客观实际的需要。因此,企业成本控制的重点必须相应地从事后控制转到事前控制和事中控制上来,那么控制的标准,既要结合目标成本,又要依赖预测成本提供的依据。这样,对企业经营管理水平的改善能做到"心中有数",不会发生随意性现象。

3. 成本预测是组织成本决策和编制成本计划的前提

通过成本预测,可以使管理者掌握企业未来的成本水平及其变动趋势,有效避免其在成本决策过程中的片面性和盲目性。有了科学的成本决策,就可以编制出正确的成本计划;而且,成本预测的过程,同时也是为成本计划提供系统、客观的信息过程,这一点可以使成本计划建立在客观实际的基础之上。

4. 成本预测为降低产品成本指明方向和奋斗目标

企业在做好市场预测、利润预测之后,能否提高经济效益以及提高多少,完全取决于成本降低多少。为了降低成本,必须根据企业实际情况组织全面预测,寻找方向和途径,并由此力求实现预期的奋斗目标,降低产品成本。

三、成本预测的程序

成本预测通常按以下步骤进行:

(1) 根据企业总体目标提出初步目标成本。

(2) 预测成本的发展趋势。目标成本提出后,企业还需要利用有关总成本模型预测总成本发展趋势,以检验在现有条件下实现目标成本的可能性与现实性。

(3) 修订目标成本。经过上一步骤,既可以了解企业在目前条件下实现目标成本的可能性究竟有多大。又能促使企业积极采取措施降低成本,并测算出这些措施对未来成本水平的影响,这就为形成最终的目标成本方案奠定了基础。若经过测算比较,原定目标成本草案与现实可能相距太大。难以达到,则应适当修正目标,使之尽量符合客观实际,并与相应保证措施相联系。

四、目标成本的制定

所谓目标成本是指在确保实现目标利润的前提下,企业在成本方面应达到的目标。它规定企业未来降低成本的努力方向,一般具有效益性、可控性、目的性与先进性的特点。目标成本的提出与测定应经过反复测算才能完成。一般可采用两种方法进行预测。

(一) 按目标利润进行预测

这种方法以事先确定的目标利润为前提,通过市场调查,根据销售预测和国内外同类企业的情报资料,考虑具有竞争能力的价格水平,按照预计销售收入扣除目标利润就可得到所需的目标成本。其计算公式为：

$$目标成本＝预计单价×预测销售量－目标利润$$

（二）以先进的成本水平作为目标成本

确定目标成本还可以从本企业的历史最好的成本水平或国内外同类企业先进水平中选择标准，也可以按照上年实际水平扣减成本降低额作为目标成本。这种方法可以直接确定单位目标成本。但无法与目标利润联系起来。

我国企业常常采用后一种方式预测目标成本，西方国家则多采用前一种方式。两者结合起来应用，可以相互取长补短，更有实践意义。

五、成本预测的方法

成本预测一般可以根据企业的成本历史数据，按照成本性态的原理，运用数理统计的方法来估计推测成本的发展趋势。它的具体做法是用 $y＝a＋bx$ 的直线方程式来反映成本的发展趋势，只要我们求出 $y＝a＋bx$ 中的 a 值与 b 值，就可以从 $y＝a＋bx$ 这个直线方程式中预测任何产量 x 下的产品总成本 y。

（一）高低点法

选用一定期间历史资料中最高业务量和最低业务量的总成本之差 Δy，与两者业务量之差 Δx 进行对比，求出 b 值，然后再求出 a 值。

计算公式为：$y＝a＋bx$

因为 $\Delta y＝b\Delta x$，所以 $b＝\dfrac{\Delta y}{\Delta x}$

再以 b 的值代入高点或低点业务量的总成本方程式，可求得 a 的值：

$$a＝y(高点)－bx(高点)$$

或

$$a＝y(低点)－bx(低点)$$

【例 5-10】 某企业生产 A 产品，2×13—2×18 年产品成本总额与业务量的历史资料如表 5-4 所示，假设该企业 2×19 年的业务量为 100 万件，要求用高低点法预测 2×19年企业的产品成本是多少？

表 5-4

企业生产 A 产品业务量与成本资料

年份	业务量 x（万件）	成本总额 y（万元）
2×13	30	190
2×14	60	300
2×15	45	250
2×16	80	360
2×17	95	385
2×18	90	360

解：根据表中的有关数据得：

2×17 年业务量为最高点（95）时，成本总额为 385 万元。

2×13 年业务量为最低点(30)时,成本总额为 190 万元。

则:
$$\Delta x = 最高点(x) - 最低点(x) = 95 - 30 = 65$$
$$\Delta y = 最高点(y) - 最低点(y) = 385 - 190 = 195$$
$$b = \frac{\Delta y}{\Delta x} = \frac{195}{65} = 3$$
$$a = y_{高点} - bx_{高点} = 385 - 3 \times 95 = 100$$

成本预测方程为:$y = 100 + 3x$

将 2×19 年的预计业务量(100 万件)代入方程得到 2×19 年企业的产品成本总额预测值为:$y = 100 + 3 \times 100 = 400$(万元)。

(二)回归分析法

【例 5-11】 仍根据[例 5-6]的数据资料,用回归分析法计算的有关数据如表 5-5 所示。

表 5-5

有关数据结果

年份	业务量 x(万件)	成本总额 y(万元)	xy	x^2
2×13	30	190	5 700	900
2×14	60	300	18 000	3 600
2×15	45	250	11 250	2 025
2×16	80	360	28 800	6 400
2×17	95	385	36 575	9 025
2×18	90	360	32 400	8 100
$n=6$	$\sum x = 400$	$\sum y = 1\,845$	$\sum xy = 132\,725$	$\sum x^2 = 30\,050$

则有:
$$b = \frac{n\sum xy - \sum x \sum y}{n\sum x^2 - \left(\sum x\right)^2} = 2.87$$
$$a = \frac{\sum y - b\sum x}{n} = 116.17$$

成本预测方程为:$y = 116.17 + 2.87x$

将 2×19 年的预计业务量(100 万件)代入方程得到 2015 年企业的产品成本总额预测值为:$y = 116.17 + 2.87 \times 100 = 403.17$(万元)。

第五节 资金需要量预测

一、资金预测的意义

资金预测是指以预测期企业生产经营规模的发展和资金利用率的提高等为依据,在分析相关的历史资料、技术经济条件和发展规划的基础上,运用专门方法,对预测期资金需要量进行科学的预计和推测。

资金预测是企业生产经营预测中不可缺少的组成部分。保证资金供应,合理组织资金运用,提高资金利用效果,既是企业正常经营的前提,又是企业的奋斗目标之一。在企业的生产经营过程中,如果缺少资金,那么企业将陷入"巧妇难为无米之炊"的困境。因此,资金预测在提高企业经营管理和企业经济效益方面有着重要意义。首先,资金预测是进行经营决策的主要依据;其次,资金预测是保证企业资金供应,合理组织资金运用,不断提高资金利用效果的重要手段;最后,资金预测是编制资金预算的必要步骤。

二、资金预测的方法——销售百分比法

对资金的预测可以根据所拥有的数据资料的差异选择预测方法。除了用趋势外推方法进行时间序列预测外,最为常用的预测方式就是销售百分比法。

此法是指以未来销售收入变动的百分比为主要参数,考虑随销量变动的资产负债项目及其他因素对资金的影响,从而预测未来需要追加的外部资金量的一种定量分析方法。

其基本公式为:

$$\text{计划期需要追加资金数量 } \Delta F = (A - L) \times K - Dep - R + M$$

式中　ΔF 表示计划期需要追加的资金数量;A 表示随销售收入变动的资产项目基期金额;L 表示随销售收入变动的负债项目基期金额;K 表示未来销售收入增长率;Dep 表示计划期提取的折旧摊销额与同期用于更新改造的资金之差额;R 表示按计划期销售收入及基期销售净利润率计算的净利润与预计发放股利之差额;M 表示计划期新增的零星资金开支数额。

销售百分比法的预测步骤:

(1) 计算未来销售收入的增长率 K,即 $K = (S_1 - S_0) \div S_0$。

(2) 分析基期资产负债表有关项目,计算 A 与 L。

第一,A 的确定:在资产类项目中,货币资金、正常的应收账款、存货等项目,一般会随销售额的增长而相应增长,应列入 A;对固定资产项目是否增加,则视生产能力状态来确定,如果企业的生产能力未被充分利用(生产处于不饱和的状态),增加销售也不需要追加资金投入则不予考虑,否则便应将其列入 A;长期投资和无形资产与当期销售关联程度低,则一般不应列入 A 的范围。

第二,L 的确定:在负债类项目中,应付账款、其他应付款等项目会随销售额的增长而增长,应列入 L,应付票据、长期负债等其他项目一般不予考虑。

第三,按折旧计划和更新改造计划确定可作为内部周转资金来源的折旧摊销额与同期将用于更新改造的资金数额,进而计算出 Dep。

第四,按照预计销售额(S_1)和基期销售净利润率(R_0)计算预期净利润,按计划期发放股利分配率(d_1)测算预计发放股利,进而计算出 R,即 $R = S_1 \times R_0 \times (1 - d_1)$。

第五,确定新增零星开支 M。

第六,将 K、A、L、Dep、R 和 M 代入 ΔF 的计算公式,预测需要追加的外部资金量。

【例 5-12】　某企业 2×18 年 12 月 31 日简略式资产负债表如表 5-6 所示,2×18 年

实现的销售收入为 25 000 万元,实现的净利润为 1 000 万元,并发放了 600 万元的股利;2×19年计划销售额达到 35 000 万元,假定其他条件不变,仍按基期股利发放率支付股利,按折旧计划提取 1 000 万元折旧,其中 40% 用于当年更新改造支出;厂房设备能力已经饱和;有关零星资金需要量为 300 万元。

表 5-6

2×18 年某企业资产负债表 　　　　　　　　单位:万元

资　　产		负债和所有者权益	
1. 货币资金	5 000	负债:	
2. 应收账款	40 000	1. 应付账款	25 000
3. 存货	60 000	2. 应交税费	15 000
4. 固定资产(净值)	80 000	3. 应付票据	5 000
5. 无形资产	20 000	4. 长期负债	60 000
		所有者权益:	
		1. 普通股股本	100 000
		2. 留存收益	
资产总计	205 000	负债和所有者权益总计	205 000

要求:用销售百分比法预测 2×19 年需要追加的外部资金量。

解:根据已知资料有:

(1) $K=(35\,000-25\,000)\div 25\,000\times 100\%=40\%$

(2) $A=5\,000+40\,000+60\,000+80\,000=185\,000$(万元)

　　$L=25\,000+15\,000=40\,000$(万元)

(3) $Dep=1\,000\times(1-40\%)=600$(万元)

(4) $R=S_1\times R_0\times(1-d_1)=35\,000\times\dfrac{1\,000}{25\,000}\times\left(1-\dfrac{600}{1\,000}\right)=560$(万元)

(5) $M=300$(万元)

(6) 2015 年企业需要追加的资金量为:

$$\begin{aligned}
\Delta F &= (A-L)\times K-Dep-R+M \\
&= (185\,000-40\,000)\times 40\%-600-560+300 \\
&= 57\,140(\text{万元})
\end{aligned}$$

本 章 小 结

经营预测是人们对未来经济活动可能产生的经济效益及其发展趋势事先提出的一种科学预见。预测分析方法有定性预测分析方法和定量预测分析方法。经营预测的基本程序为确定预测目标、收集有关的信息、选择专门方法、作出预测结论、定期检查验证。经营预测的内容主要包括销售预测、成本预测和资金需要量预测。

思考与练习

复习思考题

1. 预测的功能是什么？
2. 销售预测的方法一般有哪些？
3. 什么是专家意见调查法？
4. 成本预测的内容有哪些？
5. 利润预测有哪些内容？
6. 销售百分比的基本原理是什么？

练 习 题

一、单项选择题

1. 下列各种销售预测方法中,没有考虑远近期销售业务量对未来销售状况会产生不同影响的方法是( )。

A. 移动平均法　　B. 算术平均法　　　C. 加权平均法　　　D. 指数平滑法

2. 预测方法分为两大类:定量预测分析法和( )。

A. 平均法　　　　B. 定性分析法　　　C. 回归分析法　　　D. 指数平滑法

3. 下列项目中,不属于预测分析内容的是( )。

A. 销售预测　　　　　　　　　B. 利润预测

C. 资金需要量预测　　　　　　D. 增值税预测

4. 某企业利用平滑指数0.6进行销售预测,11月份实际销售量为600千克,原来预测11月份销售量为630千克,则预测12月份的销售量为( )千克。

A. 618　　　　　B. 600　　　　　　C. 612　　　　　　D. 630

5. 采用平滑指数法进行预测时,平滑指数 α 的取值范围是( )。

A. $0 < \alpha < 0.3$　　　　　　　B. $0.3 < \alpha < 0.7$

C. $0 < \alpha < 0.5$　　　　　　　D. $0 < \alpha < 1$

6. 市场决定着企业的生存与发展,在企业经营预测中,起决定作用的是( )。

A. 利润预测　　　　　　　　　B. 成本预测

C. 销售预测　　　　　　　　　D. 资金需要量预测

7. 判断分析法是指销售人员根据( )进行估计,然后由销售人员加以综合,从而得出企业销售预测的一种方法。

A. 数学模型　　　B. 消费意向　　　　C. 直觉判断　　　　D. 市场发展前景

8. 下列各项中,不属于定量分析法的是( )。

A. 算术平均法　　　　　　　　B. 判断分析法

C. 回归分析法　　　　　　　　D. 平滑指数法

9. 通过函询方式,在互不通气的前提下向若干经济专家分别征求意见的方法是(　　)。

　　A. 专家函询法　　　　　　　　　B. 专家小组法

　　C. 专家个人意见集合法　　　　　D. 德尔菲法

10. 下列各项中,不能按照统一的方法直接确定各期权数值的方法是(　　)。

　　A. 移动平均法　　B. 趋势平均法　　　C. 加权平均法　　　　D. 平滑指数法

二、多项选择题

1. 定量分析法包括(　　)。

　　A. 判断分析法　　　　　　　　　B. 集合意见法

　　C. 非数量分析法　　　　　　　　D. 趋势外推分析法

　　E. 因果预测分析法

2. 下列各项中,可用于成本预测的方法包括(　　)。

　　A. 指数平滑法　　　　　　　　　B. 加权平均法

　　C. 回归直线分析法　　　　　　　D. 高低点法

　　E. 趋势平均法

3. 下列各项中,属于趋势预测分析法的有(　　)。

　　A. 算术平均法　　　　　　　　　B. 平滑指数法

　　C. 回归分析法　　　　　　　　　D. 调查分析法

　　E. 移动平均法

4. 下列各项中,属于影响销售量的外部因素的有(　　)。

　　A. 市场环境　　　　　　　　　　B. 竞争对手

　　C. 产品价格　　　　　　　　　　D. 经济发展趋势

　　E. 生产条件

5. 下列各项中,可用于销售预测的定量分析方法有(　　)。

　　A. 判断分析法　　　　　　　　　B. 趋势外推分析法

　　C. 本量利分析法　　　　　　　　D. 因果预测分析法

　　E. 产品寿命周期推断法

三、计算题

1. 宏达公司专门生产汽车发动机,而决定发动机销售量的主要因素是汽车的销售量。假设近5年全国汽车的实际销售量的统计资料和宏达公司发动机的实际销售量资料如表5-7所示。

表5-7

汽车销售量和宏达公司发动机销售量的统计数据

项目　　　　年度	2×14	2×15	2×16	2×17	2×18
发动机(万台)	50	60	72	80	100
汽车(万辆)	240	280	300	330	360

要求:

(1) 用算术平均法预测2×19年宏达公司汽车发动机的销售量。

(2) 假设各年的权数依次是 0.1、0.1、0.2、0.2 和 0.4,用加权平均法预测 2×19 年宏达公司汽车发动机的销售量。

(3) 假设预测期 2×19 年全国汽车的销售量预测为 400 万辆,用回归分析法预测 2×19 年宏达公司汽车发动机的销售量。

2. 某企业只生产一种产品,已知本企业销售量为 20 000 件,固定成本为 25 000 元,利润为 10 000 元,预计下一年销售量为 25 000 件。

要求:预计下期利润额。

3. 光华公司 2×18 年 12 月 31 日的简要资产负债表如表 5-8 所示。假定光华公司 2×18 年销售额 10 000 万元,销售净利率为 10%,利润留存率 40%。2×19 年销售额预计增长 20%,公司有足够的生产能力,无需追加固定资产投资。

表 5-8

光华公司资产负债表(2×18 年 12 月 31 日)　　　　　　金额单位:万元

资产	金额	与销售关系	负债和权益	金额	与销售关系
货币资金	500	5%	短期借款	2 500	N
应收账款	1 500	15%	应付账款	1 000	10%
存货	3 000	30%	预付账款	500	5%
固定资产	3 000	N	应付债券	1 000	N
			实收资本	2 000	N
			留存收益	1 000	N
合计	8 000	50%	合计	8 000	15%

要求:确定企业外部融资需求量。

第六章　短期经营决策

【学习目标】　通过本章的学习,应深入理解和掌握相关概念和方法。熟练掌握各种经营决策方法的应用程序、内容和原理,并能够结合实际运用经营决策的相关内容。

【引导案例】

为什么要推出荣耀手机

荣耀手机是华为旗下互联网手机品牌,但很多人不会把华为手机和荣耀手机联系到一起。事实上,荣耀手机的推出,是华为细分市场的一个战略。与华为手机相比,荣耀的最初定位是"互联网手机""年轻人科技潮品""轻资产样板"。华为希望荣耀可以规避华为品牌潜在的全球化风险,并且成为防范消费电子黑天鹅的备用品牌。荣耀的后发优势的确有可能使其成为改变中国乃至全球智能手机"战局"的一把钥匙,从表面上看荣耀手机直接对标小米手机,实际上未来荣耀最可能影响的是 OPPO 和 vivo 在中国市场 2 000～3 000 元价位手机方面的相对垄断地位;从表面上看荣耀和华为手机也有竞争,但"兄弟合力"反而形成了对对手的立体挤压。

荣耀品牌自 2013 年成立以来一直业绩骄人,2018 年国内销量达到 5 442 万台、同比增长 13%,超越小米的 5 199 万台,后者则下滑 6%。2019 年 8 月华为终端负责人余承东表示,华为将坚持手机双品牌发展战略,华为手机品牌将实现国际化、高端化、时尚化。荣耀手机品牌是面向年轻人的科技潮牌,荣耀不仅要做到中国前两名,在全球也要做到第四甚至第三。

第一节　决　策　概　述

一、决策的意义

现代管理理论认为,管理的中心在于经营,经营的核心在于决策。企业的经营常常会因某种科学合理的决策峰回路转,也常常会由于错误的决策而陷入困境,甚至破产倒闭。因此,如何从企业的主客观条件出发,采用科学的决策理论、方法及程序,提高决策的科学水平,是管理者需要高度关注的问题。

所谓决策就是在充分考虑各种可能的前提下,人们基于对客观规律的认识,对未来实践的方向、目标、原则和方法作出决定的过程。管理会计中的决策分析是指针对企业未来经营活动所面临的问题,由各级管理人员作出的有关经营战略、方针、目标、措施与方法的决策过程。它是经营管理的核心内容,是关系企业未来兴衰成败的关键所在。

经营决策的正确与否往往直接在企业效益上得到体现,甚至会影响到企业未来的长期发展。因此,企业经营管理者面临的不是是否应该进行决策的问题,而是如何作出正确的决策,如何进行科学决策的问题。

二、决策原则及一般程序

(一)决策应遵循的原则

(1)合法及政策性原则。企业在进行决策分析时,必须自觉地遵守国家的有关法律、法规和政策规定,使决策方案在法律允许的范围内运行。若企业的自身利益与社会宏观利益暂时发生冲突,而国家在此方面尚无合理的、健全的法律、法规,企业应以国家政策的指引为原则进行决策。

(2)责任及民主性原则。决策分析的正确与否,直接关系企业未来生存与发展的命运以及所有者的利益,也与决策者的切身利益相联系。因此,决策者应在平衡各方利益的基础上,按其所处的地位及决策内容的性质对其所作出的决策承担相应的经济、法律和行政责任,对决策效果和后果负责。决策过程中,为了最大限度地避免决策风险,决策者应充分发挥集体的力量,集思广益,进行民主决策,提高决策分析的效率和效果。

(3)合理及客观性原则。决策者应根据决策分析的结果选出未来活动的最优方案,但实际上绝对最优的方案很难找到。因此,决策分析只能找到基本令人满意的相对优化合理的方案,这就要求决策者应充分考虑企业的实际经营状况,作出相对合理的决策。

(4)科学及效益性原则。决策者必须具备广博的人文知识和深厚的专业造诣,拥有预见能力、判断能力、决断能力、创新能力、自我完善能力以及组织协调、社交与联络能力等,并且在决策过程中以内部和外部的真实信息、客观规律、科学的决策方法为基础,以降低经营成本,尽最大可能提高经营效率和效果为目标,作出符合企业经营实际的决策。决策分析的结果必须能够转化为易于理解的、明确的指令或计划指标,规定相应措施以便执行,决策分析面向经营,本身也要讲效益。

(二)决策分析的一般程序

合理的决策分析一般取决于 4 个基本要素,即决策目标、决策原则、决策者素质以及决策程序。其中,前 3 个因素始终贯穿于决策全过程,并作为决策的重要前提为决策提供指引。决策的一般程序如图 6-1 所示。

确定决策目标 → 拟定备选方案 → 分析评价备选方案 → 选择满意方案 → 实施和监督评估

图 6-1　决策的一般程序

1. 确定决策目标

决策分析目标是决策分析的出发点和终点,决策分析应以相关的目标为前提来制定合理可行的方案。在确定决策分析的目标时,应将决策目标具体化,如果条件允许,还应将目标进行量化,以清晰表达决策目标。如果存在多目标决策,还应理清各种目标的先后顺序,将不同的目标综合在一起,做到系统化。

2. 拟订备选方案

在确定决策目标的前提下,应当根据所确定决策的目标设计若干可能实现决策分析目标的备选方案,在备选方案的形成过程中还应不断修正、反复补充修改。拟订备选方案是决策分析的基础。对一个决策分析方案来讲,它应是正确的,也就是可以实现决策的目标。每个备选方案要注意实事求是，量力而行，扬长避短，力戒浮夸，务必使企业现有的资源得到最充分、最有效和最合理的配置和利用。

3. 评价和选择备选方案

在拟订备选方案之后，需要对有关资料进行加工、整理、分析，并且借助相关定性或定量方法对备选方案进行可行性研究论证，对各个方案的经济效益进行科学的测算和评价，从不同侧面分析评价各个方案在技术、经济等方面的先进性、合理性和可能性，为不断地比较、筛选、选出最可行的方案提供依据，进而筛选出合理的决策分析方案。

4. 选择最优方案

选择最优方案或满意方案，是整个决策过程中最关键的环节。在这个阶段，必须对各种可能行为方案的可行性进行充分论证，并作出定性和定量的综合分析，全面权衡有关因素的影响，通过不断比较权衡，选出最优（满意）方案。

5. 实施决策方案并进行跟踪反馈

在选出合适的执行方案后，应及时组织实施。此为决策分析过程的延伸，在组织落实决策方案的过程中，可以及时发现方案在进行可行性分析时难以发现的问题并及时反馈，以便随时调整目标或对方案进行修改，使决策过程处于动态良性循环。

三、决策的基本类型

（一）按决策收益时间长短划分

（1）短期决策。这类决策往往与企业的日常生产经营活动密切相关，对企业经营效益的影响一般在一个运营年度或运营周期内。该类决策一般不涉及对长期资产的投资，所需资金一般靠内部筹措，所以能充分利用现有资源，最大限度地提升现有资源的利用效率，一般不涉及大量资金投入，见效快。

（2）长期决策。该类决策是旨在改变或扩大企业生产能力或服务能力而进行的决策，对企业经济效益的影响一般会超过 1 年或一个运营周期，由于涉及企业的发展方向、规模以及长期投资决策和资本性支出等重大问题，如厂房设备的新建与更新，新产品开发，方案选择与工艺改革，企业剩余资金投向等问题，该类决策一般都具有资金使用量大、对企业发展影响时间长的特点。

（二）按决策的重要程度划分

（1）战术决策。该类决策是旨在为实现企业预定的长期发展目标，对日常经营活动所采用方法的局部性、短期性决策。该类决策是针对某项具体的生产经营活动而作出的，主要考虑企业短期发展利益、局部利益，该决策应服从于战略决策。

（2）战略决策。该类决策往往关系企业未来的较长期间的发展方向、与企业经营的全局性问题密切相关。该类决策取决于企业长远规划和外部环境对企业的影响，它的正确与否，对企业的成败具有决定性意义。

（三）按决策条件的性质划分

（1）确定性决策。该类决策是指与关于各种备选方案决策的相关因素的未来状况是肯定的、已知的，并且决策的方案也是肯定的一种决策类型。该类决策往往可用常规方法进行确切测算，并可用具体数字反映出方案的经济效应。决策者可根据完全确定的情况，从备选方案中选择最有利的方案。

（2）风险性决策。该类决策所涉及的各项备选方案的各类条件也是已知的，但会显示出若干种变动趋势，执行每一种方案都会出现两种或两种以上的不同结果，可以通过数据预测来确定每种状况发生的概率，该类决策的结果具有不唯一性，与确定性决策相比，其结果存在一定的波动。

（3）不确定性决策。该类决策主要指各种备选方案所需的客观条件不能完全确定，或者知道它们存在几种可能情况，但无法预知各类情况出现的概率，或者连出现的可能结果也无法确切地进行预计，只能靠主观判断而得出结果的决策类型。

第二节　短期经营决策的相关概念和一般方法

短期经营决策分析所涉及的决策结果一般只影响企业近期的（通常为一个经营周期）经营实践的方向、方法和策略，决策过程通常着眼于资金、成本、利润等方面，该类决策一般强调企业应当充分、有效地利用企业现有资源和经营环境，并以此方式取得尽可能大的经济效益。

一、短期经营决策的特征及目标

（一）短期经营决策的特征

1. 短期经营决策一般不涉及长期资产投资问题

长期资产投资如固定资产投资，投入的资金量通常较大，并在较长时期内对企业的生产经营有持续影响，不可能仅靠当年的营业收入来补偿，而只能在未来很长时间内以持续的损益补偿。因此，由于时间的界限，长期资产投资问题不属于短期经营决策的范围。

2. 短期经营决策分析对企业生产经营的影响时间较短

短期经营决策分析所涉及的时间一般在一个运营周期之内，由此承担的风险较小，即使决策失误也仅仅影响当年的损益，而且可以通过在第二年进行决策分析时纠正加以弥补。

（二）短期经营决策的目标

通过以上对于决策分析的阐述可知，短期经营决策的目标是在一个运营周期之内，通过发掘企业内部现有资源的潜在使用价值，使企业内部各项资源得到最有效利用，实现企业运营效率和效果的提升。

二、短期经营决策的主要内容

（一）生产决策

生产决策分析主要是围绕着产品生产而进行的，主要从经济效益角度研究产品的决策问题。其具体包括新产品开发的品种决策、亏损产品决策、是否转产或增产某种产品的决策、是否接受特殊价格追加订货的决策、有关产品是否深加工决策等。由此可见,任何生产经营决策都会最终反映到经济效益上来。

(二)定价决策

一般而言,产品售价的高低直接影响到销售量和最终利润。一种产品价格制定得适当与否,往往决定了该产品能否为市场所接受,并直接影响该产品的市场竞争地位和市场竞争力。定价决策主要是指在流通领域中围绕如何确定商品的销售价格水平而进行决策,其中,主要包括最优售价的决策、目标价格的决策、调价决策及弹性定价策略和新产品定价策略等。

(三)存货决策

存货作为企业在日常生产经营过程中为生产或销售而储备的各种物资,主要包括原材料、燃料、包装物、低值易耗品、在产品、库存商品、外购商品、发出商品等。存货决策的内容主要涉及对存货采购活动进行控制以及对库存存货实物的控制。企业应通过存货决策分析选择一个最佳的采购批量,并且在存货的保存过程中保证存货的安全性和完整性,使存货成本保持最低的同时,又能保证企业生产经营活动的正常需要。

三、短期经营决策的相关因素

(一)生产经营能力

生产经营能力是指在目前市场环境中,在既定的生产技术水平和条件下,在一定时期内可能生产或销售特定产品的业务量规模。它是企业生产经营活动的基本前提,是企业自身各种条件综合配置和平衡的结果,也是企业技术能力和管理能力的综合。生产经营能力具体包括以下几种表现形式:

(1)最大生产经营能力:主要是指企业在不追加资金投入的前提下,百分之百在有效利用企业现有的技术和设备前提下可能实现的生产经营的最大能力,它是生产经营能力的上限。

(2)正常生产经营能力:主要是指已经纳入企业年度计划,充分考虑现有市场容量、生产技术条件、人力资源状况、管理水平等因素和情况下所必须达到的生产经营能力。

(3)剩余生产经营能力:包括绝对剩余生产经营能力和相对剩余生产经营能力两种形式。前者即生产经营的潜力,主要是指企业最大生产经营能力与正常生产经营能力之差;后者即因临时转变经营方向而闲置的那部分生产经营能力,主要是指由于受市场容量或经济效益的影响,预测的未来生产经营规模小于正常生产经营能力而形成的差量。

(4)追加生产经营能力:主要是指根据市场状况的实际需要和企业自身情况,通过追加资金投入等措施而增加的,超过最大生产经营能力的那部分生产经营能力,具体又包括临时追加的生产经营能力和永久追加的生产经营能力。前者指通过临时租赁形成的生产经营能力,后者指追加固定资产投资形成的生产经营能力。

(二)相关业务量和相关收入

(1)相关业务量:主要是指企业短期经营决策中与特定决策方案相联系的产量和销量。实践表明,在企业短期经营决策中,往往由于相关业务量判断失误导致相关成本和相关收入的确认出现差错,因此,相关业务量是短期经营决策中应考虑的重要因素。

(2)相关收入:主要是指与特定决策方案相联系的、能对决策产生重大影响的、在经营决策中必须予以充分考虑的收入。相关收入的计算,以特定决策方案的单价和相关销售量为依据。

（三）相关成本

相关成本是指与特定决策方案相联系的、能对决策产生重大影响的、在经营决策中必须予以充分考虑的成本。相关成本主要包括重置成本、专属成本、边际成本、付现成本、机会成本、可延缓成本和可避免成本等。

1. 重置成本

重置成本主要是指目前从市场上重新取得某项现有资产所需付出的成本。与之相对应的历史成本,是企业在过去某一时点取得某一资产所付出的成本,它是资产据以入账的基础,与未来决策无关。

2. 专属成本

专属成本主要是指能够归属于特定项目或内容的固定成本或混合成本。其成本的发生有明确的成本归属对象。例如,专门为生产某产品购进的设备,那么该设备的折旧应归属于该类产品。与之相对应的共同成本主要是指同时与若干种产品相联系的固定成本或混合成本,该类成本无法明确具体归属于某类产品,而是由多种产品共同承担,如所购设备,若将其同时用于生产多种产品,则该设备的折旧同时归属于不同产品。

3. 边际成本

边际成本是指当业务量以无限小变动时所引起的成本变动差量。边际成本的实际计算,就是业务量增加或减少一个单位能引起的成本变动,是增量成本的特殊形式,即单位量的增量成本。

4. 付现成本

付现成本是指未来某项决策方案中,需要动用现金支付的成本。与之相对应,沉没成本又称沉入成本或旁置成本,是指由于过去决策结果而引起的,并已经实际支付的成本。该类成本通常与企业及未来经营决策无关。

5. 机会成本

机会成本通常以经济资源的稀缺性和多种选择机会的存在为前提,主要是指若经营决策中由于选择某种方案而放弃另一种方案,所承担的放弃方案的收益就是选中方案的机会成本。

6. 可延缓成本

可延缓成本是指在短期经营决策中对其暂缓开支而不会影响企业正常生产经营活动的成本。与之相对应的不可延缓成本,通常是指在已选定方案下必须立即发生的支出,即使是在财力有限的情况下也不能延缓开支的成本。

7. 可避免成本

可避免成本是指在短期经营决策中并非绝对需要发生的成本,它与可延缓成本不同,可延缓成本虽然可以推迟发生,但不能避免。可避免成本是否发生完全取决于决策者。例如,酌量型成本属于可避免成本。

四、短期经营决策一般方法

在短期经营决策中,面对的决策对象和条件的不同,就需要用不同的方法进行分析和评价。其基本方法主要有以下几种。

(一)边际贡献总额法

(1)基本概念:边际贡献总额法是以有关方案的边际贡献总额指标作为决策指标的一种方法。

(2)计算公式:

$$边际贡献总额=(单价-单位变动成本)×方案相关业务量$$
$$=单位边际贡献×方案相关业务量$$

(3)评价标准:该指标经常被用于生产决策的互斥方案。在多种备选方案中,应当选择该指标较大的方案。

【例 6-1】 A 企业使用一台设备,可生产甲、乙两种产品。该设备最大生产能力为 40 000 工时,生产甲产品每件需 4 工时,生产乙产品每件需 5 工时。两种产品的销售单价、单位变动成本和固定成本总额如表 6-1 所示。甲、乙两种产品均可利用现有设备生产,固定成本总额不变。

表 6-1

A 企业生产甲、乙两种产品资料

项　　目	甲产品	乙产品
销售单价(元)	20	30
单位变动成本(元)	12	25
固定成本总额(元)	60 000	

要求:根据上述资料,用边际贡献总额法分析生产哪种产品较为有利。

解析:根据边际贡献总额法,计算得到相关产品资料如表 6-2 所示。

表 6-2

相关计算结果

项　　目	甲产品	乙产品
最大产量(件)	10 000	8 000
销售单价(元)	20	30
单位变动成本(元)	12	25
单位边际贡献(元)	8	5
边际贡献总额(元)	80 000	40 000

由表 6-2 可知,甲产品的边际贡献总额大于乙产品,因此,应选择生产甲产品。

采用有关边际贡献分析方法时应注意,尽管产品的边际贡献及其总额是反映产品盈利能力的重要指标,但在决策分析时,不能仅以两种中的其中一种作为决策依据,应根据企业生产经营的实际情况将两种指标相结合,对决策方案进行综合判断。

（二）差别损益分析法

（1）基本概念：差别损益分析法又称差量分析法，是指在进行两个相互排斥方案（即互斥方案）的决策时，以差别损益指标作为评价方案取舍标准的一种决策方法。

（2）其计算公式：

差别损益(ΔP)＝差别收入(ΔR)－差别成本(ΔC)

差别收入(ΔR)＝方案之间相关收入的差

＝A方案的相关收入总额(R_A)－B方案的相关收入总额(R_B)

差别成本(ΔC)＝方案相关成本差

＝A方案的相关成本总额(C_A)－B方案的相关成本总额(C_B)

差别损益分析表一般格式如表6-3所示。

表6-3

差别损益分析表　　　　　　　　　　单位：元

方案＼项目	A方案	B方案	差异额(Δ)
相关收入	R_A	R_B	$\Delta R=R_A-R_B$
相关成本	C_A	C_B	$\Delta C=C_A-C_B$
差别损益			$\Delta P=\Delta R-\Delta C$

（3）评价标准：如果差别损益大于零，则A方案优于B方案。

如果差别损益等于零，则A方案、B方案效益相同，两者均可。

如果差别损益小于零，则B方案优于A方案。

【例6-2】　幸福公司有一台设备可生产A产品，也可以生产B产品，有关资料如表6-4所示。要求：为幸福公司作出生产A产品还是B产品的决策。

表6-4

幸福公司生产A产品、B产品的资料

项目	A产品	B产品
预计产销量（件）	12 000	15 000
单价（元）	18	10
单位变动成本（元）	12	8

解：根据题意，编制差量损益分析表如表6-5所示。

表6-5

差别损益分析计算结果　　　　　　　　　　单位：元

方案＼项目	生产A产品	生产B产品	差异额(Δ)
相关收入	216 000	150 000	66 000
相关成本	144 000	120 000	24 000
差别损益			42 000

可以看出,公司生产 A 产品将比生产 B 产品多得利润 42 000 元,因此公司应选择生产 A 产品的方案。

（三）相关损益分析法

（1）基本概念:相关损益分析法是在进行短期经营决策时,以相关损益指标作为决策评价指标的一种方法。

（2）其计算公式:

$$某方案的相关损益＝该方案的相关收入－该方案的相关成本$$

（3）相关损益分析表及评价标准。相关损益分析表如表 6-6 所示。

表 6-6

差别损益分析表

项目 ＼ 方案	方案 1	方案 2	……	方案 N
相关收入	R_1	R_2	……	R_N
相关成本	C_1	C_2	……	C_N
相关损益	P_1	P_2	……	P_N

评价标准:相关损益为一正指标,相关损益大的方案为优。

【例 6-3】 仍以[例 6-2]的资料为例。要求:用相关损益分析法作出生产 A 产品还是 B 产品的决策。

解:根据题意编制相关损益分析表,如表 6-7 所示。

表 6-7

相关损益分析表

项目 ＼ 方案	生产 A 产品	生产 B 产品
相关收入(元)	216 000	150 000
相关成本(元)	144 000	120 000
相关损益(元)	72 000	30 000

可以看出,生产 A 产品的相关损益大于 B 产品,因此应生产 A 产品。

（四）成本无差别点法

（1）基本概念:该方法是在各备选方案的相关收入均为零,相关的业务量为不确定因素时,通过判断处于不同水平上的业务量与成本临界点业务量之间的关系,从而作出互斥方案决策的一种方法。

（2）其计算公式:

$$成本无差别点业务量＝\frac{两个方案相关固定成本之差}{两个方案相关单位变动成本之差}$$

（3）评价原则:

当相关业务量小于成本无差别点业务量时,则固定成本较低的方案为优。

当相关业务量大于成本无差别业务量时,则固定成本较高的方案为优。

当相关业务量等于成本无差别业务量时,则两方案均优,效益无差别。

【例6-4】　A公司决定生产A零件,有甲、乙两种不同的工艺方案可供选择。甲方案的固定成本为240 000元,单位变动成本为80元;乙方案的相关固定成本为160 000元,单位变动成本为120元。要求:用成本无差别法作出采用何种工艺方案的决策。

解:假设A零件的生产量为x时甲、乙两种方案的成本相等,则:

$$240\,000+80x=160\,000+120x$$

解得:

$$x=2\,000(件)$$

两种方案的产量与成本如图6-2所示。

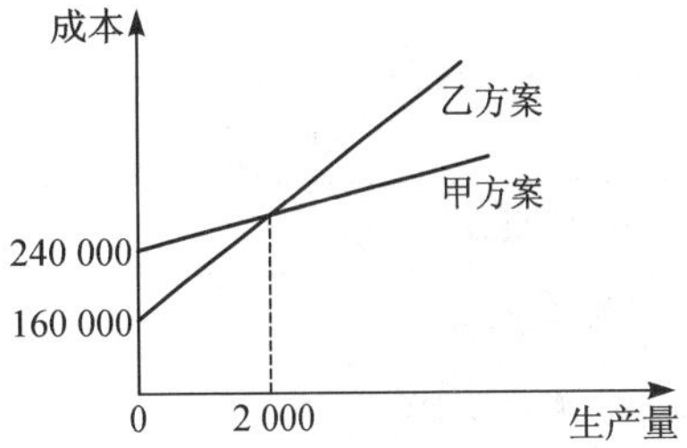

从图6-2可以得出:

当预计的生产量<2 000件时,用乙方案成本低于甲方案成本,取乙方案优于甲方案。

当预计的生产量>2 000件时,用甲方案成本低于乙方案成本,取甲方案优于乙方案。

当预计的生产量=2 000件时,甲、乙方案无差别。

图6-2　甲、乙两种方案的成本与产量关系

(五)相关成本分析法

(1)基本概念:相关成本分析法是指在短期经营决策中,当各备选方案的相关收入均等于零时,通过比较各方案的相关成本指标,作为方案选择的一种方法。该方法实际上是相关损益分析法的特殊形式。

(2)表示方式:如表6-8所示。

表6-8

相关成本分析表

项目＼方案	A方案	B方案	……	N方案
增量成本	C_{A1}	C_{B1}		C_{N1}
机会成本	C_{A2}	C_{B2}		C_{N2}
专属成本	C_{A3}	C_{B3}		C_{N3}
……				
相关成本合计	$\sum C_A$	$\sum C_B$	…	$\sum C_N$

(3)评价标准:相关成本指标是反指标,方案的相关成本越小,则该方案越优。

第三节　生　产　决　策

生产决策分析是企业经营决策的一项重要内容。任何生产决策的正确与否,最终都

反映到经济效益上来。同时生产是围绕着产品生产而进行的,因此,生产决策主要从经济效益角度研究产品的决策问题。

一、亏损产品是否停产的决策分析

传统的观念认为,亏损的产品应该停产,在条件许可下转产扭亏为盈,是最可取的。但是该种产品的设备是专用的,这就面临要么停产,要么继续生产。但管理会计认为通过决策方案的比较,才能作出选择。

【例 6-5】　某公司生产 3 种产品,有固定成本 15 000 元,3 种产品的有关资料如表 6-9 所示。

表 6-9

3 种产品的有关资料

项　　　目	甲产品	乙产品	丙产品	合计
销售收入总额(元)	20 000	10 000	30 000	60 000
销售单价(元)	20	25	60	—
单位变动成本(元)	9	15	46	—
销售量(件)	1 000	400	500	—
边际贡献总额(元)	11 000	4 000	7 000	22 000
按销售比例负担固定成本(元)	5 000	2 500	7 500	15 000
净利(元)	6 000	1 500	−500	7 000

要求:对亏损产品是否停产作出决策分析。

解:丙产品亏损,是否应该停产? 在不能转产情况下,主要看其是否提供边际贡献,以作出评价。因为该产品尽管亏损,由于能提供边际贡献,表明可以为其他产品负担固定成本,并为其他产品创造盈利提供机会。如果作出丙产品停产的决策,其他两种产品就会出现下列情况,如表 6-10 所示。

表 6-10

相关数据计算结果　　　　　　　　　　　　　　　　　单位:元

计算分析	甲产品	乙产品	合计
销售收入	20 000	10 000	30 000
边际贡献总额	11 000	4 000	15 000
按销售比例负担固定成本	10 000	5 000	15 000
净利	1 000	−1 000	0

从计算分析看,原来丙产品能够负担固定成本 7 000 元,现在由甲、乙两产品负担后,原来的盈利部分要分摊固定成本,造成该企业由甲、乙产品原来提供盈利变为用来抵补丙产品负担的固定成本 7 000 元,盈利则为 0(7 000−7 000)。所以丙产品不宜停产。因此,

亏损产品在不能转产情况下,应根据能否提供边际贡献进行评价,再决定是否应该停产。

二、新产品开发的决策分析

新产品开发的品种决策是指企业在利用现有的绝对剩余生产经营能力开发新产品过程中,在两个或两个以上可供选择的多个新品种中选择一个最优品种的决策。这种决策包括开发何种新产品的决策问题,开发新产品与减少老产品的决策问题及新产品试制的决策问题等。此类决策属于"互斥方案决策"的类型。

1. 不追加专属成本条件下的品种决策

在新产品开发的品种决策中,如果有关方案均不涉及追加专属成本,可以用单位资源边际贡献分析法直接进行新产品开发的品种决策。

【例 6-6】 某企业可利用 A 材料生产甲、乙两种产品,只选其一进行生产。甲产品的预计单价为 100 万元/件,单位变动成本为 80 万元/件,消耗 A 材料的单耗定额为 5 千克/件;乙产品的预计单价为 50 万元/件,单位变动成本为 35 万元/件,消耗 A 材料的消耗定额为 3 千克/件。开发新产品不需要追加专属成本。要求:作出开发何种新产品的决策。

解: 甲产品的单位边际贡献＝100－80＝20(万元/件)

乙产品的单位边际贡献＝50－35＝15(万元/件)

开发甲产品可获得的单位资源边际贡献＝20÷5＝4(万元/件)

开发乙产品可获得的单位资源边际贡献＝15÷3＝5(万元/件)

因此,开发乙产品比开发甲产品更有利。

【例 6-7】 仍按[例 6-6]资料,假定企业现有 A 材料 3 000 千克,应用边际贡献总额法进行决策。要求:

(1) 计算利用 A 材料分别开发甲、乙产品的相关业务量。

(2) 用边际贡献总额法作出开发何种产品的决策。

解:(1) 开发甲产品的相关业务量＝3 000÷5＝600(件)

开发乙产品的相关业务量＝3 000÷3＝1 000(件)

(2) 开发 A 产品可获得的边际贡献总额＝(100－80)×600＝12 000(万元)

开发 B 产品可获得的边际贡献总额＝(50－35)×1 000＝15 000(万元)

所以开发乙产品比开发甲产品更有利。

在一定条件下,利用单位资源边际贡献法与边际贡献总额法进行决策可以得到相同的结论。只是这两种方法应用的前提条件有所不同。

2. 追加专属成本条件下的品种决策

当新产品开发的品种决策方案中涉及追加专属成本时,就无法继续使用单位资源边际贡献分析法或边际贡献总额分析法,可以考虑使用差别损益分析法进行决策。

【例 6-8】 已知开发甲产品和开发乙产品的相关产销量、单价与单位变动成本等资料均同[例 6-6]和[例 6-7],但假定开发过程中需要装备不同的专用模具,相应分别需要追加专属成本 4 000 万元和 3 500 万元。要求:用差别损益分析法作出开发新产品的品种决策。

两方案增量成本分别为它们的变动成本,编制的差别损益分析表如表 6-11 所示。

表 6-11

差别损益分析表 单位:万元

项目 \ 方案	开发甲产品	开发乙产品	差异额
相关收入	100×600＝60 000	50×1 000＝50 000	＋10 000
相关成本	52 000	38 500	＋13 500
其中:增量成本	80×600＝48 000	35×1 000＝35 000	——
专属成本	4 000	3 500	——
差别损益	8 000	11 500	－3 500

由表 6-4 可知,评价指标差别损益为－3 500 万元,小于零,可以据此断定应当开发乙产品,这样可以使企业多获得 3 500 万元的利润。

3. 新产品开发方案组合分析

【例 6-9】 某企业原来生产 A 产品,现有开发一种新产品的剩余生产经营能力,有 B、C 两个品种可供选择,有关资料如表 6-12 所示。

表 6-12

产品生产资料 单位:万元

项目 \ 方案	A产品	B产品	C产品
年销售收入	500	300	350
变动成本	350	180	200
边际贡献	150	120	150
固定成本	80	—	—
净利润	70	—	—

(1) 若投产新产品 B 或 C 对 A 没有影响,并且只能选择一种新产品投产,则根据所给资料,在决策时,应选择投产 C 产品。因为 C 产品的边际贡献(150 万元)大于 B 产品(120 万元)。在这里,固定成本为无关成本。

(2) 由于生产能力的限制,若投产 B 产品,A 产品必须减少 1/5;而若投产 C 产品,A 产品必须减产 1/2。在这种情况下,应投产何种新产品可通过比较两种产品所能为企业提供的利润进行决策。因为固定成本为无关成本,所以只需比较两种产品投产后给企业增加的边际贡献即可。

第一,投产 B 产品:

B 产品创造的边际贡献＝120(万元)

减少的 A 产品的边际贡献＝150×1÷5＝30(万元)

投产 B 产品给企业增加的边际贡献＝120－30＝90(万元)

第二,投产 C 产品:

C产品创造的边际贡献＝150(万元)

减少的A产品的边际贡献＝150×1÷2＝75(万元)

投产C产品给企业增加的边际贡献＝150－75＝75(万元)

因此,应选择投产B产品。

(3) 若决定试制C产品,并且有3个方案可供选择:

方案Ⅰ:自行研制,要花费9个月时间,试制费30万元。

方案Ⅱ:引进国外技术,只需花费3个月时间,试制费70万元。

方案Ⅲ:与国内科研机构协作,要花费6个月时间,试制费30万元,但投产后3个月要从新产品的利润中支付50%给协作的科研机构。

选择哪一个方案,应对方案的净利润计算比较后作出决策。

以方案Ⅰ为基础:

第一,若采用方案Ⅱ,可提前6个月投产,则:

$$企业可多获利＝(150÷12)×(9－3)＝75(万元)$$

$$净利润＝75－(70－30)＝35(万元)$$

第二,若采用方案Ⅲ,可提前3个月投产,则:

$$企业可多获利＝(150÷12)×(9－6)＝37.5(万元)$$

$$净利润＝37.5－(150÷12)×3×50\%＝18.75(万元)$$

因此,应选择方案Ⅱ,它比方案Ⅲ可多获净利16.25万元(35－18.75)。

三、半成品、联产品或副产品是否要进一步加工的决策分析

在某些行业的企业,经常会面临出售已部分完工的半成品或进一步加工为完工产品后再行出售的抉择问题。例如,棉纺织厂既可出售半成品棉纱,也可以通过将棉纱继续加工成为坯布(完工产品)后再出售。当然,完工产品的销售单价要比半成品高些,但继续加工一般都要追加变动成本和专属固定成本。

另外,在某些石油化工企业内,经常会出现在同一生产过程中同时生产出若干种经济价值较大的联产品。这些联产品有时可以在分离后立即出售,也可以在分离后经过继续加工再行出售。究竟哪种方案经济效益较大? 是生产联产品企业经常会碰到的问题。

对这类决策问题,均可采用差量分析法。但应注意的是:半成品或联产品进一步加工前所发生的成本,不论是变动成本还是固定成本,在决策分析中均属于无关成本。问题的关键在于分析研究半成品或联产品在进一步加工后所增加的收入是否超过在进一步加工过程中所追加的成本(即"可分成本")。如果前者大于后者,则以进一步加工的方案较优;反之,若前者小于后者,则出售半成品或不加工联产品的方案较优。

还应指出的是,若在同一生产过程中生产出来的是经济价值很低,甚至没有什么价值的产品,则称为"副产品"。它们是否需继续进行加工的决策,与前述联产品的决策大致相同。但应注意,副产品如不继续加工而作为废料时,往往需要支付一定的处理费用。若继续加工,就可省掉这些处理费,其性质等于增加了收入。故在决策时,只要分析研究副产品进一步加工后的销售收入与节省废料处理费之和是否超过"可分成本"。如前者大于后者,则进一步加工;反之,若前者小于后者,则以作废料处理为宜。

【例6-10】 假定某公司每年生产甲产品10 000件,销售单价48元,单位变动成本22元,固定成本总额160 000元。如果把甲半成品进一步加工成为乙完工产品,则销售单价为85元,但需要追加单位变动成本25元及专属固定成本85 000元。要求:为该公司作出出售甲半成品还是乙半成品的决策。

解:根据上述资料,可作差量分析如下:

差量收入:

$$乙产成品－甲半成品＝(85×10 000)－(48×10 000)＝370 000(元)$$

差量成本:

$$乙产成品－甲半成品＝[(25×10 000)＋85 000]－0＝335 000(元)$$
$$进一步加工成为乙产成品而非甲半成品的差量收益＝370 000－335 000＝35 000(元)$$

结论:把甲半成品进一步加工成为乙产成品再出售较优,可以多获得利润35 000元。

【例6-11】 某企业对一种原料进行加工,可同时产出A、B、C 3种联产品,产出比例为2:2:1,原料在生产加工过程中的自然损耗率为10%。假定本期投入原料2 000吨,当期全部产出,共发生联合成本150 000元,成本按销售收入比重分配,C联产品可以深加工为D产品,C、D产品的投入产出比为2:1。每深加工1吨C联产品要发生可分成本95元,A、B、C、D的售价分别为每吨200元、160元、100元和450元。要求:就以下各种情况作出是否直接出售C产品或对其全部或部分进行深加工的决策分析。

(1)企业已具有深加工C产品的能力,并无法转移。

(2)企业只具备加工90%C产品的能力,并无法转移。

解:有关材料计算如下:

$$总产出量＝2 000×(1－10\%)＝1 800(吨)$$

各种联产品的相关产量:

$$A产品的相关产量＝[1 800÷(2＋2＋1)]×2＝720(吨)$$
$$B产品的相关产量＝[1 800÷(2＋2＋1)×]2＝720(吨)$$
$$C产品的相关产量＝[1 800÷(2＋2＋1)×]1＝360(吨)$$
$$D产品最大可能的相关产量＝360÷2＝180(吨)$$

根据两种情况编制的分析,分别如表6-13和表6-14所示。

表6-13

差 量 分 析 表 单位:元

	深加工为D产品 (100%)	深加工为C产品 (100%)	差量
相关收入	450×180＝81 000	100×360＝36 000	45 000
相关成本	34 200	0	34 200
其中:可分成本	95×360＝34 200	0	
100%深加工为D产品而非直接出售C产品的收益			10 800

表6-14

差 量 分 析 表			单位:元
	深加工为 D 产品(90%)	深加工为 C 产品(90%)	差量
相关收入	450×180×90%＝72 900	100×360×90%＝32 400	40 500
相关成本	30 780	0	30 780
其中:可分成本	95×360×90%＝30 780	0	
90%深加工为 D 产品而非直接出售 C 产品的收益			9 720

　　结论:在上述两种情况下,应当将 C 产品深加工为 D 产品,可以分别比直接出售 C 产品多获得利润 10 800 元和 9 720 元。必须注意,在本例的决策中没有必要将属于无关成本的联合成本在 A、B、C 3 种联产品之间进行分配。另外,在计算相关收入时,C、D 产品的相关产量不同。

四、零部件自制或外购的决策

（一）零部件自制或外购决策的定义

零部件自制或外购的决策是指企业围绕既可自制又可外购的零部件的取得方式而开展的决策,又叫零部件取得方式的决策。企业生产产品所需要的零部件,是自己组织生产还是从外部购进,这是任何企业都会遇到的决策问题。需要指出,无论零部件是自制还是外购,并不影响产品的销售收入,只需考虑两个方案的成本,哪一个方案的成本低则选择哪一个方案。

（二）自制或外购决策分析的方法

零部件自制或外购的决策分析一般可采用相关成本分析法和成本平衡点分析法。

1. 零部件自制不需增加固定成本且自制能力无法转移

在企业已经具备的自制能力无法转移的情况下,原有的固定成本属于沉没成本,不会因零部件的自制或外购而发生变动。因此,在决策分析中,只需将自制方案的变动成本与外购成本进行比较。如果自制变动成本高于外购成本,应外购;如果自制变动成本低于外购成本,应自制。

【例 6-12】　某企业每年需用 A 零件 100 000 件,该零件既可以自制,又可以外购。若外购每件单价为 40 元,若自制,企业拥有多余的生产能力且无法转移,其单位成本为:直接材料 30 元,直接人工 6 元,变动制造费用 3 元,固定制造费用 5 元,单位成本合计 44 元。要求:企业作出 A 零件是自制还是外购的决策。

解:根据题意,可采用相关成本分析法。由于企业拥有多余的生产能力,固定成本属于无关成本,不需考虑,自制单位变动成本为 39 元(直接材料 30 元,直接人工 6 元,变动制造费用 3 元),外购单价为 40 元。所以有:

$$自制的相关成本总额＝100\ 000×39＝3\ 900\ 000(元)$$
$$外购的相关成本总额＝100\ 000×40＝4\ 000\ 000(元)$$

企业应选择自制方案,可节约成本 100 000 元。

2. 零部件自制不需增加固定成本且自制能力可以转移

在自制能力可以转移的情况下,自制方案的相关成本除了包括按零部件全年需用量计算的变动生产成本外,还包括与自制能力转移有关的机会成本,无法通过直接比较单位变动生产成本与外购单价作出决策,必须采用相关成本分析法。

【例 6-13】 仍按[例 6-12]资料。假定自制 A 零件的生产能力可以转移,每年预计可以获得边际贡献 1 000 000 元。A 零件应自制还是外购?

解:根据题意,可采用相关成本分析法。由于企业拥有多余的生产能力,固定成本属于无关成本,不需考虑,自制单位变动成本为 39 元(直接材料 30 元,直接人工 6 元,变动制造费用 3 元),外购单价为 40 元。有:

自制 A 零件的相关成本总额＝变动成本＋机会成本＝100 000×39＋1 000 000＝4 900 000(元)

外购 A 零件的相关成本总额＝100 000×40＝4 000 000(元)

所以,企业应选择外购方案,可节约成本 900 000 元。

3. 零部件自制但需要增加固定成本

当自制零部件时,如果企业没有多余的生产能力或多余生产能力不足,就需要增加固定成本以购置必要的机器设备。在这种情况下,自制零部件的成本,就不仅包括变动成本,而且还包括增加的固定成本。由于单位固定成本是与产量呈反比例变动的,因此对于不同的需要量,决策分析的结论就可能不同。这类问题的决策分析,根据零部件的需要量是否确定,可以分别采用相关成本分析法和成本平衡点分析法来进行分析。若零部件的需要量确定,可以采用相关成本分析法,若零部件的需要量不确定则采用成本平衡点分析法。因零部件的需要量确定情况下的零部件自制与否的决策与[例 6-12]相似,这里仅就零部件需要量不确定情况下的自制与否的决策进行举例。

【例 6-14】 企业需要的 B 零件可以外购,单价为 60 元;若自制,单位变动成本为 24 元,每年还需增加固定成本 45 000 元。

要求:分析 B 零件是自制还是外购。

解:由于本例中零部件的需要量不确定,因此需采用成本平衡点分析法进行分析。

设:x_0 为成本平衡点业务量,自制方案的总成本为 y_1,固定成本为 a_1,单位变动成本为 b_1;外购方案的总成本为 y_2,固定成本为 a_2,单位变动成本为 b_2。

其中:$a_1 = 45\,000$(元),$b_1 = 24$(元),$a_2 = 0$,$b_2 = 60$(元)

则有:$y_1 = a_1 + b_1 x = 45\,000 + 24x$, $y_2 = 60x$,

令:$y_1 = y_2$

得:
$$x = \frac{45\,000}{60-24} = 1\,250\text{(件)}$$

即 $x_0 = 1\,250$(件),当零部件需要量在 1 250 件时,外购总成本与自制总成本相等;当零部件的需要量在 1 250 件以内时,外购总成本低于自制总成本,应选择外购方案;当零部件需要量超过 1 250 件时,自制总成本低于外购总成本,应选择自制方案。

第四节 定 价 决 策

一、定价决策的意义

企业生产的产品的价值和使用价值的实现有赖于销售。在激烈的销售市场上,产品定价过高,会影响产品的销售,不为消费者所接受;产品定价太低,就不能保证企业获取足够的利润,促进企业在未来时期经营活动的健康发展,可见,将产品的价格定在一个合理的水平上,使企业获得最大的经济效益,是企业经营管理活动的一个重要内容,也是企业经营决策的一个重要方面。

定价决策工作的好坏,关系企业销售活动和生产活动能否正常进行。从销售活动来看,市场销售的竞争,在质量一样的条件下,就在于价格的竞争,因此定价就成了销售工作的核心。为有关产品确定合理的价格水平,能够促进销售数量的增长,销售量增长又会扩大市场,扩大市场可以获得众多的市场信息,从而带动整个销售管理工作广泛而协调地展开,从生产方面来看,通过满意的定价,使生产过程耗费得到补偿,并获得合理的利润,才能促使生产过程的物资供应得到及时保证,圆满实现供应—生产—销售的良性循环,促进生产部门生产更多的产品投入市场,保证生产管理活动持续展开,稳步发展。

二、影响定价的因素

一般来讲,影响定价的基本因素主要包括以下几个方面。

（一）成本因素

成本是影响定价的最基本因素。从长期来看,产品价格应等于总成本加上合理的利润,否则企业无利可图,将会停止生产。从短期来看,企业应根据成本结构确定产品价格,即产品价格必须高于平均变动成本,以便掌握盈亏情况,减少经营风险。

（二）需求因素

市场需求与价格的关系可以简单地用市场需求潜力和需求价格弹性来反映。市场需求潜力是指在一定的价格水平下,市场需求可能达到的最高水平。需求价格弹性是指在其他条件不变的情况下,某种商品的需求量随其价格的升降而变动的程度,用需求变化率与价格变化率之比来表示。需求价格弹性大的商品,其价格的制定和调整对市场需求影响大;需求价格弹性小的商品,其价格的制定和调整对市场需求影响小。

（三）商品的市场寿命周期因素

商品的市场寿命周期包括 4 个阶段,即投入期、成长期、成熟期和衰退期。在不同的阶段,定价的策略也有所不同。投入期的价格,既要补偿高成本,又要为市场所接受;成长期和成熟期正是产品大量销售,扩大市场占有率的时机,要求稳定价格以有利于开拓市场;进入衰退期后,一般应采取降价措施,以便充分挖掘老产品的经济效益。

（四）竞争因素

产品竞争的激烈程度不同,对定价的影响也不同。在完全竞争的市场,企业几乎没有定价的主动权;在不完全竞争的市场中,竞争的强度主要取决于产品制作的难易和供求形势。企业要做好定价工作,必须充分了解竞争者的情况,了解竞争者来自何方,其主要实力和其主要的定价策略等。

（五）政策法规因素

每个国家对市场物价的高低和变动都有限制和法律规定。同时,国家还利用生产市场、货币金融等有关手段间接调节价格。在国际贸易中,各国政府对价格制定的限制措施往往更多、更严。因此,企业应很好地了解本国关于物价方面的政策和法规,并以此作为制定定价策略的依据。

（六）定价目标因素

定价目标就是指企业确定价格的目的，不同的定价目标，决定着不同的定价决策方法。

三、定价决策的基本方法

（一）以成本为导向的定价决策方法

成本加成法是指在特定计算口径的单位产品成本的基础上再考虑一定的加成率来确定售价的方法，多用于目标售价的决策。成本加成法的一般计算公式为：

$$产品价格＝单位产品成本＋加成额＝单位产品成本×（1＋加成率）$$

其中：成本加成率＝加成内容÷相关成本。需要注意的是，在不同的成本计算模式下，单位产品成本和加成率的口径有所不同。

1. 完全成本法下的成本加成法

在完全成本法下，产品成本为制造成本，单位产品成本即为单位生产成本，营销及行政管理费用等非制造成本不包括在成本中。因此，"加成"必须能充分弥补这些成本，加成率为成本毛利率。其计算公式为：

$$产品价格＝单位产品生产成本×（1＋成本毛利率）$$

其中：　　　　　　　成本毛利率＝（利润＋非生产成本）÷生产成本×100％

2. 变动成本法下的成本加成法

在变动成本法下，产品成本为变动生产成本，单位产品成本即为单位变动生产成本，全部固定成本不包括在加成成本基数中。因此，"加成"必须能充分弥补这些成本，加成率为变动成本贡献率。其计算公式为：

$$产品价格＝单位变动生产成本×（1＋变动成本贡献率）$$

其中：　　　　　变动成本贡献率＝（利润＋固定成本）÷变动生产成本×100％

【例 6-15】 某公司生产甲产品，产量为 10 000 件的有关成本资料如下：直接材料 60 000 元，直接人工 40 000 元，变动制造费用 30 000 元，固定制造费用 70 000 元，销售及管理费用 30 000 元。假定该公司预计实现利润 90 000 元。要求：分别按完全成本法和变动成本法下的成本加成法确定该公司的目标售价。

解：在完全成本法下可计算：

甲产品的生产成本＝60 000＋40 000＋30 000＋70 000＝200 000（元）

甲产品的单位生产成本＝200 000÷10 000＝20（元/件）

非生产成本＝30 000（元）

成本毛利率＝（90 000＋30 000）÷200 000×100％＝60％

目标售价＝20×（1＋60％）＝32（元）

在变动成本法下可计算：

甲产品的变动生产成本＝60 000＋40 000＋30 000＝130 000（元）

甲产品的单位变动生产成本＝130 000÷10 000＝13（元/件）

固定成本＝70 000＋30 000＝100 000（元）

变动成本贡献率＝（90 000＋100 000）÷130 000×100％≈146％

目标售价＝13×（1＋146％）＝32（元）

由此可见,在成本加成定价法下,无论是按完全成本法,还是按变动成本法,所计算出来的目标价格应当是一致的。

综上所述,完全成本法和变动成本法下的成本加成法虽然在思路上相似,都认为企业的定价必须弥补全部成本,但其需加成的"成本基数"不同,由此"加成"的内容也存在着差异。完全成本法下的成本加成法强调的是成本功能,而变动成本法下的成本加成法强调的是成本性态。

（二）边际分析法

边际分析法是指根据微分极值原理,通过分析不同特定价格与销售量组合条件下的产品边际收入、边际成本和边际利润之间的关系,作出相应定价决策的一种定量分析方法。

从数学意义上看,边际收入是以销售量为自变量的销售收入函数的一阶导数;边际成本是以销售量为自变量的销售成本函数的一阶导数,边际利润是以销售量为自变量的销售利润函数的一阶导数,又等于边际收入与边际成本之差。

按照微分极值原理,如果利润的一阶导数为零,即边际利润为零,边际收入等于边际成本,此时的利润达到极大值,这时的售价就是最优售价。

但是,在高等数学中,只有对连续的、不间断的、处处可微的函数才可以求导。而在实际生活中,无论是以销售量为自变量的销售收入函数,还是成本函数,或是利润函数,它们都不是连续函数,故而也就无法对其求导数,无法按严格的数学定义计算边际收入、边际成本和边际利润指标。因此,在管理会计中,所谓的边际收入是指销售量每增加或减少一个单位所形成的销售收入差;边际成本是指销售量每增加或减少一个单位所形成的销售成本差;边际利润是指销售量每增加或减少一个单位所形成的销售利润差。这里的一个销售单位可以是一件产品,也可以是一批产品。

在这种情况下,仍可以根据"边际利润为零",或"边际收入等于边际成本"的条件来判断能否找到最优售价。若上述条件不满足,也可以根据"边际利润为不小于零的最小值"这个条件来判断最优售价的位置。

设以销售量 x 为自变量的销售收入和销售成本函数可分别表示为 $S=S(x)$ 和 $C=C(x)$,则利润函数可表示为 $P(x)=S(x)-C(x)$。

对利润函数求 x 的一阶导数,可得:$P'(x)=S'(x)-C'(x)$。

显然,要使 $P(x)$ 取得最大值,x 值应满足:$P'(x)=0$,即 $S'(x)=C'(x)$。这里,$S'(x)$ 和 $C'(x)$ 分别就是边际收入和边际成本,$P'(x)$ 即为边际利润。

【例6-16】　假定某种消费品的售价与销售量存在以下函数关系:$p=60-2x$;单位变动成本与销售量的关系为 $b=20+0.5x$,固定成本 $a=70$。试求该消费品的最佳销售量及最优售价。

依题中资料有:

销售收入 $S(x)=px=(60-2x)x=60x-2x^2$

销售成本 $C(x)=bx+a=(20+0.5x)x+a=20x+0.5x^2+70$

边际收入 $S'(x)=60-4x$

边际成本 $C'(x)=20+x$

令:
$$S'(x)=C'(x)$$

可得:
$$60-4x=20+x$$

则：　　　　　　　　　　　　　　　　$x = 8$(件)

此时：　　　　　　　　　　　　　　$p = 60 - 2 \times 8 = 44$(元／件)

即该消费品的最佳销售量为 8 件,最优售价为 44 元/件,此时企业销售该产品可获得最大利润。

(三)保利定价法

保利定价法是指在已知的目标利润或目标贡献边际、预计销量和相关成本指标的基础上计算以保利为目的的保利价格的一种定价方法。其计算公式为：

$$保利价格 = 单位变动成本 + \frac{固定成本 + 目标利润}{预计销量} = 单位变动成本 + \frac{目标边际贡献}{预计销量}$$

【例 6-17】 已知在一定时期内,某企业采用自销方式销售的某种产品的相关固定成本为 50 000 万元,预计销量为 100 000 件;采用代销方式的相关固定成本为 30 000 万元,预计销量为 50 000 件。目标利润为 200 000 万元,单位变动成本为 50 万元。要求:利用保利定价法作出自销或代销的决策。

解：　　　自销方式下的保利价格 $= 50 + (200\,000 + 50\,000) \div 100\,000 = 52.5$(万元)

　　　　　代销方式下的保利价格 $= 50 + (200\,000 + 30\,000) \div 50\,000 = 54.6$(万元)

应当采用自销方式,因为自销方式下的价格更有市场竞争力。

第五节　存　货　决　策

一、存货决策概述

(一)存货决策的意义

存货是指企业在日常生产经营过程中为生产或销售而储备的各种物资,包括原材料、燃料、包装物、低值易耗品、在产品、库存商品、外购商品、发出商品等。如果企业能在生产时随时购入所需的原材料,或在商品销售时能随时购入,就不需要存货,即企业生产经营活动中所需的存货都处于动态流转当中,没有静态结存的存货,达到理想的存货流转状态——"零存货"。但是,由于市场、管理、技术等原因,保持一定数量的存货对于大部分企业来说是必需的。

一是为了保证生产活动或销售活动的正常需要。从供应产品生产角度来讲,每一批产品投产需要消耗不同组合的原材料,只有各种存货都有一定库存的情况下,才便于操作,也有利于降低生产准备成本。从产品生产中半成品的实物流转角度看,由于技术和管理等原因,部分完工的半成品不可能马上转入下一生产环节,从而形成在产品存货。产品完工后,为满足产品销售批量化、经常化的需要,应有足够的产成品存储量。

二是为了保证企业均衡生产并降低存货采购和产品生产成本。从采购环节看,企业形成一定的存货库存,可以享受批量购货的价格优惠,既降低成本,又减少采购费用。同时,当存货价格波动不稳定时,在价格较低时预先购入,还可以避免过高的采购成本。从生产环节看,需要什么就生产什么、需要多少就生产多少的生产经营方式可以最大限度地减少库存产品数量,但它并不一定会使企业成本最低,因为每次组织安排生产都会发生费用。因此,为做到生产成本的总体最低,最好是进行均衡化生产。当生产均衡而销售活动不均衡时,有库存就是必然的了。

三是为了避免或减少经营中可能出现的失误和意外事故对企业造成损失。企业的生产经营活动一般都是按照计划或预算进行的,但主观、客观方面的因素都可能导致生产经营活动偏离计划、预算或使生产经营活动无法进行。如当客户对产品的需求增加时,若没有适量的存货,则会导致机会的丧失;当某种原材料出现市场供应紧张状况时,没有适量的存货,势必导致停工待料,使企业遭受损失。

企业保有存货,必然会占用企业大部分流动资金,使企业付出更大的持有成本,同时存货的储存和管理费用也会增加,其利用效果如何,对企业的财务状况与经营成果将有很大的影响。因此,企业必须加强对存货的控制,尽可能运用科学的方法来确定和保持存货的最优水平。

所谓存货决策,就是在保证生产和销售正常进行的情况下,如何恰当地控制存货水平,以尽可能地节约资金、降低存货成本,又称存货控制。它构成企业管理的一项重要内容,也是企业的一项日常控制管理工作。

(二)存货决策的内容

在企业中,不同的部门有不同的存货管理目标。供应部门希望尽可能扩大一次购入的数量,以享受大量购买而带来的折扣及运费优惠;生产部门为保证均衡生产和进度,则希望有较高的库存;销售部门也希望保有较多的库存,以确保有较大的销售应变幅度。但是,财务部门则希望尽量减少存货占用的资金,以利于资金的调度,提高资金流转速度。因此,存货的管理需综合各方面的需求,既保证各方面的需要,又使企业经济效益最大化。

为合理地管理存货,对存货的管理可以从动态和静态两个方面进行。

从动态方面对存货进行管理,主要是对存货采购活动进行控制。过高的存货结存和过低的存货结存都是不经济的,如何选择一个最佳的采购批量,使存货成本保持最低的同时,又能保证企业生产经营活动的正常需要,这是存货动态管理的目的。

从静态方面对存货进行管理,主要是对库存存货实物的控制。存货在库存过程中,由于自然原因可能会发生霉变、缺损、挥发等现象,也可能因为人为原因发生偷盗、侵占、流失等事件,如何保证存货的安全性和完整性,并保障按需配送存货,使生产经营活动正常进行,这是存货静态管理的目的。

(三)存货成本的构成

管理会计中的企业存货成本与财务会计核算中的存货成本概念不同,它由采购成本、订货成本、储存成本、缺货成本构成,在存货决策中,通常要加以考虑。

1. 采购成本

采购成本是指由存货的买价和运杂费等构成的成本,其总额取决于采购数量和单位采购成本。由于单位采购成本一般不随采购数量的变动而变动,因此,在存货采购批量决策分析中,存货的采购成本通常属于无关成本。但是,当存货采购中存在供应商扩大销售的数量折扣时,采购成本就成为与决策相关的成本了。

2. 订货成本

订货成本是指企业为办理订货业务而发生的成本,按其与订货次数之间的依存关系分为固定订货成本和变动订货成本。固定订货成本主要包括采购部门的管理费、采购人员的工资等,其发生数额与订货次数无关,在存货决策分析中属无关成本;变动订货成本主要包括差旅费、邮电费、文件处理费等与订货次数有关的费用,在存货决策分析中属相关成本。

3. 储存成本

储存成本是指企业为持有存货而发生的成本,按其与储存量的关系分为固定储存成本和变动储存成本。固定储存成本主要包括仓储房屋及设备的折旧费、维修费、仓库职工的工资等与存货数量无关的固定费用,在存货决策分析中属于无关成本;变动储存成本主要包括存货资金占用费、仓储费、保险费、存货残损霉变损失等与存货数量相关的变动费用,在存货决策分析中属于相关成本。

4. 缺货成本

缺货成本是指因存货不足而给企业造成的损失。主要包括因存货量不足而造成的停工待料损失、延期交货而发生的罚款损失、丧失销售机会的损失、临时应急采购而发生的额外支出等。在存货决策分析中,是否考虑缺货成本,应视企业是否允许缺货而定。若企业允许缺货,则缺货成本为决策相关成本;若企业不允许缺货,则缺货成本为决策的无关成本。

二、存货决策的经济批量控制法

1. 概念

经济批量又称经济订货量,是指能够使一定时期存货的相关总成本达到最低点的每次订货数量。经济批量控制法解决的是存货控制中有关每次应该买多少以及何时买的问题。

2. 经济批量的基本模型

经济批量的基本模型又称简单条件下的经济批量模型,即模型成立必须满足以下假设条件:

(1) 存货价格稳定,且没有数量折扣。

(2) 不允许出现缺货情形,即无缺货费用。

(3) 需求量稳定、均匀,即需求量为已知常量,每次订货数量相同。

(4) 需要订货时,能立即一次全部到货。

(5) 仓储条件及所需现金不受限制。

在上述前提条件下,存货经济批量决策分析中,我们只需要关注那些随存货量或订货次数而变动的那部分成本,即相关的存货成本为变动性订货成本和变动性储存成本。对于采购成本和缺货成本,由于其不随存货水平的高低或订货次数的多少而变动,因此,在计算经济批量时,不必加以考虑。可见,存货决策的目的就是确定使变动性订货成本和变动性储存成本合计数最低时的订购批量,即经济批量。

设:A 为某种存货年需用总量;Q 为每次订购量;Q^* 为经济订购批量;$\dfrac{A}{Q}$ 为全年订货次数;$\dfrac{Q}{2}$ 为全年平均库存量;P 为每次订货费用,即单位变动订货成本;C 为单位存货年变动储存成本;T 为年存货相关总成本;N^* 为经济订购次数;T^* 为最低年存货相关总成本。

则：　　　　　　　存货相关总成本＝变动性订货成本＋变动性储存成本

即：　　　　　　　$$T=\frac{A}{Q}\times P+\frac{Q}{2}\times C$$

为了计算出存货相关总成本 T 达到最低的经济订货批量 Q^*，以 Q 为自变量，求 T 对 Q 的一阶导数 T'：

$$T'=\left(\frac{A}{Q}\times P+\frac{Q}{2}\times C\right)'=-\frac{AP}{Q^2}+\frac{C}{2}$$

令 $T'=0$，则：

$$-\frac{AP}{Q^2}+\frac{C}{2}=0$$

$$Q^2=\frac{2AP}{C}$$

$$经济订货批量(Q^*)=\sqrt{\frac{2AP}{C}}$$

$$经济订货次数(N^*)=A\div Q^*=\sqrt{\frac{AC}{2P}}$$

$$最低年存货相关总成本(T^*)=\sqrt{2APC}$$

【例 6-18】　已知某企业全年需用某种材料 40 000 千克，单位采购成本为 20 元，每次订货变动成本为 25 元，单位材料平均变动储存成本为 8 元。

解：由题中资料可计算：

$$经济订货批量(Q^*)=\sqrt{\frac{2AP}{C}}=\sqrt{\frac{2\times25\times40\,000}{8}}=500(千克)$$

$$经济订购次数(N^*)=\frac{A}{Q^*}=\frac{40\,000}{500}=80(次)$$

$$存货最低年总成本(T^*)=\sqrt{2APC}=\sqrt{2\times25\times40\,000\times8}=4\,000(元)$$

3. 允许缺货条件下的经济订货批量控制

在实际工作中，由于各种因素的影响，如允许缺货等情况，经济批量的基本模型的假设条件就会失去意义，因此，需要在其基础上进行扩展，以确定不同情况下的经济批量，降低成本开支。

在允许缺货的情况下，缺货损失即缺货成本，与存货的订货成本和储存成本一同构成存货相关总成本，其成本总和最低的方案，就是最优决策方案。

由于发生短缺的存货一旦到货，即可全部投入使用，不必形成库存，因此，在订货量既定的情况下，允许缺货现象可能会使最低库存量为负数，从而使储存成本降低，即缺货成本与储存成本之间存在着此消彼长的关系。

设：S 为缺货量，K 为单位缺货成本，在经济订货批量基本模型基础上，则有：

$$平均存货量=\frac{(Q-S)^2}{2Q}$$

$$平均缺货量=\frac{S^2}{2Q}$$

$$缺货成本 = \frac{KS^2}{2Q}$$

相关总成本 = 订货成本 + 储存成本 + 缺货成本

即：
$$T = \frac{A}{Q} \times P + \frac{C(Q-S)^2}{2Q} \times C + \frac{KS^2}{2Q}$$

则：
$$经济订货批量(Q^*) = \sqrt{\frac{2AP}{C} \times \frac{C+K}{K}}$$

$$最大允许缺货量(S^*) = Q^* \times \frac{C}{C+K}$$

$$最低年存货相关总成本(T^*) = \sqrt{2APC \times \frac{K}{K+C}}$$

【例 6-19】 假设[例 6-19]中的缺货成本为 $K=2$（元）。试作出允许缺货的经济订货批量决策。

依资料可计算：

$$经济订货批量(Q^*) = \sqrt{\frac{2AP}{C} \times \frac{C+K}{K}} = \sqrt{\frac{2 \times 25 \times 40\,000}{8} \times \frac{8+2}{2}} \approx 1\,118(千克)$$

$$最大允许缺货量(S^*) = Q^* \times \frac{C}{C+K} = 1\,118 \times \frac{8}{8+2} = 894(千克)$$

$$最低年存货相关总成本(T^*) = \sqrt{2APC \times \frac{K}{K+C}} = \sqrt{2 \times 25 \times 40\,000 \times 8 \times \frac{2}{8+2}} = 1\,789(元)$$

本 章 小 结

经营决策要考虑的因素主要有经营生产能力、相关业务量、相关收入和相关成本。经营决策中的相关成本主要有增量成本、边际成本、机会成本、付现成本、专属成本、加工成本和可分成本等。经营决策常用的方法主要有贡献边际分析法、差别损益分析法、相关损益分析法、相关成本分析法和成本分界点分析法等。经营决策主要包括生产决策、定价决策和存货决策。

思 考 与 练 习

复习思考题

1. 什么是决策？决策的种类有哪些？
2. 何谓相关成本？常见的相关成本有哪些？
3. 何谓无关成本？常见的无关成本有哪些？
4. 短期经营决策的方法有哪些？
5. 生产决策包括哪些内容？
6. 定价决策的主要依据是什么？
7. 存货决策分析的意义何在？

练 习 题

一、单项选择题

1. 在管理会计中,将决策分析划分为确定型决策、风险型决策和不确定型决策,所依据的分类标志是( )。
   A. 决策的重要程度
   B. 决策条件的肯定程度
   C. 决策规划时期的长短
   D. 决策解决的问题内容

2. 在管理会计中,将决策分析区分为短期决策与长期决策所依据的分类标志是( )。
   A. 决策的重要程度
   B. 决策条件的肯定程度
   C. 决策规划时期的长短
   D. 决策解决的问题内容

3. 在经济决策中应由中选的最优方案负担的、按所放弃的次优方案潜在受益计算的那部分资源损失,就是( )。
   A. 增量成本
   B. 机会成本
   C. 专属成本
   D. 沉没成本

4. 下列各项中,属于无关成本的是( )。
   A. 沉没成本
   B. 增量成本
   C. 机会成本
   D. 专属成本

5. 在零部件自制或外购的决策中,如果零部件的需用量尚不确定,应当采用的决策方法是( )。
   A. 相关损益分析法
   B. 差别损益分析法
   C. 相关成本分析法
   D. 成本无差别点法

6. 当企业利用剩余生产能力选择生产新产品,而且每种新产品都没有专属成本时,应将( )作为选择标准。
   A. 产品价格
   B. 成本
   C. 边际贡献
   D. 产销量

7. 在存货决策中,与采购批量呈正比,与采购批次呈反比的是( )。
   A. 储存成本
   B. 缺货成本
   C. 订货成本
   D. 相对成本

8. 在价格决策中,某产品的有关资料如表 6-15 所示。

表 6-15

某产品的有关资料

销售单价(元)	36	35	34	33	32	31
预计销量	400	440	480	520	540	570
利润增加额(元)	280	200	120	40	−280	−210

则该产品的最优售价为( )元。
   A. 31
   B. 32
   C. 33
   D. 36

9. 企业去年生产某亏损产品的边际贡献 3 000 元,固定成本是 1 000 元,假定今年其他条件不变,但生产该产品的设备可对外出租,1 年的增加收入为( )元时,应停产该种产品。
   A. 2 001
   B. 3 100
   C. 1 999
   D. 2 900

10. 当需求弹性大于 1 时,产品应( )。

　　A. 提价　　　　　　B. 降价　　　　　　C. 不变　　　　　　D. 以上都有可能

二、多项选择题

1. 按照决策条件的肯定程度,可将决策划分为的类型,即(　　　)。
　　A. 战略决策　　　B. 战术决策　　　C. 确定型决策　　　D. 风险型决策
　　E. 不确定型决策

2. 下列各项中,属于生产经营决策的有(　　　)。
　　A. 亏损产品的决策　　　　　　　　B. 深加工的决策
　　C. 生产工艺技术方案的决策　　　　D. 最优售价的决策
　　E. 调价的决策

3. 下列成本中,属于无关成本的有(　　　)。
　　A. 专属成本　　　B. 共同成本　　　C. 差额成本　　　D. 不可避免成本
　　E. 机会成本

4. 下列各项中,属于生产经营相关成本的有(　　　)。
　　A. 增量成本　　　B. 机会成本　　　C. 专属成本　　　D. 沉没成本
　　E. 不可避免成本

5. 当剩余生产能力无法转移时,亏损产品不应停产的条件有(　　　)。
　　A. 该亏损产品的变动成本率大于1
　　B. 该亏损产品的变动成本率小于1
　　C. 该亏损产品的边际贡献大于0
　　D. 该亏损产品的单位边际贡献大于0
　　E. 该亏损产品的边际贡献率大于0

三、计算题

1. 某企业常年生产需用的C部件以前一直从市场上采购。已知采购量在5 000件以下时,单价为8元/件;达到或超过5 000件时,单价为7元/件。如果追加投入12 000元专属成本,就可以自行制造该部件,预计单位变动成本为5元/件。

　　要求:用成本无差别点法为企业作出自制或外购C部件的决策,并说明理由。

2. 某企业尚有一定闲置设备台时,拟用于开发一种新产品,现有A、B两个品种可供选择。A品种的单价为100元/件,单位变动成本为60元/件,单位产品台时消耗定额为2小时/件,此外,还需消耗甲材料,其单耗定额为5千克/件;B品种的单价为120元/个,单位变动成本为40元/个,单位产品台时消耗定额为8小时/个,甲材料的单耗定额为2千克/个。假定甲材料的供应不成问题。

　　要求:用单位资源边际贡献分析法作出开发那种品种的决策,并说明理由。

3. 新宇公司全年需要甲零件1 200件,每次订货的成本为400元,每件存货的年储存成本为6元。

　　要求:请分别计算新宇公司的采购经济批量、总成本和采购经济批次。

第七章 长期投资决策

【学习目标】 本章介绍了长期投资决策的概念特征、资金的时间价值,现金流量的估算,长期投资决策的评价指标及其应用。学习本章应该理解长期投资决策的特点,掌握长期投资决策现金流量的估计方法,熟练运用长期投资决策方法进行投资备选方案的选择。

【引导案例】

比亚迪的新能源汽车

"技术创新,值得信赖,引领绿色出行"是比亚迪汽车一直以来坚守的品牌价值。比亚迪的新能源产品在国内推出时间较早。比亚迪早在 2002 年就开始立项开发新能源汽车和发展核心技术。从 2008 年的 F3 到 2011 年的 e6 再到上市不久的元 EV360,这些产品都获得了消费者好评,比亚迪也因此率先实现了新能源汽车 30 万辆产销规模。比亚迪 2019 年中报披露,上半年公司实现营业收入 621.84 亿元,同比增长 14.84%;净利润 14.55 亿元,同比增长 203.61%。报告期内,新能源汽车业务收入约 254.48 亿元,同比增长 38.77%,占比亚迪营业收入的比例进一步提升至 40.92%。根据乘联会数据,比亚迪新能源汽车的市场占有率已经从 2018 年的 20% 提升至 24% 左右,整体表现出强劲的发展韧性。比亚迪在新能源汽车行业的龙头地位在进一步巩固,品牌影响力也在进一步提升。作为全球连续 4 年的新能源汽车销量冠军,比亚迪已然实现"换道超车",其新能源汽车产量占汽车总产量的比例已从 2017 年的 28% 逐渐过渡到 48% 再到 2019 年上半年的 64%,成为首个实现"跑道切换"的传统车企。基于资源环境约束,选择发展新能源技术应该是当时最好的决策。每个有未来规划的公司都会根据不确定性的预测作最好的长期投资,但所有的投资都不可能完美无缺,如有投资者批评比亚迪"将传统汽车市场拱手让给了其他自主品牌,现在仅一条腿走路"。

第一节 长期投资决策概述

一、长期投资决策的意义

长期投资是指投资期在 1 年以上的资本性支出,主要指对厂房、机器设备等固定资产的投资,也包括对无形资产和长期有价证券的投资。由于长期投资中固定资产占的比重最大,所以,长期投资有时专指固定资产投资。长期投资决策就是关于长期投资方案的选择,使投资收益达到最大的决策。一般来说,长期投资具有支出金额大、影响的持续期长、面临的风险较高等特点,因此,决策应尽可能地罗列各种方案,然后对各方案进行技术上、财务上和经济上的可行性分析,再将各方案的收益性、安全性进行比较,选择最优方案作为长期投资方案。

二、企业长期投资管理的基本原则

企业长期投资的根本目的是增加利润,增加企业价值。企业能否实现这一目标,关键在于企业能否在风云变幻的市场环境下,抓住有利的时机,作出合理的投资决策。为此,企业在进行投资决策时必须坚持以下原则。

(1)认真进行市场调查,及时捕捉投资机会。

(2)建立科学的投资决策程序,认真进行投资项目的可行性分析。

(3)及时足额地筹集资金,保证投资项目的资金供应。

(4)认真分析风险和收益的关系,适当控制企业的投资风险。

第二节　时间价值与风险价值

长期投资决策由于投入的资金量大、影响面广,建设周期和收益时间长,对资金的时间价值和投资的风险价值有必要给予高度重视。

一、资金的时间价值

(一)时间价值的概念

资金的时间价值是指资金经历一定时间的投资和再投资所增加的价值,也称为货币的时间价值。在商品经济中,有这样一种现象:即现在的1元钱和1年后的1元钱的经济价值不相等,或者说其经济效用不同。现在的1元钱,比1年后的1元钱经济价值要大一些,即使不存在通货膨胀也是如此。为什么会这样呢? 例如,将现在的1元钱存入银行,1年后可得到1.10元(假设存款利率为10%)。这1元钱经过1年时间的投资增加了0.1元,这就是资金的时间价值。在实务中,人们习惯使用相对数字表示资金的时间价值,即用增加价值占投入资金的百分数来表示。例如,前述资金的时间价值为10%。

资金投入生产经营过程后,随着时间的持续不断增长,是一种客观的经济现象。企业资金循环和周转的起点是投入货币资金,企业用它来购买所需的资源,然后生产出新的产品,产品出售时得到的资金量大于最初投入的资金量。资金的循环和周转以及因此实现的资金增值,需要或多或少的时间,每完成一次循环,资金就增加一定数额,周转的次数越多,增值额也越大。因此,随着时间的延续,资金总量在循环和周转中按几何级数增长,使资金具有时间价值。

从量的规定性来看,资金的时间价值是没有风险和没有通货膨胀条件下的社会平均资金利润率。由于竞争,市场经济中各部门投资的利润率趋于平均化。每个企业在投资某项目时,至少要取得社会平均的利润率,否则不如投资于另外的项目或另外的行业。因此,资金的时间价值成为评价投资方案的基本标准。财务管理中对时间价值的研究,主要是对资金的筹集、投放、使用和收回等从量上进行分析,以便找出适用于分析方案的数学模型,改善财务决策的质量。

例如,已探明一个有工业价值的油田,目前立即开发可获利100亿元,若5年后开发,由于价格上涨可获利 160 亿元。如果不考虑资金的时间价值，根据 160 亿元大于 100 亿元，可以认为 5 年后开发更有利。如果考虑资金的时间价值，现在获得 100 亿元，可用于其他投资机会，平均每年获利 15%，则 5 年后将有资金 200 亿元（$100 \times 1.15^5 \approx 200$），因此，可以认为目前开发更有利。后一种思考问题的方法，更符合现实的经济生活。

由于不同时间单位资金的价值不相等，所以不宜将它们直接进行比较，需要把它们换算到相同的时间基础上，才能进行大小的比较和比率的计算。由于资金随时间的增长过程与利息的增值过程在数学上相似，因此，在换算时广泛使用计算利息的各种方法。

（二）资金时间价值的计算

1. 复利终值与复利现值的计算

资金时间价值通常用复利表示。按照复利法，每经过一个计息期，要将所生利息加入本金再计利息，逐期滚算，俗称"利滚利"。这里所说的计息期是指相邻两次计息的时间间隔，如年、月、日等。除非特别指明，计息期为 1 年。

1）复利终值

复利终值计算公式为：

$$S = P(1+i)^n$$

式中　S 表示复利终值；P 表示复利现值；i 表示期利率；n 表示计息期数；$(1+i)^n$ 被称为复利终值系数或 1 元的复利终值，用符号 $(S/P, i, n)$ 表示。为了便于计算，可直接查阅"1 元复利终值系数表"，该表见书后附表一。

【例 7-1】　某人有 10 000 元，拟投入报酬率为 6% 的投资机会，投资 5 年，问 5 年后投资者的到期收益总额为多少？

$$S = 10\,000 \times (1+6\%)^5$$
$$= 10\,000 \times 1.338\,2$$
$$= 13\,382（元）$$

2）复利现值

复利现值是复利终值的对称概念，指未来一定时间的特定资金按复利计算的现在价值，或者说是为取得将来一定本利和现在所需要的本金。

复利现值的计算公式为：

$$P = \frac{S}{(1+i)^n} = S \times (1+i)^{-n}$$

式中的 $(1+i)^{-n}$ 是把终值折算为现值的系数，称复利现值系数，或称 1 元的复利现值，用符号 $(P/S, i, n)$ 来表示。为了便于计算，可查阅"1 元复利现值系数表"，该表见书后附表二。该表的使用方法与"1 元复利终值系数表"相同。

【例 7-2】　某人拟在 5 年后获得本利和 10 000 元，假设投资报酬率为 10%，他现在应投入多少元？

$$P = S \cdot (P/S, i, n)$$
$$= 10\,000 \times (P/S, 10\%, 5)$$
$$= 10\,000 \times 0.621$$
$$= 6\,210（元）$$

2. 年金的计算

年金是指等额、定期的系列收支。例如,分期付款赊购、分期偿还贷款、发放养老金、分期支付工程款、每年相同的销售收入等,都属于年金收付形式。按照收付的次数和支付的时间划分,年金有以下几类。

1) 普通年金

普通年金又称后付年金,是指各期期末收付的年金。在现实经济生活中这种年金最为常见,故称为普通年金。普通年金的收付形式如图 7-1 所示。横线代表时间的延续,用数字标出各期的顺序号;竖线的位置表示支付的时刻,竖线下端数字表示支付的金额。

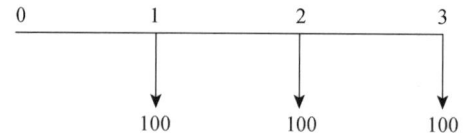

图 7-1　普通年金的收付形式

(1) 普通年金终值计算。普通年金终值是指其最后一次支付时的本利和,它是每次支付的复利终值之和。设每年的支付金额为 A,利率为 i,期数为 n,则按复利计算的年金终值 S 为:

$$S = A + A \cdot (1+i) + A \cdot (1+i)^2 + \cdots + A \cdot (1+i)^{n-1} \tag{7-1}$$

等式两边同乘 $(1+i)$:

$$(1+i) \cdot S = A \cdot (1+i) + A \cdot (1+i)^2 + A \cdot (1+i)^3 + \cdots + A \cdot (1+i)^n \tag{7-2}$$

(7-2)式减(7-1)式:

$$(1+i) \cdot S - S = A \cdot (1+i)^n - A$$

得:

$$S = \frac{A \cdot (1+i)^n - A}{(1+i) - 1}$$

因此,年金终值的计算公式为:

$$S = A \frac{(1+i)^n - 1}{i}$$

式中的 $\frac{(1+i)^n - 1}{i}$ 是普通年金 1 元、利率为 i、经过 n 期的年金终值,记作 $(S/A, i, n)$,可直接查阅书后附表三"1 元年金终值系数表"。

【例 7-3】　某人从现在起每年年末等额存入银行一笔现金 50 000 元,假设银行存款利率 10%,则在 5 年后可以获得的本利和为:

$$S = 50\,000 \times (S/A, 10\%, 5)$$
$$= 50\,000 \times 6.105\,1$$
$$= 305\,255(元)$$

(2) 普通年金现值计算。普通年金现值是指为在每期期末取得相等金额的款项,现在需要投入的金额。

计算普通年金现值的一般公式：

$$P = A \cdot (1+i)^{-1} + A \cdot (1+i)^{-2} + \cdots + A \cdot (1+i)^{-n} \tag{7-3}$$

等式两边同乘 $(1+i)$

$$P \cdot (1+i) = A + A \cdot (1+i)^{-1} + \cdots + A \cdot (1+i)^{-(N-1)} \tag{7-4}$$

(7-4)式减(7-3)：

$$P \cdot (1+i) - P = A - A \cdot (1+i)^{-N}$$
$$P \cdot i = A \cdot [1 - (1+i)^{-N}]$$

得：

$$P = A \cdot \frac{1 - (1+i)^{-n}}{i}$$

式中的 $\dfrac{1 - (1+i)^{-n}}{i}$ 是普通年金 1 元、利率为 i，经过 n 期的年金现值，记作 $(P/A, i, n)$，称为普通年金现值系数，可通过查阅附表四"1 元年金现值系数表"求得。

【**例 7-4**】　某人现在存入银行现金多少钱，在年利润为 10% 的情况下，今后 5 年内每年年末可提取 50 000 元现金？

$$P = A \cdot (P/A, i, n) = 50\,000 \times (P/A, 10\%, 5)$$
$$= 50\,000 \times 3.790\,8 = 189\,540\,(元)$$

2）先付年金

先付年金是指在每期期初支付的年金，又称预付年金。先付年金与普通年金的区别仅在于付款时间的不同。先付年金支付形式如图 7-2 所示。

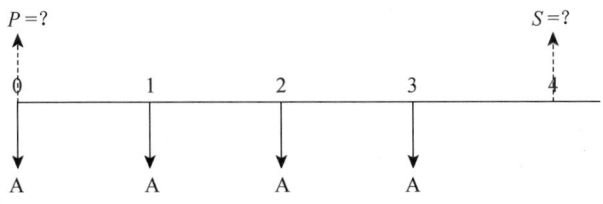

图 7-2　先付年金支付形式

（1）先付年金终值计算。先付年金终值的计算公式为：

$$S = A \cdot (1+i) + A \cdot (1+i)^2 + \cdots + A \cdot (1+i)^n$$

式中各项为等比数列，首项为 $A \cdot (1+i)$，公比为 $(1+i)$，据等比数列的求和公式可知：

$$S = \frac{A \cdot (1+i) \cdot [1 - (1+i)^n]}{1 - (1+i)}$$
$$= A \cdot \frac{(1+i) - (1+i)^{n+1}}{-i}$$
$$= A \cdot \left[\frac{(1+i)^{n+1} - 1}{i} - 1 \right]$$

式中的 $\left[\dfrac{(1+i)^{n+1}-1}{i}-1\right]$ 是先付年金终值系数,它和普通年金终值系数

$\left[\dfrac{(1+i)^n-1}{i}\right]$ 相比,期数加 1,而系数减 1,可记作 $[(S/A, i, n+1)-1]$,利用"1 元年金终值系数表"查得 $(n+1)$ 期的值,减去 1 后得出先付年金终值系数。

【例 7-5】 $A=200$,$i=8\%$,$n=6$ 的先付年金终值是多少?

$$S = A \cdot [(S/A, i, n+1)-1]$$
$$= 200 \times [(S/A, 8\%, 6+1)-1]$$

查"1 元年金终值系数表":

$$(S/A, 8\%, 7) = 8.923$$
$$S = 200 \times (8.923-1)$$
$$= 1\ 584.60(元)$$

(2) 先付年金现值计算。先付年金现值的计算公式:

$$P = A + A \cdot (1+i)^{-1} + A \cdot (1+i)^{-2} + \cdots + A \cdot (1+i)^{-(n-1)}$$

式中各项为等比数列,首项是 A,公比是 $(1+i)^{-1}$,根据等比数列求和公式:

$$P = \frac{A \cdot [1-(1+i)^{-n}]}{1-(1+i)^{-1}}$$
$$= A \cdot \frac{1-(1+i)^{-n}}{\dfrac{1+i}{1+i}-\dfrac{1}{1+i}}$$
$$= A \cdot \frac{[1-(1+i)^{-n}]}{i}(1+i)$$
$$= A \cdot \left[\frac{1-(1+i)^{-(n-1)}}{i}+1\right]$$

式中的 $\left[\dfrac{1-(1+i)^{-(n-1)}}{i}+1\right]$ 是先付年金现值系数,它和普通年金现值系数

$\left[\dfrac{1-(1+i)^{-n}}{i}\right]$ 相比,期数要减 1,而系数要加 1,可记作 $[(P/A, i, n-1)+1]$。可利用"1 元年金现值系数表"查得 $(n-1)$ 期的值,然后加 1,得出先付年金现值系数。

【例 7-6】 6 年分期付款购物,每年年初付 200 元,设银行利率为 10%,该项分期付款相当于一次现金支付的购价是多少?

$$P = A \cdot [(P/A, i, n-1)+1]$$
$$= 200 \times [(P/A, 10\%, 5)+1]$$
$$= 20 \times (3.791+1)$$
$$= 958.20(元)$$

3) 递延年金

递延年金是指第一次支付发生在第二期或第二期以后的年金。递延年金的支付形式如图 7-3 所示。从图中可以看出,前 3 期没有发生支付。一般用 m 表示递延期数,本例的 $m=3$。第一次支付在第四期期末,连续支付 4 次,即 $n=4$。

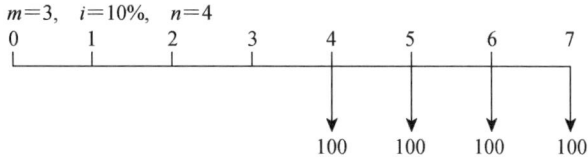

图 7-3　递延年金的支付形式

递延年金的终值大小,与递延期无关,故计算方法和普通年金终值相同:

$$S = A \cdot (S/A, i, n)$$
$$= 100 \times (P/A, 10\%, 4)$$
$$= 100 \times 4.641$$
$$= 464.1(元)$$

递延年金的现值计算有两种方法:

第一种方法,是把递延年金视为 n 期普通年金,求出递延期末的现值,然后再将此现值调整到第一期期初(即图 7-3 中 0 的位置)。

$$P_3 = A \cdot (P/A, i, n)$$
$$= 100 \times (P/A, 10\%, 4)$$
$$= 100 \times 3.170$$
$$= 317(元)$$

$$P_0 = P_3 \cdot (1+i)^{-m}$$
$$= 317 \times (1+10\%)^{-3}$$
$$= 317 \times 0.751\ 3$$
$$= 238.1(元)$$

第二种方法,是假设递延期中也进行支付,先求出 $(m+n)$ 期的年金现值,然后,扣除实际并未支付的递延期 (m) 的年金现值,即可得出最终结果。

$$P_{(m+n)} = 100 \times (P/A, i, m+n)$$
$$= 100 \times (P/A, 10\%, 3+4)$$
$$= 100 \times 4.868$$
$$= 486.8(元)$$

$$P_{(m)} = 100 \times (P/A, i, m)$$
$$= 100 \times (P/A, 10\%, 3)$$
$$= 100 \times 2.487$$
$$= 248.7(元)$$

$$P_{(n)} = P_{(m+n)} - P_{(m)}$$
$$= 486.8 - 248.7$$
$$= 238.1(元)$$

4) 永续年金

无限期定额支付的年金,称为永续年金。现实中的存本取息,可视为永续年金的一个例子。

永续年金没有终止的时间,也就没有终值。永续年金的现值可以通过普通年金现值的计算公式导出:

$$P = A \cdot \frac{1 - (1+i)^{-n}}{i}$$

当 $n \to \infty$ 时,$(1+i)^{-n}$ 的极限为零,故上式可写成:

$$P = \frac{A}{i}$$

【例 7-7】 拟建立一项永久性的奖学金,每年计划颁发 10 000 元奖金。若利率为 10%,现在应存入多少钱?

$$P = 10\ 000 \times \frac{1}{10\%} = 100\ 000（元）$$

上述关于时间价值计算的方法,在财务管理中有广泛用途,如存货管理、养老金决策、租赁决策、资产和负债估价、长期投资决策等。随着财务问题日益复杂化,时间价值观念的应用也将日益增加。

二、投资的风险价值

从经济学的观点来看,确定的 1 元钱和不确定的 1 元钱是不一样的。这是因为不确定的 1 元钱要承担可能不能实现的风险。固定资产投资,通常回收周期较长,在投资期间往往会遇到很多不确定的因素,这就是固定资产投资所冒的风险。风险越大,要求的报酬就越高,投资的风险价值就是投资者冒风险进行投资所得到的报酬。

企业的投资活动经常是在有风险和不确定性的情况下进行的。企业的投资决策如果不考虑风险因素,就无法正确评价其报酬的高低。前面所述的时间价值是假定没有风险和通货膨胀情况下的社会平均资金利润率,在引入风险概念后,必须弄清不同风险条件下的投资报酬率,掌握风险与报酬率的关系,熟悉风险价值的计算方法。风险价值的计量通常包括以下几个步骤。

1. 明确投资项目的概率分布

一个事件的概率是指这一事件可能发生的几率。如果把一项投资所有可能的事件或结果都列示出来,且每一事件都给予一种概率,把它们列示在一起,便构成了概率的分布,表 7-1 为 A 公司投资报酬率的概率分布。

表 7-1

A 公司投资报酬率的概率分布

经济情况	该种经济情况发生的概率(P_i)	报酬率(K_i)
繁荣	0.20	40%
一般	0.6	20%
衰退	0.2	0

概率分布必须符合以下两个要求:

(1) 所有的概率即 P_i 都在 0 和 1 之间，即 $0 \leqslant P_i \leqslant 1$。

(2) 所有结果的概率之和应等于 1，即 $\sum\limits_{i=1}^{n} P_i = 1$，这里，$n$ 为可能出现结果的个数。

2. 计算该投资项目的期望报酬率

期望报酬率是各种可能的报酬率按其概率进行加权平均得到的报酬率，它是反映集中趋势的一种量度。其计算公式为：

$$\bar{K} = \sum_{i=1}^{n} K_i \cdot P_i$$

式中　$\bar{K}$ 表示期望报酬率；K_i 表示第 i 种可能结果的报酬率；P_i 表示第 i 种可能结果的概率；n 表示可能结果的个数。

接表 7-1，根据上述期望报酬率公式可计算出 A 公司投资项目的期望报酬率。

$$\begin{aligned} \bar{K} &= K_1 \cdot P_1 + K_2 \cdot P_2 + K_3 \cdot P_3 \\ &= 40\% \times 0.20 + 20\% \times 0.6 + 0 \times 0.2 \\ &= 20\% \end{aligned}$$

3. 计算该投资项目的标准离差

标准离差是各种可能的报酬率偏离期望报酬率的综合差异，是反映离散程度的一种量度。标准离差可按下列公式计算：

$$\delta = \sqrt{\sum_{i=1}^{n} (K_i - \bar{K})^2 \cdot P_i}$$

式中　δ 表示期望报酬率的标准离差。

将 A 公司的资料代入上述公式得两个公司的标准离差：

A 公司的标准离差为：

$$\begin{aligned} \delta &= \sqrt{(40\% - 20\%)^2 \times 0.2 + (20\% - 20\%)^2 \times 0.6 + (0\% - 20\%)^2 \times 0.20} \\ &= 12.65\% \end{aligned}$$

标准离差越小，说明离散程度越小，风险也越小；反之，风险越大。

4. 计算该投资项目的标准离差率

标准离差率是反映随机变量离散程度的一个指标，但它是一个绝对值，而不是一个相对量，只能用来比较期望报酬率相同的项目的风险程度，无法比较期望报酬率不同的项目的风险程度。要对比期望报酬率不同的各个项目的风险程度，应该用标准离差率。标准离差率是标准离差同期望报酬率的比值。其计算公式为：

$$CV = \frac{\delta}{\bar{K}} \times 100\%$$

式中　CV 表示标准离差率。

则 A 公司的标准离差率为：

$$CV = \frac{12.65\%}{20\%} \times 100\% = 63.25\%$$

5. 计算该投资项目的风险报酬率

标准离差率虽然能正确评价投资风险程度的大小，但这还不是风险报酬率。要计算

风险报酬率,还必须借助一个系数——风险报酬系数。风险报酬率、风险报酬系数和标准离差率之间的关系,可用公式表示为:

$$R_R = bV$$

式中　R_R 表示风险报酬率;b 表示风险报酬系数。

那么,投资的总报酬率可表示为:

$$K = R_F + R_R = R_F + bV$$

式中　K 表示投资的报酬率;R_F 表示无风险报酬率。

无风险报酬率就是加上通货膨胀贴水以后的货币时间价值,通常把投资于国库券的报酬率视为无风险报酬率。

风险报酬系数是将标准离差率转化为风险报酬的一种系数,其大小取决于全体投资者的风险回避态度,可以通过统计方法或组织有关专家来确定。如果大家都愿意冒险,风险报酬系数就小;如果大家都不愿意冒险,风险报酬系数就大。

假设 A 公司投资项目的风险报酬系数为 5%,则其风险报酬率分别为:

$$R_R = bV = 5\% \times 63.25\% = 3.16\%$$

如果无风险报酬率为 10%,则 A 公司投资项目的投资报酬率应分别为:

$$K = R_F + bV = 10\% + 5\% \times 63.25\% = 13.16\%$$

第三节　投资项目的现金流量

企业投资决策中的现金流量是指与投资决策有关的现金流入、流出的数量。企业无论是把资金投在企业内部形成各种资产,还是投向企业外部形成联营投资,都需要用特定指标对投资的可行性进行分析。而这些指标的计算都是以投资项目的现金流量为基础的。因此,估计投资项目的预期现金流量是投资决策的首要环节,也是分析投资方案时最重要、最困难的步骤。

一、现金流量的构成

投资决策中的现金流量,一般由以下三个部分构成。

1. 初始现金流量

初始现金流量是指开始投资时发生的现金流量,一般包括如下几个部分:

(1)固定资产上的投资。包括固定资产的购入或建造成本、运输成本和安装成本等。

(2)流动资产上的投资。包括对材料、在产品、产成品和现金等流动资产的投资。

(3)其他投资费用。包括长期投资有关的职工培训费、谈判费、注册费用等。

(4)原有固定资产的变价收入。这主要是指固定资产更新时原有固定资产的变卖所得的现金收入。

2. 营业现金流量

营业现金流量是指投资项目投入使用后,在其寿命周期内由于生产经营所带来的现金流入和流出的数量。这种现金流量一般以年为单位进行计算。这里现金流入一般是指营业现金收入。现金流出是指营业现金支出和缴纳的税金。如果一个投资项目的每年销售收入等于营业现金收入。付现成本(指不包括折旧的成本)等于营业现金支出,那么,年营业净现金流量可用下列公式计算:

$$每年净现金流量(NCF)=每年营业收入-付现成本-所得税=税后净利+折旧$$

3. 终结现金流量

终结现金流量是指投资项目完结时所发生的现金流量,主要包括:

(1) 固定资产的残值收入或变价收入。

(2) 原来垫支在各种流动资产上的资金的收回。

(3) 停止使用的土地的变价收入等。

二、现金流量的计算

为了正确地评价投资项目的优劣,必须正确地计算现金流量。

【例 7-8】 大华公司准备购入一台设备以扩充生产能力,现有甲、乙两个方案可供选择。甲方案需投资 10 000 元,使用寿命为 5 年,采用直线法计提折旧,5 年后设备无残值。5 年中每年销售收入为 6 000 元,每年的付现成本为 2 000 元。乙方案需投资 12 000 元,采用直线法计提折旧,使用寿命也为 5 年,5 年后有残值收入 2 000 元。5 年中每年的销售收入为 8 000 元,付现成本第一年为 3 000 元,以后随着设备陈旧,逐年将增加修理费 400 元,另需垫支流动资金 3 000 元。假定所得税税率为 25%,试计算两个方案的现金流量。

为计算现金流量,必须先计算两个方案每年的折旧额:

$$甲方案每年折旧额=\frac{10\ 000}{5}=2\ 000(元)$$

$$乙方案每年折旧额=\frac{12\ 000-2\ 000}{5}=2\ 000(元)$$

下面先用表 7-2 计算两个方案的营业现金流量,然后,再结合初始现金流量和终结现金流量编制两个方案的全部现金流量,如表 7-2、表 7-3 所示。

表 7-2

投资项目的营业现金流量计算表

单位:元

项　　目	第一年	第二年	第三年	第四年	第五年
甲方案:					
销售收入(1)	6 000	6 000	6 000	6 000	6 000
付现成本(2)	2 000	2 000	2 000	2 000	2 000
折旧(3)	2 000	2 000	2 000	2 000	2 000

（续表）

项　目	第一年	第二年	第三年	第四年	第五年
税前净利(4)＝(1)－(2)－(3)	2 000	2 000	2 000	2 000	2 000
所得税(5)＝(4)×25％	500	500	500	500	500
税后净利(6)＝(4)－(5)	1 500	1 500	1 500	1 500	1 500
现金流量(7)＝(1)－(2)－(5)＝(3)＋(6)	3 500	3 500	3 500	3 500	3 500
乙方案：					
销售收入(1)	8 000	8 000	8 000	8 000	8 000
付现成本(2)	3 000	3 400	3 800	4 200	4 600
折旧(3)	2 000	2 000	2 000	2 000	2 000
税前净利(4)＝(1)－(2)－(3)	3 000	2 600	2 200	1 800	1 400
所得税(5)＝(4)×25％	750	650	550	450	350
税后净利(6)＝(4)－(5)	2 250	1 950	1 650	1 350	1 050
现金流量(7)＝(1)－(2)－(5)＝(3)＋(6)	4 250	3 950	3 650	3 350	3 050

表 7-3

投资项目现金流量计算表

单位:元

项　目	第○年	第一年	第二年	第三年	第四年	第五年
甲方案						
固定资产投资	－10 000					
营业现金流量		3 500	3 500	3 500	3 500	3 500
现金流量合计	－10 000	3 500	3 500	3 500	3 500	3 500
乙方案						
固定资产投资	－12 000					
流动资金垫支	－3 000					
营业现金流量		4 250	3 950	3 650	3 350	3 050
固定资产残值						2 000
流动资金回收						3 000
现金流量合计	－15 000	4 250	3 950	3 650	3 350	8 050

在表 7-2 和表 7-3 中,第○年代表第一年年初;第一年代表第一年年末;第二年代表第二年年末。在现金流量的计算中,为了简化计算,一般都假定各年投资在年初一次进行,把各年营业现金流量看作是各年年末一次发生,把终结现金流量看作是最后一年年末

发生。

三、投资决策中使用现金流量的原因

在长期投资决策中应以现金流入作为项目的收入,以现金流出作为项目的支出,以净现金流量作为项目的净收益,并在此基础上评价投资项目的经济效益。投资决策之所以要以按收付实现制计算的现金流量作为评价项目经济效益的基础,主要有以下两方面原因:

(1)采用现金流量有利于科学地考虑资金时间价值因素。科学的投资决策必须认真考虑资金的时间价值,这就要求在决策时一定要弄清每笔预期收入款项和支出款项的具体时间,因为不同时间的资金具有不同的价值。在衡量方案优劣时,应根据各投资项目寿命周期内各年的现金流量,按照资本成本,结合资金的时间价值来确定。

(2)采用现金流量能使投资决策更符合客观实际情况。在长期投资决策中,应用现金流量能科学、客观地评价投资方案的优劣,避免主观随意性,使决策建立在客观、可靠的基础之上。

第四节　长期投资决策方法

投资决策指标是评价投资方案是否可行或孰优孰劣的标准。投资决策指标很多,但可以概括为两类:一类是贴现现金流量指标,即考虑了资金时间价值的分析评价方法,主要包括净现值、内部报酬率、获利指数等;另一类是非贴现现金流量指标,即不考虑资金时间价值,把不同时间的资金收支看成是等效的,主要包括回收期、会计收益率等指标,这些方法在选择方案时起辅助作用。

一、净现值法

投资项目投入使用后的净现金流量,按资本成本或企业要求达到的报酬率折算为现值,减去初始投资以后的余额,叫净现值(NPV)。其计算公式为:

$$NPV = \left[\frac{NCF_1}{(1+K)^1} + \frac{NCF_2}{(1+K)^2} + \cdots + \frac{NCF_n}{(1+K)^n} \right] - C = \sum_{t=1}^{n} \frac{NCF_t}{(1+K)^t} - C$$

式中　NPV 表示净现值;NCF 表示第 t 年的净现金流量;K 表示贴现率(资本成本或投资者要求的必要报酬率);n 表示项目预计使用年限;C 表示初始投资额。

净现值还有另外一种表述方法,即净现值是从投资开始至项目寿命终结时所有一切现金流量(包括现金流出和现金流入)的现值之和。其计算公式为:

$$NPV = \sum_{t=0}^{n} \frac{CFAT_t}{(1+K)^t}$$

式中　$CFAT_t$ 表示第 t 年的现金流量。

净现值法的决策规则:在只有一个备选方案的采纳与否决策中,净现值为正者则采纳,净现值为负者不采纳。在有多个备选方案的互斥选择决策中,应选用净现值是正值中

的最大者。

【例 7-9】　根据［例 7-8］所举大华公司的资料（详见表 7-2 和表 7-3），假设资本成本为 10%，计算净现值如下。

甲方案的 NCF 相等，可用公式计算：

$$甲方案\ NPV = 未来报酬的总现值 - 初始投资额 = NCF \times (P/A, K, n) - 10\ 000$$
$$= 3\ 500 \times (P/A, 10\%, 5) - 10\ 000 = 3\ 500 \times 3.791 - 10\ 000 = 3\ 269（元）$$

乙方案的 NCF 不相等，列表计算如表 7-4 所示。

表 7-4

乙方案的 NCF 情况

单位：元

年度 t	各年的 NCF (1)	现值系数 $(P/S, 10\%, n)$ (2)	现值 (3)＝(1)×(2)
1	4 250	0.909	3 863
2	3 950	0.826	3 263
3	3 650	0.751	2 741
4	3 350	0.683	2 288
5	8 050	0.621	4 999
未来报酬的总现值			17 154
减：初始投资额			15 000
净现值（NPV）			2 154

从上面计算中我们可以看出，两个方案的净现值均大于零，故都是可取的。但甲方案的净现值大于乙方案，故大华公司应选用甲方案。

净现值法的优点是，考虑了资金的时间价值，能够反映各种投资方案的净收益，因而是一种较好的方法；缺点是不能揭示各个投资方案本身可能达到的实际报酬率是多少。

二、内部报酬率法

内部报酬率又称内含报酬率（IRR），是使投资项目的净现值等于零的贴现率。

内部报酬率实际上反映了投资项目的真实报酬，目前越来越多的企业使用该项指标对投资项目进行评价。内部报酬率的计算公式为：

$$\frac{NCF_1}{(1+r)^1} + \frac{NCF_2}{(1+r)^2} + \cdots + \frac{NCF_n}{(1+r)^n} - C = 0$$

即：

$$\sum_{t=1}^{n} \frac{NCF_t}{(1+r)^t} - C = 0$$

式中　NCF_t 表示第 t 年的现金净流量；r 表示内部报酬率；n 表示项目使用年限；C 表示初始投资额。

在计算内部报酬率时，如果每年的 NCF 相等，则按下列步骤计算：

第一步：计算年金现值系数。

$$年金现值系数 = \frac{初始投资额}{每年\ NCF}$$

第二步：查年金现值系数表，在相同的期数内，找出与上述年金现值系数相邻近的较大和较小的两个贴现率。

第三步：根据上述两个邻近的贴现率和已求得的年金现值系数，采用插值法计算出该投资方案的内部报酬率。

如果每年的 NCF 不相等，则需要按下列步骤计算：

第一步：先预估一个贴现率，并按此贴现率计算净现值。如果计算出的净现值为正数，则表示预估的贴现率小于该项目的实际内部报酬率，应提高贴现率，再进行测算；如果计算出的净现值为负数，则表明预估的贴现率大于该方案的实际内部报酬率，应降低贴现率，再进行测算。经过如此反复测算，找到净现值由正到负，并且比较接近于零的两个贴现率。

第二步：根据上述两个邻近的贴现率再来用插值法，计算出方案的实际内部报酬率。

内部报酬率法的决策规则：在只有一个备选方案的采纳与否决策中，如果计算出的内部报酬率大于或等于企业的资本成本或必要报酬率就采纳；反之，则拒绝。在有多个备选方案的互斥选择决策中，应选用内部报酬率超过资本成本或必要报酬率最多的投资项目。

【例 7-10】　根据［例 7-8］大华公司的资料（见表 7-2 和表 7-3），计算内部报酬率。

由于甲方案的每年 NCF 相等，因而，可采用如下方法计算内部报酬率。

$$年金现值系数 = \frac{初始投资额}{每年\ NCF} = \frac{10\ 000}{3\ 500} = 2.857$$

查年金现值系数表，第五期与 3.125 相邻近的年金现值系数在 20%～24% 之间，现用插值法计算如下：

贴现率			年金现值系数	
20%			2.991	
?%	$X\%$	4%	2.857	0.134 0.246
24%			2.745	

$$\frac{X}{4} = \frac{0.134}{0.246} \qquad X = 2.18$$

甲方案的内部报酬率 = 20% + 2.18% = 22.18%

乙方案的每年 NCF 不相等，因而，必须逐次进行测算，测算过程如表 7-5 所示。

表 7-5

乙方案内部报酬率测算表

单位：元

年度	NCF	测试 12%		测试 14%		测试 16%	
		复利现值系数(P/S, 12%, t)	现值	复利现值系数(P/S, 14%, t)	现值	复利现值系数(P/S, 16%, t)	现值
0	−15 000	1.00	−15 000	1.00	−15 000	1.00	−15 000
1	4 250	0.893	3 795	0.877	3 727	0.862	3 664

年度	NCF	测试 12%		测试 14%		测试 16%	
		复利现值系数(P/S, 12%, t)	现值	复利现值系数(P/S, 14%, t)	现值	复利现值系数(P/S, 16%, t)	现值
2	3 950	0.797	3 148	0.769	3 038	0.743	2 935
3	3 650	0.712	2 599	0.675	2 464	0.641	2 340
4	3 350	0.636	2 131	0.592	1 983	0.552	1 849
5	8 050	0.567	4 564	0.519	4 178	0.476	3 832
NPV	—	—	1 237	—	−390	—	−380

在表 7-5 中,先按 12% 的贴现率进行测算,净现值为正数,再把贴现率调高到 14%,进行第二次测算,净现值为 390,说明内部报酬率比 14% 稍大,为计算其精确数,又把贴现率调高到 16% 进行测算,净现值为负数。这说明该项目的内部报酬率一定在 14%～16% 之间。

现用插值法计算如下:

贴现率　　　　　　　　　　年金现值系数

$$14\% \\ ?\% \}X\% \}2\% \qquad 390 \\ 0 \}390 \}770 \\ 16\% \qquad -380$$

$$\frac{X}{2}=\frac{390}{770}$$

$X = 1.01$,则乙方案的内部报酬率为 15.01%。

从以上计算两个方案的内部报酬率可以看出,甲方案的内部报酬率较高,故甲方案效益比乙方案好。

内部报酬率法考虑了资金的时间价值,反映了投资项目的真实报酬率,概念也易于理解。但这种方法的计算过程比较复杂,特别是每年 NCF 不相等的投资项目,一般要经过多次测算才能求得。

三、获利指数法

获利指数又称利润指数(PI),是投资项目未来报酬的总现值与初始投资额的现值之比。其计算公式为:

$$PI = \frac{\left[\dfrac{NCF_1}{(1+K)^1}+\dfrac{NCF_2}{(1+K)^2}+\cdots+\dfrac{NCF_n}{(1+K)^n}\right]}{C} = \frac{\left[\displaystyle\sum_{t=1}^{n}\dfrac{NCF_t}{(1+K)^t}\right]}{C}$$

即:

$$PI = \frac{\text{未来报酬的总现值}}{\text{初始投资额}}$$

获利指数法的决策规则:在只有一个备选方案的采纳与否决策中,获利指数大于或等于 1,则采纳,否则就拒绝。在有多个方案的互斥选择决策中,应采用获利指数超过 1 最多的投资项目。

【例 7-11】　根据[例 7-8]大华公司的资料(见表 7-2 和表 7-3),计算获利指数。

$$甲方案的获利指数=\frac{未来报酬的总现值}{初始投资额}=\frac{13\ 269}{10\ 000}=1.33$$

$$乙方案的获利指数=\frac{未来报酬的总现值}{初始投资额}=\frac{17\ 154}{15\ 000}=1.14$$

甲、乙两个方案的获利指数都大于 1,故两个方案都可进行投资,但因甲方案的获利指数更大,故应采用甲方案。

获利指数法的优点是,考虑了资金的时间价值,能够真实地反映投资项目的盈亏程度。由于获利指数是用相对数来表示,所以,有利于在初始投资额不同的投资方案之间进行对比;获利指数的缺点是获利指数这一概念不便于理解。

四、投资回收期法

投资回收期(PP)是指回收初始投资所需要的时间,一般以年为单位,是一种使用很久、很广的投资决策指标。投资回收期的计算,因每年的营业净现金流量是否相等而有所不同。

如果每年的营业净现金流量(NCF)相等,则投资回收期可按下式计算:

$$投资回收期=\frac{原始投资额}{每年\ NCF}$$

如果每年 NCF 不相等,那么,计算回收期要根据每年年末尚未回收的投资额加以确定。

【例 7-12】　根据[例 7-8]大华公司的有关资料(见表 7-3),分别计算甲、乙两个方案的回收期。

甲方案每年 NCF 相等,故:

$$甲方案的回收期=\frac{10\ 000}{3\ 500}=2.857(年)$$

乙方案每年现金流量不等,所以应先计算其各年尚未回收的投资额(见表 7-6)。

$$乙方案的回收期=3+\frac{3\ 150}{3\ 350}=3.94(年)$$

表 7-6

乙方案回收期计算过程

单位:元

年度	每年净现金流量	年末尚未回收的投资额
1	4 250	10 750
2	3 950	6 800
3	3 650	3 150
4	3 350	—
5	8 050	—

投资回收期法的概念容易理解,计算也比较简便,但这一指标没有考虑资金的时间价值,没有考虑回收期满后的现金流量状况,因而不能充分说明问题。现举例说明如下:

【例 7-13】　有两个方案的预计现金流量如表 7-7 所示,试计算回收期,比较两个方案的优劣。

表 7-7

A、B 两个方案预计现金流量

单位:元

项　　目	第〇年	第一年	第二年	第三年	第四年	第五年
A 方案现金流量	−10 000	4 000	6 000	4 000	4 000	4 000
B 方案现金流量	−10 000	4 000	6 000	6 000	6 000	6 000

两个方案的回收期相同,都是 2 年,如果用回收期进行评价,似乎两者不相上下,但实际上 B 方案明显优于 A 方案。

五、平均报酬率法

平均报酬率(ARR)是投资项目寿命周期内平均的年投资报酬率,也称平均投资报酬率。平均报酬率有多种计算方法,其最常见的计算公式为:

$$平均报酬率=\frac{平均现金流量}{初始投资额}\times 100\%$$

【例 7-14】　根据[例 7-8]大华公司的资料(详见表 7-2 和表 7-3),计算平均报酬率。

$$甲方案\ ARR=\frac{3\ 500}{10\ 000}\times 100\%=35\%$$

$$乙方案\ ARR=\frac{(4\ 250+3\ 950+3\ 650+3\ 350+8\ 050)\div 5}{15\ 000}=31\%$$

采用平均报酬率这一指标时,应事先确定一个企业要求达到的平均报酬率,或称必要平均报酬率。在进行决策时,只有高于必要的平均报酬率的方案才能入选。而在有多个方案的互斥选择中,则选用平均报酬率最高的方案。

平均报酬率法的优点是简明、易算、易懂。其主要缺点是没有考虑资金的时间价值,第一年的现金流量与最后 1 年的现金流量被看作具有相同的价值,所以,有时会作出错误的决策。

第五节　长期投资决策评价指标的运用

一、固定资产更新决策

固定资产更新是对技术上或经济上不宜继续使用的旧资产,用新的资产更换或用先进的技术对原有设备进行局部改造。

固定资产更新决策主要研究两个问题：一个是决定是否更新，即继续使用旧资产还是更换新资产；另一个是决定选择什么样的资产来更新。实际上，这两个问题是结合在一起考虑的，如果市场上没有比现有设备更适用的设备，那么就继续使用旧设备。由于旧设备总可以通过修理继续使用，所以更新决策是继续使用旧设备与购置新设备的选择。

（一）更新决策的现金流量分析

更新决策不同于一般的投资决策，一般来说，设备更换并不改变企业的生产能力，不增加企业的现金流入。更新决策的现金流量，主要是现金流出。即使有少量的残值变价收入，也属于支出抵减，而非实质上的流入增加。由于只有现金流出，而没有现金流入，就给采用贴现现金流量分析带来了困难。

【例7-15】　某企业有一旧设备，工程技术人员提出更新要求，有关数据如下：

	旧设备	新设备
原值	2 200	2 400
预计使用年限	10	10
已经使用年限	4	0
最终残值	200	300
变现价值	600	2 400
年运行成本	700	400

假设该企业要求的最低报酬率为15％，继续使用与更新的现金流量如图7-4所示。

继续使用旧设备

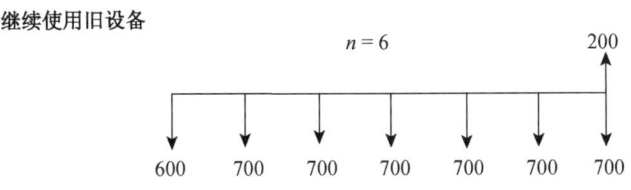

更换新设备

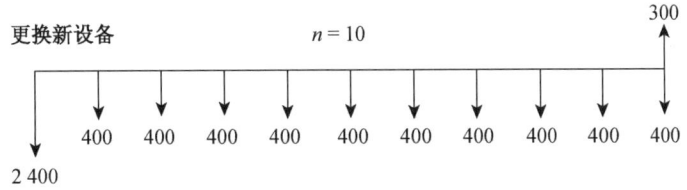

图7-4　固定资产的继续使用与更新的现金流量

由于没有适当的现金流入，无论哪个方案都不能计算其净现值和内部报酬率。通常，在收入相同时，我们认为成本较低的方案是好方案。那么，我们可否比较两个方案的总成本来判别方案的优劣呢？仍然不妥。因为旧设备尚可使用6年，而新设备可使用10年，两个方案取得的"产出"并不相同，因此，应当比较其1年的成本，即获得一年的生产能力所付出的代价，据以判断方案的优劣。

我们是否可以使用差额分析法，根据实际的现金流量进行分析呢？这样比较仍然有问题。两个方案投资相差1 800元（2 400－600），作为更新的现金流出；每年运行成本相差 300 元(700－400)，是更新带来的成本节约额，视同现金流入。问题在于旧设备第六年报废，新设备第七年至第十年仍可使用，后 4 年无法确定成本节约额，因此，这种办法仍然不妥。除非新、旧设备未来使用年限相同(这种情况十分罕见)，或者能确定继续使用旧设备时第七年选择何种设备(这也是相当困难的)，根据实际现金流动进行分析会碰到困难。

因此，唯一的普遍的分析方法是比较继续使用和更新的年成本，以其较低的作为好方案。

(二)固定资产的平均年成本

固定资产的平均年成本是指该资产引起的现金流出的年平均值。如果不考虑资金的时间价值，它是未来使用年限内的现金流出总额与使用年限的比值。如果考虑资金的时间价值，它是未来使用年限内现金流出总现值与年金现值因数的比值，即平均每年的现金流出。

在[例 7-15]资料，不考虑时间价值时：

$$旧设备平均年成本=\frac{600+700\times 6-200}{6}=\frac{4\ 600}{6}=767(元)$$

$$新设备平均年成本=\frac{2\ 400+400\times 10-300}{10}=\frac{6\ 100}{10}=610(元)$$

如果考虑资金的时间价值，有三种计算方法。

(1)计算现金流出的总现值，然后分摊给每 1 年。

$$旧设备平均年成本=\frac{600+700\times(P/A,15\%,6)-200\times(P/S,15\%,6)}{(P/A,15\%,6)}$$

$$=\frac{600+700\times 3.784-200\times 0.432}{3.784}=836(元)$$

$$新设备平均年成本=\frac{2\ 400+400\times(P/A,15\%,10)-300\times(P/S,15\%,10)}{(P/A,15\%,10)}=863(元)$$

(2)由于各年已经有相等的运行成本，只要将原始投资和残值摊销到每年，然后求和，亦可得到每年平均的现金流出量。

平均年成本＝投资摊销＋运行成本 －残值摊销

$$旧设备平均年成本=\frac{600}{(P/A,15\%,6)}+700-\frac{200}{(S/A,15\%,6)}=\frac{600}{3.784}+700-\frac{200}{8.753}$$

$$=158.56+700-22.85=836(元)$$

$$新设备平均年成本=\frac{2\ 400}{(P/A,15\%,10)}+400-\frac{300}{(S/A,15\%,10)}=\frac{2\ 400}{5.019}+400-\frac{300}{20.303}$$

$$=478.18+400-14.78=863(元)$$

(3)将残值在原投资中扣除，视同每年承担相应的利息，然后与净投资摊销及年运行成本总计，求出每年平均成本。

$$旧设备平均年成本=\frac{600-200}{(P/A,15\%,6)}+200\times 15\%+700=\frac{400}{3.784}+30+700=836(元)$$

$$新设备平均年成本=\frac{2\ 400-300}{(P/A,15\%,10)}+300\times 15\%+400=\frac{2\ 100}{5.019}+45+400=863(元)$$

通过上述计算可知,使用旧设备的平均年成本较低,不宜进行设备更新。

在使用平均年成本法时要注意以下两点:

(1) 平均年成本法是把继续使用旧设备和购置新设备看成是两个互斥的方案,而不是一个更换设备的特定方案。也就是说,要从局外人角度来考察:一个方案是用 600 元购置旧设备,可使用 6 年;另一个方案是用 2 400 元购置新设备,可使用 10 年。在此基础上比较获得 1 年服务的成本孰高孰低,并作出选择。因此,不能将旧设备的变现价值作为购置新设备的一项现金流入。实际现金流动分析的净现值法和内部报酬率法不适用于使用年限不同的设备更换决策。

(2) 平均年成本法的假设前提是将来设备再更换时,可以按原来的平均年成本找到可代替的设备。例如,旧设备 6 年后报废时仍可找到使用年成本为 836 元的可代替设备。如果有明显证据表明,6 年后可替换设备平均年成本会高于当前更新设备的市场年成本(863 元),则需要把 6 年后更新设备的成本纳入分析范围,合并计算当前使用旧设备及 6 年后更新设备的综合平均年成本,然后与当前更新设备的平均年成本进行比较。这就会成为多阶段决策问题。由于未来数据的估计有很大主观性,时间越长越靠不住,因此平均年成本法通常以旧设备尚可使用年限(6 年)为"比较期",一般情况下不会有太大误差。如果以新设备可用年限(10 年)为比较期,则要有旧设备报废时再购置设备的可靠成本资料。另一种替代方法,是预计当前拟更换新设备 6 年后的变现价值,计算其 6 年的平均年成本,与旧设备的平均年成本进行比较。不过,预计 6 年后尚可使用设备的变现价值也是很困难的,其实际意义并不大。

（三）固定资产的经济寿命

通过固定资产的平均年成本概念,我们很容易发现,固定资产的使用初期运行费比较低,以后随着设备逐渐陈旧,性能变差,维护、修理、能源消耗等会逐步增加。与此同时,固定资产的价值逐渐减少,资产占用的资金应计利息会逐步减少。随着时间的递延,运行成本和持有成本呈反方向变化,两者之和呈马鞍形,必然存在一个最经济的使用年限,如图 7-5 所示。

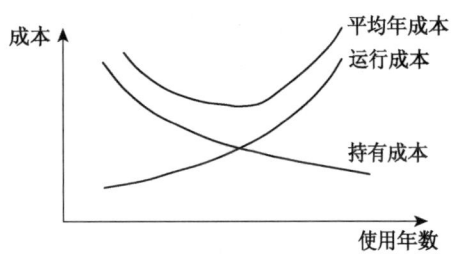

图 7-5　最佳平均年成本

设:C 表示固定资产原值;S_n 表示 n 年后固定资产余值;C_i 表示第 i 年运行成本;n 表示预计使用年限;K 表示贴现率;UAC 表示固定资产平均年成本。

则:

$$UAC = \left[C - \frac{S_n}{(1+K)^n} + \sum_{i=1}^{n} \frac{C_i}{(1+K)^i} \right] \div (P/A, K, n)$$

【例 7-16】　设某资产原值为 1 400 元,运行成本逐年增加,折余价值逐年下降,有关数据如表 7-8 所示。

该项资产如果使用 6 年后更新,每年的平均成本是 544 元,比其他时间更新的成本低,因此 6 年是其经济寿命。

表 7-8

固定资产的经济寿命

单位:元

更新年限	原值(1)	余值(2)	贴现系数(3) $K=8\%$	余值现值(4)=(2)×(3)	运行成本(5)	运行成本现值(6)=(5)×(3)	更新时运行成本现值(7)=$\sum$(6)	现值总成本(8)=(1)-(4)+(7)	年金现值系数(9)$K=8\%$	平均年成本(10)=(8)÷(9)
1	1 400	1 000	0.926	926	200	185	185	659	0.926	712
2	1 400	760	0.857	651	220	188	373	1 122	1.783	629
3	1 400	600	0.794	476	250	198	571	1 495	2.577	580
4	1 400	460	0.735	338	290	213	784	1 846	3.312	557
5	1 400	340	0.681	231	340	231	1 015	2 184	3.993	546
6	1 400	240	0.63	151	400	252	1 267	2 516	4.623	544
7	1 400	160	0.583	93	450	262	1 529	2 836	5.206	545
8	1 400	100	0.541	54	500	270	1 799	3 145	5.749	547

二、所得税与折旧对投资的影响

由于所得税是企业的一种现金流出,它的大小取决于利润大小和税率高低,而利润大小受折旧方法的影响,因此,讨论所得税问题必然会涉及折旧问题。折旧对投资决策产生影响,实际是所得税存在引起的。故两者对投资的影响放在一起讨论。

(一)税后成本和税后收入

一个企业的房租比实际付出的租金要少一些,因为租金是一项可以减免所得税的费用,应以税后的基础来观察。凡是可以减免税负的项目,实际支付额并不是真实的成本,而应将因此而减少的所得税考虑进去。扣除了所得税影响以后的费用净额,称为税后成本。

【例 7-17】 某公司目前的损益状况如表 7-9 所示。该公司正在考虑一项广告计划,每月支付 2 000 元,所得税税率为 25%,该项广告的税后成本是多少?

表 7-9

广告公司的损益状况简表

单位:元

项　　目	目前(不做广告)	做广告方案
销售收入	15 000	15 000
成本和费用	5 000	5 000
新增广告		2 000
税前净利	10 000	8 000
所得税(25%)	2 500	2 000
税后净利	7 500	6 000
新增广告税后成本	1 500	

从表 7-10 可以看出,该项广告的税后成本为每月 1 500 元。这个结论是正确无误的,两个方案(不做广告与做广告)的唯一差别是广告费 2 000 元,对净利的影响为 1 500 元。

税后成本的一般公式为:

$$税后成本＝实际支付×(1－税率)$$

据此公式计算广告的税后成本为:

$$税后成本＝2 000×(1－25\%)＝1 500(元)$$

与税后成本相对应的概念是税后收入。由于所得税的作用,企业营业收入的金额有一部分会流出企业,企业实际得到的现金流入是税后收益:

$$税后收益＝收入金额×(1－税率)$$

这里所说的"应税收入"是指根据税法需要纳税的收入,不包括项目结束时收回垫支资金等现金流入。

（二）折旧的抵税作用

加大成本会减少利润,从而使所得税减少。如果不计提折旧,企业的所得税将会增加许多。折旧可以起到减少税负的作用,这种作用称为"折旧税抵"或"税收挡板"。

【例 7-18】　假设有甲、乙两公司,全年销货收入、付现费用均相同,所得税税率为 25%。两者的区别是甲公司有一项可计提折旧的资产,每年折旧额相同。两家公司的现金流量如表 7-10 所示。

表 7-10

折旧对税负的影响

项　　　目	甲公司	乙公司
销售收入	20 000	20 000
费用:		
付现营业费用	10 000	10 000
折　旧	3 000	0
合　计	13 000	10 000
税前净利	7 000	10 000
所得税(25%)	1 750	2 500
税后净利	5 250	7 500
营业现金流入:		
净　利	5 250	7 500
折　旧	3 000	0
合　计	8 250	7 500
甲公司比乙公司拥有较多现金	750	

甲公司利润虽然比乙公司少 2 250 元,但现金净流入却多出 750 元,其原因在于有 3 000 元的折旧计入成本,使应税所得减少 3 000 元,从而少纳税 750 元(3 000×25%)。这笔现金保留在企业里,不必缴出。从增量分析的观点来看,由于增加了一笔 3 000 元折旧,使企业获得 750 元的现金流入。折旧对税负的影响可按下式计算:

$$税负减少=折旧额×税率=3\ 000×25\%=750(元)$$

(三) 税后现金流量

我们知道,在考虑所得税因素以后,现金流量的计算为:

$$
\begin{aligned}
营业现金流量 &= 营业收入-付现成本-所得税 \qquad (7\text{-}5)\\
&= 营业收入-(营业成本-折旧)-所得税\\
&= 营业利润+折旧-所得税\\
&= 税后净利+折旧
\end{aligned}
$$

由于所得税的影响,现金流量并不等于项目实际的收支金额。

$$
\begin{aligned}
税后成本 &= 支出金额×(1-税率) \qquad (7\text{-}6)\\
税后收入 &= 收入金额×(1-税率)\\
税负减少 &= 折旧×税率
\end{aligned}
$$

因此,现金流量也可按下式计算:

$$
\begin{aligned}
营业现金流量 &= 税后净利+折旧\\
&= (收入-成本)×(1-税率)+折旧\\
&= (收入-付现成本-折旧)×(1-税率)+折旧\\
&= 收入×(1-税率)-付现成本×(1-税率)-折旧×(1-税率)+折旧\\
&= 收入×(1-税率)-付现成本×(1-税率)-折旧+折旧×税率+折旧\\
&= 收入×(1-税率)-付现成本×(1-税率)+折旧×税率 \qquad (7\text{-}7)
\end{aligned}
$$

式(7-7)不需要知道企业的利润是多少,使用起来比较方便。尤其是有关固定资产更新决策,没有办法计量某项资产给企业带来的收入和利润,难以使用公式(7-5)、公式(7-6)。因为企业的所得税是根据企业总利润计算的,在决定某个项目是否投资时,往往使用差额分析法确定现金流量,并不知道整个企业的利润及与此有关的所得税。

【例 7-19】 某公司有一台设备,购于 3 年前,现在考虑是否需要更新。该公司所得税税率为 25%,其他有关资料如表 7-11 所示。

表 7-11

设备更新相关资料

项　　目	旧设备	新设备
原　价(元)	60 000	50 000
税法规定残值(10%)(元)	6 000	5 000
税法规定使用年限(年)	6	4

（续表）

项　目	旧设备	新设备
已用年限(年)	3	0
尚可使用年限(年)	4	4
每年操作成本(元)	8 600	5 000
两年后大修成本(元)	28 000	
最终报废残值(元)	7 000	10 000
目前变现价值(元)	10 000	
每年折旧额:	（直线法）	（年数总和法）
第一年(元)	9 000	18 000
第二年(元)	9 000	13 500
第三年(元)	9 000	9 000
第四年(元)	0	4 500

假设两设备的生产能力相同、未来可使用年限相同,我们可通过比较其现金流出的总现值,判断方案优劣(见表7-12)。更换新设备的现金流出总现值为46 574.80元,比继续使用旧设备的现金流出总现值43 336.5元要多出3 238.30元。因此,继续使用旧设备较好。如果两设备的未来尚可使用年限不同,则需要将总现值转换成平均年成本,然后进行比较。

表7-12

设备更新方案对比表

项　目	现　金　流　量	时间(年次)	系数(10%)	现　值
继续用旧设备:				
旧设备变现价值	(10 000)	0	1	(10 000)
旧设备变现损失减税	(10 000−33 000)×25%=(5 750)	0	1	(5 750)
每年付现操作成本	8 600×(1−25%)=(6 450)	1~4	3.170	(20 446.5)
每年折旧抵税	9 000×0.25=2 250	1~3	2.487	5 595.8
两年后大修成本	28 000×(1−0.25)=(21 000)	2	0.826	(17 346)
残值变现收入	7 000	4	0.683	4 781
残值变现净收入	(7 000−6 000)×0.25=(250)	4	0.683	(170.8)
纳　税				
合　计				(43 336.5)
更换新设备:				
设备投资	(50 000)	0	1	(50 000)
每年付现操作成本	5 000×(1−0.25)=(3 750)	1~4	3.170	(11 887.5)

（续表）

项　目	现　金　流　量	时间（年次）	系数（10%）	现　值
每年折旧抵税：				
第一年	$18\ 000\times0.25=4\ 500$	1	0.909	4 090.5
第二年	$13\ 500\times0.25=3\ 375$	2	0.826	2 787.8
第三年	$9\ 000\times0.25=2\ 250$	3	0.751	1 689.8
第四年	$4\ 500\times0.25=1\ 125$	4	0.683	768.4
残值收入	10 000	4	0.683	6 830
残值净收入纳税	$(10\ 000-5\ 000)\times0.25=(1\ 250)$	4	0.683	(853.8)
合　计				(46 574.8)

三、资本限量决策

资本限量是指企业资金有一定限度，不能投资于所有可接受的项目。也就是说，有很多获利项目可供投资，但无法筹集到足够的资金。这种情况在许多公司都存在，特别是那些以内部融资为经营策略或外部融资受到限制的企业。

在资金有限量的情况下，什么样的项目将被采用呢？为了使企业获得最大的利益，应投资于一组使净现值最大的项目。这样的一组项目必须用适当的方法进行选择，有获利指数法和净现值法两种方法可供采用。

（一）使用获利指数的步骤

第一步：计算所有项目的获利指数，不能略掉任何项目，并列出每一个项目的初始投资。

第二步：接受 $PI\geqslant1$ 的项目，如果所有可接受的项目都有足够的资金，则说明资本没有限量，这一过程即可完成。

第三步：如果资金不能满足所有 $PI\geqslant1$ 的项目，那么就要对第二步进行修正。这一修正的过程是：对所有项目在资本限量内进行各种可能的组合，然后计算出各种组合的加权平均利润指数。

第四步：接受加权平均利润指数最大的一组项目。

（二）使用净现值法的步骤

第一步：计算所有项目的净现值，并列出项目的初始投资。

第二步：接受 $NPV\geqslant0$ 的项目，如果所有可接受的项目都有足够的资金，则说明资本没有限量，这一过程即可完成。

第三步：如果资金不能满足所有的 $NPV\geqslant0$ 的投资项目，那就要对第二步进行修正。这一修正的过程是：对所有的项目都在资本限量内进行各种可能的组合，然后，计算出各种组合的净现值总额。

第四步：接受净现值的合计数最大的组合。

（三）资本限量决策举例

【例 7-20】　假设某公司有 5 个可供选择的项目 A_1、B_1、B_2、C_1、C_2，其中 B_1 和 B_2，

C_1 和 C_2 是互斥项目,该公司资本的最大限量是 400 000 元。详细情况如表 7-13 所示。

表 7-13

投资项目相关指标

单位:元

投资项目	初始投资	获利指数 PI	净现值 NPV
A_1	120 000	1.56	67 000
B_1	150 000	1.53	79 500
B_2	300 000	1.37	111 000
C_1	125 000	1.17	21 000
C_2	100 000	1.18	18 000

如果该公司想选取获利指数最大的项目,那么它将选用 A_1 项目(获利指数为 1.56),B_1 项目(获利指数为 1.53)和 C_2 项目(获利指数为 1.18);如果该公司按每一项目的净现值的大小来选取,那么它将首先选用 B_2 项目,另外可选择的只有 C_2 项目。

然而,以上两种选择方法都是错误的,因为它们选择的都不是能使企业净现值最大的项目结合。

为了选出最优的项目组合,必须列出在资本限量内的所有可能的项目组合。为此,通过表 7-14 来计算所有可能的项目组合的加权平均获利指数和净现值合计数。

表 7-14

项目组合的加权平均获利指数和净现值

单位:元

项目组合	初始投资	加权平均获利指数	净现值合计
$A_1B_1C_1$	395 000	1.42	167 500
$A_1B_1C_2$	375 000	1.412	164 700
A_1B_1	270 000	1.367	146 500
A_1C_1	245 000	1.221	88 000
A_1C_2	220 000	1.213	85 000
B_1C_1	275 000	1.252	100 000
B_2C_2	400 000	1.322	129 000

在表 7-15 中 $A_1B_1C_1$ 的组合有 5 000 元资金没有用完,假设这 5 000 元可投资于有价证券,获利指数为 1(以下其他组合也如此)。则 $A_1B_1C_1$ 组合的获利指数可按以下方法计算:

$$(120\,000 \div 400\,000) \times 1.56 + (150\,000 \div 400\,000) \times 1.53 +$$
$$(125\,000 \div 400\,000 \times 1.17 + (5\,000 \div 400\,000) \times 1.00 = 1.420$$

从表 7-14 中可以看出,该公司应选用 A_1、B_1 和 C_1 三个项目组成的投资组合,其净现值为 167 500 元。

本 章 小 结

　　本章首先介绍了长期投资决策的含义、原则和需要考虑的因素。长期投资具有投资金额大、期限长、风险大的特点,为了能够正确地分析评价投资方案,必须树立资金的时间价值和投资的风险价值观念;然后,阐述了常用的长期投资决策分析方法,包括静态分析法和动态分析法。鉴于两类分析方法的特点,实际运用中应以动态分析法为主、静态分析法为辅;最后运用上述方法,介绍了固定资产更新决策、所得税与折旧对投资决策的影响以及资本限量决策。

思 考 与 练 习

复习思考题

1. 长期投资决策与短期投资决策相比有什么特点?
2. 长期投资决策分析需要考虑的重要因素有哪些?
3. 如何计算资金的时间价值?
4. 如何确定投资的风险价值?
5. 什么是现金流量? 长期投资决策为什么要以现金流量作为方案评价的重要因素?
6. 长期投资决策分析的一般方法有哪些? 简述各方法的特点。
7. 所得税和折旧对长期投资决策效益的评价有何影响?

练 习 题

一、单项选择题

1. 在项目投资决策的现金流量分析中使用的"经营成本"是指(　　)。
   　A. 变动成本　　　　B. 付现成本　　　　C. 全部成本　　　　D. 固定成本
2. 在项目投资决策的现金流量计算中,某年营运现金流量的计算公式中不应该考虑的内容是(　　)。
   　A. 该年销售收入　　　　　　　　B. 该年付现营运成本
   　C. 该年利息　　　　　　　　　　D. 残值回收额
3. 下列说法中,不正确的是(　　)。
   　A. 内含报酬率大于资金成本率,方案可行
   　B. 净现值大于0,方案可取
   　C. 使用净现值获利指数与内部报酬率,在评价投资项目可行性时,会得出相同的结论
   　D. 获利指数大于1,方案可取
4. 某投资方案,在贴现率为17%,净现值为−790元,贴现率为15%时,净现值为430

元,则内含报酬率为(　　)。

 A. 15.7%   B. 15.22%   C. 17.34%   D. 17.56%

5. 当贴现率与内含报酬率相等时,说明(　　)。

 A. 净现值小于0   B. 净现值大于0

 C. 现值指数大于0   D. 现值指数等于1

6. 下列长期投资决策评价指标中,其数值越小越好的指标是(　　)。

 A. 净现值   B. 投资回收期

 C. 内部收益率   D. 投资利润率

7. 净现值随贴现率的变动而呈(　　)。

 A. 正比例变动   B. 反比例变动   C. 同方向变动   D. 反方向变动

8. 当投资决策方案具有不同的投资有效期时,具有较强可比性的决策指标是(　　)。

 A. 净现值   B. 净现值率

 C. 内部收益率   D. 年等额净回收额

9. 某投资项目在建设期内投入全部原始投资,该项目的净现值率为35%,则该项目的获利指数为(　　)。

 A. 0.65   B. 1.35   C. 4.0   D. 35

10. 在只有一个投资项目可供选择的条件下,如果该项目不具有财务可行性,则必然存在的一种情况是(　　)。

 A. 净现值>0   B. 获利指数>1

 C. 净现值率<0   D. 内部收益率>资本成本

11. 对单独投资项目进行评价时,下列表述中,不正确的是(　　)。

 A. 资金成本越高,净现值越大

 B. 当内部报酬率小于资金成本时,净现值为负

 C. 当内部报酬率等于资金成本时,净现值为0

 D. 资金成本越低,获利指数越大

12. 获利指数(　　),表明该项目具有正的贴现率,对企业有利。

 A. 大于0   B. 小于0   C. 大于1   D. 小于1

二、多项选择题

1. 未考虑资金时间价值的主要决策方法有(　　)。

 A. 获利指数法   B. 内部收益率法

 C. 投资报酬率法   D. 静态投资回收期

2. 下列方法中,应考虑现金流量的有(　　)。

 A. 获利指数法   B. 内部收益率法

 C. 净现值法   D. 静态投资回收期

3. 在长期投资决策评价指标中,属于正指标的有(　　)。

 A. 投资利润率   B. 净现值

 C. 内部收益率   D. 静态投资回收期

 E. 获利指数

4. 内部收益率实际上包括(　　)。

A. 使投资方案净现值等于 0 的贴现率

B. 投资方案的实际投资报酬率

C. 资金成本

D. 获利指数

E. 使投资方案获利指数等于 1 的贴现率

5. 一般情况下,下列表述中,不正确的有(　　)。

A. 净现值大于 0,方案可行

B. 内部收益率大于 0,方案可行

C. 净现值大于 0,净现值率必定大于 0,方案可行

D. 投资回收期大于投资有效期的一半时,投资回收期法的结论是方案可行

E. 净现值大于 0,表明投资报酬率大于资金成本,方案可行

6. 利用评价指标对进行单一的独立投资项目财务可行性评价时,能够得出完全相同结论的指标有(　　)。

A. 静态投资回收期　　　　　　　　B. 净现值

C. 内部收益率　　　　　　　　　　D. 获利指数

7. 下列评价指标中,需要已知的行业基准折现率作为计算依据的有(　　)。

A. 获利指数　　　　　　　　　　　B. 内部收益率

C. 净现值　　　　　　　　　　　　D. 投资报酬率

8. 在单一的独立投资项目中,当一项投资方案的净现值小于 0 时,表明该方案(　　)。

A. 获利指数小于 1　　　　　　　　B. 不具备财务可行性

C. 净现值小于 0　　　　　　　　　D. 内部收益率小于行业基准收益率

9. 下列表述中,正确的有(　　)。

A. 净现值是未来报酬的总现值与原始投资额现值的差额

B. 当净现值等于 0 时,说明此时的贴现率为内含报酬率

C. 当净现值大于 0 时,获利指数小于 1

D. 当净现值大于 0 时,获利指数大于 1

E. 当净现值大于 0 时,该方案可行

10. 下列项目中,属于现金流入项目的有(　　)。

A. 营业收入　　　　　　　　　　　B. 建设投资

C. 回收流动资金　　　　　　　　　D. 经营资本节约额

三、计算题

1. 甲公司欲购置一台设备,设备供应商有以下 4 种销售方式:

(1) 从现在起,每年年初支付 2 万元,连续支付 10 年。

(2) 从现在起,每年年末支付 1.8 万元,连续支付 9 年。

(3) 从第五年开始,每年年末支付 2.5 万元,连续支付 10 年。

(4) 一次性付清设备款 15 万元。

要求:假定资金成本率为 10%、请帮助甲公司作出付款决策。

2. 某项目按 14% 的设定折现率计算的净现值为 80 万元,按 16% 设定的折现率计算的净现值为 一8 万元。行业基准折现率为 12%。

要求：

(1) 不用计算，直接判断该项目是否具备财务可行性，并说明理由。

(2) 用内插法计算该项目的内部收益率，并评价该方案的可行性。

3. 某企业投资 15 500 元购入一台设备。该设备预计残值为 500 元，可使用 3 年，按直线法计提折旧。设备投产后每年销售收入增加额分别为 10 000 元，15 000 元和 20 000 元，除折旧以外的费用增加额分别为 4 000 元，5 000 元和 12 000 元。企业所得税税率为 25%，要求的最低投资报酬率为 10%。

要求：

(1) 计算该方案的新增利润。

(2) 计算该投资方案现金流量。

(3) 计算该方案的净现值并进行决策。

4. 某公司因业务发展需要，准备购入一套设备。现有甲、乙两个方案可供选择，其中甲方案需要投资 20 000 元，使用寿命为 5 年，采用直线法计提折旧，5 年后设备无残值。5 年中每年销售收入为 15 000 元，每年的付现成本为 5 000 元。乙方案需投资 30 000 元，也采用直线法计提折旧，使用寿命为 5 年，5 年后有残值收入 4 000 元。5 年中每年的销售收入为 17 000 元，付现成本第一年为 5 000 元，以后随着设备不断陈旧，逐年将增加日常修理费 200 元，另需要垫支营运资金 3 000 元。假设所得税税率为 25%，资本成本为 12%。

要求：

(1) 试计算两个方案的现金流量；

(2) 试分别用净现值法、内含报酬率法、投资回收期法对两个方案作出取舍。

5. 某企业有一台旧设备，原值为 15 000 元，预计使用年限 10 年，已经使用 5 年，每年付现成本为 3 000 元，目前变现价值为 9 000 元，报废时无残值。现市场上有一种新的同类设备，购置成本为 20 000 元，可使用 5 年，每年的付现成本为 1 000 元，期满无残值。假设公司资本成本为 10%。

要求：请为该企业确定该设备是否应该进行更新。

第八章　预 算 管 理

【学习目标】　本章介绍了预算的主要内容、预算的编制方法和程序、预算的执行和考核。要求理解预算管理的基本含义,掌握企业预算的基本编制方法,掌握预算的执行和考核。

【引导案例】

编制预算:价值的驱动者还是破坏者

　　编制预算的价值一直备受争议,问题主要表现在预算编制过程中的四个方面:一是过程太耗费时间且成本高昂;二是由于市场变化频繁且难以预计,预算并不准确;三是因为预算被用来评价业绩,管理者会调整他们的预算,导致不准确的规划;四是预算的目的是刺激个人采取行动达到目标,导致个人为了实现自己的目标甚至不惜牺牲整个公司的利益。

　　尽管很多公司在预算编制过程中遇到各种各样的问题,但它们没有舍弃预算管理,而是不断修改完善预算编制方法,如根据同类公司和经营中的佼佼者的实际业绩制定预算,把计划预算从控制预算中分离出来。现在一些公司把它们的实际业绩和标杆(而不是预算)进行比较。有公司使用新科技来更改它们的预算编制方法,也有公司想尽办法把它们的预算编制过程和公司整体战略更紧密地结合起来,拓展了业绩评价方法,不仅局限于传统的财务方法,也考虑了非财务指标,如开拓新业务所需的时间。大部分管理者仍然赞同正确地编制预算对管理有着重要的价值,将预算作为行之有效的成本管理工具。对北美150多个组织的一项调查显示,预算是使用频率最高的成本管理工具。

第一节　预 算 概 述

一、预算的特征与作用

(一)预算的特征

　　"凡事预则立,不预则废"。预算是企业在预测、决策的基础上,以数量和金额的形式反映未来一定时期内经营、投资、财务等活动的具体计划,是为实现企业目标而对各种资源和企业活动的详细安排。

　　预算具有两个特征:首先,编制预算的目的是促成企业以最经济有效的方式实现预定目标,因此,预算必须与企业的战略或目标保持一致;其次,预算作为一种数量化的详细计划,它是对未来活动的细致、周密安排,是未来经营活动的依据,数量化和可执行性是预算最主要的特征。因此,预算是一种可据以执行和控制经济活动的、最为具体的计划,是对目标的具体化,是将企业活动导向预定目标的有力工具。

（二）预算的作用

预算的作用主要表现在以下几个方面。

（1）预算通过引导和控制经济活动，使企业经营达到预期目标。通过预算指标可以控制实际活动过程，随时发现问题，采取必要的措施，纠正不良偏差，避免经营活动的漫无目的、随心所欲，通过有效的方式实现预期目标。因此，预算具有规划、控制、引导企业经济活动有序进行、以最经济有效的方式实现预定目标的功能。

（2）预算可以实现企业内部各个部门之间的协调。从系统论的观点来看，局部计划的最优化，对全局来说不一定是最合理的。为了使各个职能部门向着共同的战略目标前进，它们的经济活动必须密切配合，相互协调，统筹兼顾，全面安排，搞好综合平衡。通过各部门预算的综合平衡，能促使各部门管理人员清楚地了解本部门在全局中的地位和作用，尽可能地做好部门之间的协调工作。各级各部门因其职责不同，往往会出现相互冲突的现象。各部门之间必须协调一致，才能最大限度地实现企业整体目标。例如，企业的销售、生产、财务等各部门可以分别编制对自己来说是最好的计划，而该计划在其他部门却不一定能行得通。销售部门根据市场预测提出了一个庞大的销售计划，生产部门可能没有那么大的生产能力。生产部门可能编制一个充分利用现有生产能力的计划，但销售部门可能无力将这些产品销售出去。销售部门和生产部门都认为应该扩大生产能力，财务部门却认为无法筹到必要的资金。全面预算经过综合平衡后可以提供解决各级各部门冲突的最佳办法，代表企业的最优方案，可以使各级各部门的工作在此基础上协调地进行。

（3）预算可以作为业绩考核的标准。预算作为企业财务活动的行为标准，使各项活动的实际执行有章可循。预算标准可以作为各部门责任考核的依据。经过分解落实的预算规划目标能与部门、责任人的业绩考评结合起来，成为奖勤罚懒、评估优劣的准绳。

二、预算的分类与预算体系

（一）预算的分类

企业预算可以按不同标准进行多种分类。

1. 根据预算内容不同，可以分为业务预算（即经营预算）、专门决策预算和财务预算

第一，业务预算是指与企业日常经营活动直接相关的经营业务的各种预算。它主要包括销售预算、生产预算、材料采购预算、直接材料消耗预算、直接人工预算、制造费用预算、产品生产成本预算、经营费用和管理费用预算等。

第二，专门决策预算是指企业不经常发生的、一次性的重要决策预算。专门决策预算直接反映相关决策的结果，是实际中选方案的进一步规划。如资本支出预算，其编制依据可以追溯到决策之前收集到的有关资料，只不过预算比决策估算更细致、更准确一些。例如，企业对一切固定资产购置都必须在事先做好可行性分析的基础上来编制预算，具体反映投资额需要多少，何时进行投资，资金从何筹得，投资期限多长，何时可以投产，未来每年的现金流量是多少。

第三，财务预算是指企业在计划期内反映有关预计现金收支、财务状况和经营成果的预算。财务预算作为全面预算体系的最后环节，它是从价值方面总括地反映企业业务预算与专门决策预算的结果，也就是说，业务预算和专门决策预算中的资料都可以用货币金额反映在财务预算内，这样一来，财务预算就成为各项业务预算和专门决策预算的整体计

划,故亦称为总预算,其他预算则相应称为辅助预算或分预算。显然,财务预算在全面预算中占有举足轻重的地位。

2. 按预算指标覆盖的时间长短划分,企业预算可分为长期预算和短期预算

通常将预算期在1年以内(含1年)的预算称为短期预算,预算期在1年以上的预算则称为长期预算。预算的编制时间可以视预算的内容和实际需要而定,可以是1周、1月、1季、1年或若干年等。在预算编制过程中,往往应结合各项预算的特点,将长期预算和短期预算结合使用。一般情况下,企业的业务预算和财务预算多为以1年为期限的短期预算,在1年内再按季或月细分,而且预算期间往往与会计期间保持一致。

（二）预算体系

各种预算是一个有机联系的整体。一般将由业务预算、专门决策预算和财务预算组成的预算体系,称为全面预算体系。其结构如图8-1所示。

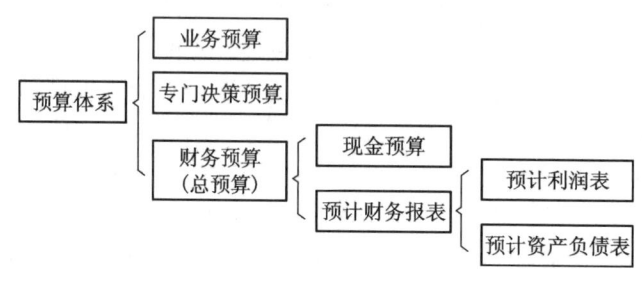

图 8-1　全面预算体系

预算管理则是以编制财务预算为起点,并以此为标准和尺度,围绕财务预算的实施、控制、评价和考核而展开的一系列的企业内部活动,具体包括预算编制、预算实施和调整、预算评价和考核。

三、预算管理工作的组织

预算管理组织是企业全面预算管理的主体,是指负责整个企业预算编制、审定、监督、协调、控制与信息反馈、业绩考核的组织机构。预算管理的组织,一般包括四个部分:董事会、预算管理委员会、预算编制与执行机构、其他预算职能部门。具体如下:

（1）企业董事会或类似机构应当对企业预算的管理工作负总责。企业董事会或者经理办公会可以根据情况设立预算委员会或指定财务管理部门负责预算管理事宜,并对企业法人代表负责。

（2）预算管理委员会是在企业董事会直接领导下的专司预算管理事务的常设权力机构,下设预算编制、预算控制、预算协调和预算信息反馈等具体执行部门。预算管理委员会是一个常设机构,负责确定预算管理原则、程序,审查公司的预算和财务计划,监督预算的执行与控制,批准预算的调整,并对预算的考核予以监控。

（3）企业财务管理部门具体负责企业预算的跟踪管理,监督预算的执行情况,分析预算与实际执行的差异及原因,提出改进管理的意见与建议。同时,对于绝大多数企业来说,企业的预算编制机构通常由公司财务部门牵头,并依靠技术部门、生产部门的人员,按照公司的战略计划和经营目标,进行公司总预算、各项分预算的编制、分解和落实工作。

财务部门通常作为公司预算管理委员会的执行机构,并以预算管理委员会名义直接责成企业各部门按照规定的内容与时间向预算管理委员会报送编制预算的各种基础资料。在汇总分析各部门提供的资料信息基础上,预算管理委员会通常会进一步组织或邀请有关专家对未来市场变动情况及趋势进行针对性的专题分析、预测,以取得最为可靠的未来市场、销售信息资料。在预算管理委员会对各种必要的信息资料进行分析、甄别后,财务部门通常会被授权负责预算的具体编制、分解与落实等工作。

（4）企业内部生产、投资、物资、人力资源、市场营销等职能部门具体负责本部门业务涉及的预算编制、执行、分析等工作,并配合预算委员会或财务管理部门做好企业总预算的综合平衡、协调、分析、控制与考核等工作。其主要负责人参与企业预算委员会的工作,并对本部门预算执行结果承担责任。

（5）企业所属基层单位是企业预算的基本单位,在企业财务管理部门的指导下,负责本单位现金流量、经营成果和各项成本费用预算的编制、控制、分析工作,接受企业的检查、考核。其主要负责人对本单位财务预算的执行结果承担责任。

第二节　预算的编制方法与程序

一、预算的编制方法

常见的预算方法主要包括增量预算与零基预算、固定预算和弹性预算、定期预算与滚动预算,这些方法广泛应用于营业活动有关预算的编制。

（一）增量预算与零基预算编制方法

1. 增量预算法

增量预算是指以基期成本费用水平为基础,结合预算期业务量水平及有关降低成本的措施,通过调整有关费用项目而编制预算的方法。它的编制遵循如下假定:

第一,企业现有业务活动是合理的。

第二,企业现有各项业务的开支水平是合理的。

第三,以现有业务活动和各项活动的开支水平,确定预算期各项活动的预算数。

增量预算的缺陷是可能导致无效费用开支项目无法得到有效控制。

2. 零基预算

零基预算的全称为"以零为基础的编制计划和预算的方法",它不考虑以往会计期间所发生的费用项目或费用数额,而是一切以零为出发点,根据实际需要逐项审议预算期内各项费用的内容及开支标准是否合理,在综合平衡的基础上编制费用预算。

零基预算的优点表现在:①不受现有费用项目的限制;②不受现行预算的束缚;③能够调动各方面节约费用的积极性;④有利于促使各基层单位精打细算,合理使用资金。其缺点是编制工作量大。

（二）固定预算与弹性预算编制方法

1. 固定预算

固定预算又称静态预算,是根据预算期内正常的、可实现的某一既定业务量水平为基础来编制的预算。一般适用于固定费用或者数额比较稳定的预算项目。

固定预算的缺点表现在:一是过于呆板,因为编制预算的业务量基础是实现假定的某个业务量。在这种方法下,不论预算期内业务量水平实际可能发生哪些变动,都只按事先确定的某一个业务量水平作为编制预算的基础。二是可比性差。当实际的业务量与编制预算所依据的业务量发生较大差异时,有关预算指标的实际数与预算数就会因业务量基础不同而失去可比性。例如,某企业预计业务量为销售 100 000 件产品,按此业务量给销售部门的预算费用为 5 000 元。如果该销售部门实际销售量达到 120 000 件,超出了预算业务量,固定预算下的费用预算仍为 5 000 元。

2. 弹性预算

弹性预算是在按照成本(费用)习性分类的基础上,根据量本利之间的依存关系,考虑到计划期间业务量可能发生的变动,编制出一套适应多种业务量的费用预算,以便分别反映在不同业务量的情况下所应支出的成本费用水平。该方法是为了弥补固定预算的缺陷而产生的。编制弹性预算所依据的业务量可能是生产量、销售量、机器工时、材料消耗量和直接人工工时等。

弹性预算的优点表现在:一是预算范围宽;二是可比性强。弹性预算一般适用于与预算执行单位业务量有关的成本(费用)、利润等预算项目。

弹性预算的编制,可以采用公式法,也可以采用列表法。

(1) 公式法。公式法是假设成本和业务量之间存在线性关系,成本总额、固定成本总额、业务量和单位变动成本之间的变动关系可以表示为:

$$Y = a + bx$$

式中　b 表示单位变动成本;x 表示业务量;a 表示固定成本;项目成本总额 Y 是该项目固定成本总额和变动成本总额之和。这种方法要求按成本与业务量之间的线性假定,将企业各项目成本总额分解为变动成本和固定成本两部分。

【例 8-1】　某企业的制造费用与修理工时密切相关。经测算,预算期修理费用中的固定修理费为 3 000 元,单位工时的变动修理费用为 2 元;预计预算期的修理工时为 3 500 小时,运用公式法,测算预算期的修理费用总额为:

$$3\ 000 + 2 \times 3\ 500 = 10\ 000(元)$$

因为任何成本都可以用公式"$Y = a + bx$"来近似地表示,所以只要在预算中列式 a(固定成本)和 b(单位变动成本),便可随时利用公式计算任一业务量(x)的预算成本(Y)。

【例 8-2】　A 企业经过分析得出某种产品的制造费用与人工工时密切相关,采用公式法编制的制造费用预算如表 8-1 所示。

表 8-1

制造费用预算(公式法)

业务量范围	420～660(人工工时)	
费用项目	固定费用(元/月)	变动费用(元/人工工时)
运输费用		0.20
电力费用		1.00

（续表）

费用项目	固定费用(元/月)	变动费用(元/人工工时)
材料费用		0.10
修理费用	85	0.85
油料费用	108	0.20
折旧费用	300	
人工费用	100	
合计	593	2.35
备注	当业务量超过 600 工时后,修理费用中的固定费用将由 85 元上升为 185 元	

在本例中,针对制造费用而言,在业务量为 420～600 人工工时的情况下,$y = 593 + 2.35x$;在业务量为 600～660 人工工时的情况下,$y = 693 + 2.35x$。如果业务量为 500 人工工时,则制造费用预算为:$593 + 2.35 \times 500 = 1\ 768$(元);如果业务量为 650 人工工时,则制造费用预算为:$693 + 2.35 \times 650 = 2\ 220.5$(元)。

公式法的优点是便于在一定范围内计算任何业务量的预算成本,可比性和适应性强,编制预算的工作量相对较小。缺点是按公式进行成本分解比较麻烦,对每个费用子项目甚至细目逐一进行成本分解,工作量很大。

(2)列表法。列表法是指通过列表的方式,将与各种业务量对应的预算数列示出来的一种弹性预算编制方法。

列表法的优点是:不管实际业务量多少,不必经过计算即可找到与业务量相近的预算成本。但是,运用列表法编制预算,在评价和考核实际成本时,往往需要使用插值法来计算"实际业务量的预算成本",比较麻烦。

【例 8-3】 根据表 8-1 中的资料,A 企业采用列表法编制的 2×17 年 6 月制造费用预算如表 8-2 所示。

表 8-2

制造费用预算(列表法)

金额单位:元

业务量(直接人工工时)	420	480	540	600	660
占正常生产能力百分比	70%	80%	90%	100%	110%
变动成本:					
运输费用($b=0.2$)	84	96	108	120	132
电力费用($b=1.0$)	420	480	540	600	660
材料费用($b=0.1$)	42	48	54	60	66
合计	546	624	702	780	858
混合成本:					
修理费用	442	493	544	595	746
油料费用	192	204	216	228	240
合计	634	697	760	823	986

（续表）

固定成本：					
折旧费用	300	300	300	300	300
人工费用	100	100	100	100	100
合计	400	400	400	400	400
总计	1 580	1 721	1 862	2 003	2 244

实际业务量为 500 小时，运输费等各项变动成本可用实际工时数乘以单位业务量变动成本来计算，即变动总成本为 650 元（500×0.2＋500×1＋500×0.1）。固定总成本不随业务量变动，仍为 400 元。混合成本可用插值法逐项计算：500 小时处在 480 小时和 540 小时两个水平之间，修理费应该在 493～544 元之间，设实际业务的预算修理费为 x 元，则：

$$(500-480)\div(540-480)=(x-493)\div(544-493)$$
$$x=510(元)$$

油料费用在 480 小时和 540 小时分别为 204 元和 216 元，用插值法计算 500 小时应为 208 元。可见：

$$500 小时预算成本=(0.2+1+0.1)\times500+510+208+400=1\ 768(元)$$

（三）定期预算与滚动预算编制方法

编制预算的方法按其预算期的时间特征不同，可分为定期预算和滚动预算两大类。

1. 定期预算

定期预算是指在编制预算时，以不变的会计期间（如日历年度）作为预算期的一种编制预算的方法。这种方法的优点是能够使预算期间与会计期间相对应。

2. 滚动预算

滚动预算又称连续预算或永续预算，是指在编制预算时，将预算期与会计期间脱离，随着预算的执行不断地补充预算，逐期向后滚动，使预算期始终保持为一个固定长度（一般为 12 个月）的一种预算方法。

滚动预算法按照滚动的时间单位不同可分为逐月滚动和逐季滚动。如图 8-2 就是逐月滚动预算，原始预算期仍为 1 年，在第一个月即将结束、第二个月即将开始时，对第一个月的预算执行情况进行实际与预算差异分析，并根据市场变化和企业经营状况，及时调整后期的预算，并补充增列 1 个月的预算，使预算周期始终保持在一个年度（12 月）的长度，不断滚动。

滚动预算方法的优点如下：

（1）能保持预算的完整性、连续性，从动态预算中把握企业的未来。

（2）能使各级管理人员始终保持对未来一定时期的生产经营活动作周详的考虑和全盘规划，保证企业的各项工作有条不紊地进行。

（3）由于预算能随时间的推进不断地加以调整和修订，能使预算与实际情况更相适应，有利于充分发挥预算的指导和控制作用。

（4）有利于管理人员对预算资料作经常性的分析研究，并根据当前的执行情况及时加以修订，保证企业的经营管理工作稳定而有秩序地进行。

当然,采用滚动预算的方法,预算编制工作比较繁重。为了适当简化预算的编制工作,也可采用按季度滚动编制预算。

逐月滚动预算方式示意如图 8-2 所示。

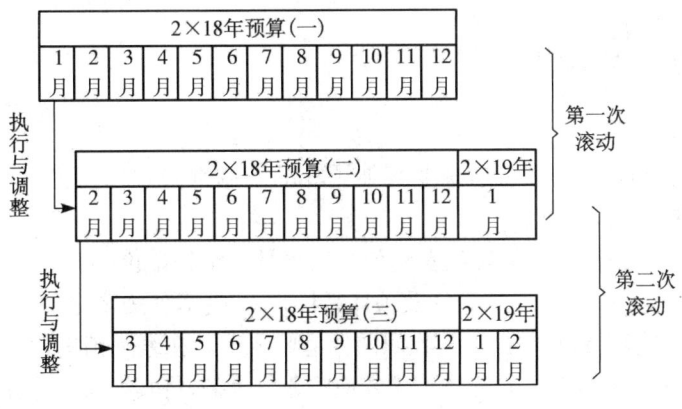

图 8-2　逐月滚动预算的编制

二、预算的编制程序

企业编制预算,一般应按照"上下结合、分级编制、逐级汇总"的程序进行。

（一）下达目标

企业董事会或经理办公会根据企业发展战略和对预算期经济形势的初步预测,在决策的基础上,提出下一年度企业预算目标,包括销售或营业目标、成本费用目标、利润目标和现金流量目标,并确定预算编制的政策,由预算委员会下达各预算执行单位。

（二）编制上报

各预算执行单位按照企业预算委员会下达的预算目标和政策,结合自身特点以及预测的执行条件,提出详细的本单位预算方案,上报企业财务管理部门。

（三）审查平衡

企业财务管理部门对各预算执行单位上报的财务预算方案进行审查、汇总,提出综合平衡的建议。在审查、平衡过程中,预算委员会应当进行充分协调,对发现的问题提出初步调整意见,并反馈给有关预算执行单位予以修正。

（四）审议批准

企业财务管理部门在有关预算执行单位修正调整的基础上,编制出企业预算方案,报财务预算委员会讨论。对于不符合企业发展战略或者预算目标的事项,企业预算委员会应当责成有关预算执行单位进一步修订、调整。在讨论、调整的基础上,企业财务管理部门正式编制企业年度预算方案,提交董事会或经理办公会审议批准。

（五）下达执行

企业财务管理部门对董事会或经理办公室审议批准的年度总预算,一般在次年 3 月底以前,将其分解成一系列的指标体系,由预算委员会逐级下达各预算执行单位执行。

第三节　预 算 编 制

一、业务预算的编制

（一）销售预算

销售预算是全面预算的起点,企业其他预算的编制都必须以销售预算为基础。销售预算编制的基础是销售预测。

（1）预计销售收入:预计销售收入＝预测销售量×销售单价。

（2）预计现金收入:依据收款条件及预计销售收入预测,作为现金预算的数据来源。现金收入包括销售当期收到的现金以及收回前期应收账款。在编制销售预算时,通常还需要依据收款条件及预计现金收入预测预算期末应收账款余额,将其纳入预计资产负债表。

预算期末应收账款余额＝预算期初应收账款余额＋预算期销售收入合计－预算期现金收入合计

【例 8-4】　M 公司今年分季度的销售预算如表 8-3 所示。其中,在各季度的销售收入中,60％货款于本季度收到,另 40％货款将于下季度收到。

表 8-3

销 售 预 算

金额单位:元

季　度	一	二	三	四	合计
预计销售量(件)	100	150	200	180	630
预计单位售价	200	200	200	200	200
销售收入	20 000	30 000	40 000	36 000	126 000
预计现金收入					
上年应收账款	6 200				6 200
第一季度(销货 20 000)	12 000	8 000			20 000
第二季度(销货 30 000)		18 000	12 000		30 000
第三季度(销货 40 000)			24 000	16 000	40 000
第四季度(销货 36 000)				21 600	21 600
现金收入合计	18 200	26 000	36 000	37 600	117 800

预计年末应收账款＝36 000×40％＝6 200＋126 000－117 800＝14 400(元)

（二）生产预算

生产预算是为了规划预算期生产规模而编制的一种业务预算,它是在销售预算的基础上编制的,其可以作为编制直接材料预算和产品成本预算的依据。

生产预算编制的依据是销售预算,即"以销定产"。

预计生产量＝预计销售量＋预计期末产成品存货－预计期初产成品存货

（1）预计销售量：来自销售预算。

（2）预计期末及期初产成品存货。

在预算年度内,各期期末产成品存货数量按下期销售量的一定百分比确定;年末产成品存货根据长期销售趋势确定;预算年初产成品存货在编制预算时预计,预算年度内各期期初产成品存货分别等于上期期末产成品存货。

生产预算是直接材料预算和产品成本预算的依据。生产预算只涉及实物量指标,不涉及价值量指标,不直接为现金预算提供资料。

【例 8-5】　M 公司预计,年初产成品存货为 10 件,年末留存 20 件,预算年度内各季度的期末产成品存货数量为下季度预计销售量的 10%。依据上述资料,在 M 公司销售预算的基础上,编制 M 公司今年分季度的生产预算如表 8-4 所示。

表 8-4

生　产　预　算

单位:件

季　　度	一	二	三	四	全年
预计销售量	100	150	200	180	630
加:预计期末产成品存货	15	20	18	20	20
合计	115	170	218	200	650
减:预计期初产成品存货	10	15	20	18	10
预计生产量	105	155	198	182	640

（三）直接材料预算

直接材料预算是为了规划预算期直接材料采购金额的一种业务预算。以生产预算为基础编制,同时要考虑原材料存货水平。

预计采购量＝生产需用量＋期末存量－期初存量

生产需用量＝预计生产量×单位产品材料用量

其中:"预计生产量"来自生产预算,"单位产品材料用量"来自标准成本资料或消耗定额资料。

在预算年度内,各期期末材料存量根据下期生产需用量的一定百分比确定,各期期初材料存量等于上期期末材料存量。

年初和年末材料存量,根据当前情况和长期销售预测估计。

预计采购金额＝预计采购量×预计采购单价

预计现金支出:依据付款条件和预计采购金额预测,作为现金预算的数据来源。

在编制直接材料预算时,通常还需要依据付款条件及预计现金支出预测预算期末应付账款余额,以及依据预算年末材料存量和预计采购单价预测预算年末材料存货余额,作为预计资产负债表的数据来源。

预算期末应付账款余额＝预算期初应付账款余额＋预算期采购额合计－预算期采购现金支出合计

预算年末材料存货余额＝预算年末材料存量×预计采购单价

【例8-6】 M公司预计材料采购金额（货款）的50％在本季度内付清，50％在下季度付清，期末材料存量按下期生产需用量的20％确定。材料的年初存量为300千克，年末存量为400千克。依据上述资料，在生产预算的基础上，编制M公司直接材料预算如表8-5所示。

表8-5

直接材料预算

金额单位:元

季　度	一	二	三	四	全年
预计生产量(件)	105	155	198	182	640
单位产品材料用量(千克/件)	10	10	10	10	10
生产需用量(千克)	1 050	1 550	1 980	1 820	6 400
加:预计期末存量(千克)	310	396	364	400	400
减:预计期初存量(千克)	300	310	396	364	300
预计材料采购量(千克)	1 060	1 636	1 948	1 856	6 500
单价(元/千克)	5	5	5	5	5
预计采购金额	5 300	8 180	9 740	9 280	32 500
预计现金支出					
上年应付账款	2 350				2 350
第一季度(采购5 300元)	2 650	2 650			5 300
第二季度(采购8 180元)		4 090	4 090		8 180
第三季度(采购9 740元)			4 870	4 870	9 740
第四季度(采购9 280元)				4 640	4 640
合计	5 000	6 740	8 960	9 510	30 210

预计年末材料存货额＝400×5＝2 000(元)

预计年末应付账款＝9 280×50％＝2 350＋32 500－30 210＝4 640(元)

(四)直接人工预算

直接人工预算是一种既反映预算期内人工工时消耗水平，又规划人工成本开支的业务预算。其编制的基础是生产预算。其主要内容有：

(1)人工总工时＝预计产量×单位产品工时，其中，"预计产量"来自生产预算，"单位产品工时"来自标准成本资料。

(2)人工总成本＝人工总工时×每小时人工成本。其中，"每小时人工成本"来自标准成本资料。直接人工预算直接参加现金预算的汇总。

【例8-7】 M公司的单位产品工时为10小时/件，每小时人工成本为2元/小时，在生产预算基础上，可编制M公司本年度直接人工预算如表8-6所示。

表8-6

直接人工预算

季 度	一	二	三	四	全年
预计生产量(件)	105	155	198	182	640
单位产品工时(小时/件)	10	10	10	10	10
人工总工时(小时)	1 050	1 550	1 980	1 820	6 400
每小时人工成本(元/小时)	2	2	2	2	2
人工总成本(元)	2 100	3 100	3 960	3 640	12 800

(五)制造费用预算

制造费用预算通常分为变动制造费用预算和固定制造费用预算两部分。变动制造费用以生产预算为基础编制,固定制造费用需要逐项进行预计,通常与本期产量无关。为了给编制现金预算提供必要信息,在编制制造费用现金支出预算时,应将折旧等非付现费用扣除,即:

$$制造费用预计现金支出=制造费用预算总额-折旧等非付现费用。$$

【例8-8】 M公司本年度制造费用预算编制如表8-7所示。

表8-7

金额单位:元

制造费用预算

季 度	一	二	三	四	全年
变动制造费用:					
预计生产量(件)	105	155	198	182	640
间接人工(1元/件)	105	155	198	182	640
间接材料(1元/件)	105	155	198	182	640
修理费(2元/件)	210	310	396	364	1 280
水电费(1元/件)	105	155	198	182	640
小计	525	775	990	910	3 200
固定制造费用:					
修理费	1 000	1 140	900	900	3 940
折旧	1 000	1 000	1 000	1 000	4 000
管理人员工资	200	200	200	200	800
保险费	75	85	110	190	460
财产税	100	100	100	100	400
小计	2 375	2 525	2 310	2 390	9 600
合计	2 900	3 300	3 300	3 300	12 800
减:折旧	1 000	1 000	1 000	1 000	4 000
现金支出的费用	1 900	2 300	2 300	2 300	8 800

为便于以后编制产品成本预算,需要计算小时费用率:

$$变动制造费用小时费用率＝3\ 200÷6\ 400＝0.5(元/小时)$$
$$固定制造费用小时费用率＝9\ 600÷6\ 400＝1.5(元/小时)$$

(六) 产品成本预算

产品成本预算是在销售预算、生产预算、直接材料预算、直接人工预算、制造费用预算基础上编制的,其主要内容是产品的单位成本和总成本,涉及生产成本、存货成本(预计资产负债表)和销货成本(预计利润表)等数据。

【例 8-9】 M 公司今年的产品成本预算如表 8-8 所示。

表 8-8

产品成本预算　　　　　　　　　　　　　　　　金额单位:元

项　目	单位成本			生产成本 (640 件)	期末存货 (20 件)	销货成本 (630 件)
	每千克或 每小时	投入量	成本			
直接材料	5	10 千克	50	32 000	1 000	31 500
直接人工	2	10 小时	20	12 800	400	12 600
变动制造费用	0.5	10 小时	5	3 200	100	3 150
固定制造费用	1.5	10 小时	15	9 600	300	9 450
合计			90	57 600	1 800	56 700

(七) 销售及管理费用预算

销售及管理费用预算,销售及管理费用包括除制造费用以外的其他所有费用,这些费用的预算编制方法与制造费用预算的编制方法相同,也是按照费用的不同性态分别进行编制的。同时,还要编制相应的现金支出预算。

$$销售及管理费用预计现金支出＝销售及管理费用预算总额－折旧及摊销费用$$

【例 8-10】 M 公司今年的销售及管理费用预算如表 8-9 所示。

表 8-9

销售及管理费用预算

单位:元

项　目	金额
销售费用:	
销售人员工资	2 000
广告费	5 500
包装、运输费	3 000
保管费	2 700
折旧	1 000
管理费用:	

（续表）

项　　目	金额
管理人员薪金	4 000
福利费	800
保险费	600
办公费	1 400
折旧	1 500
合计	22 500
减:折旧	2 500
每季度支付现金（20 000÷4）	5 000

二、专门决策预算的编制

专门决策预算主要是长期投资预算（资本支出预算），通常是指与项目投资决策相关的专门预算，它往往涉及长期建设项目的资金的投放与筹集，并经常跨越多个年度。其编制的依据是项目财务可行性分析资料、企业筹资决策资料。

专门决策预算反映项目资金投资支出与筹资计划，也是编制现金预算和预计资产负债表的依据。

【例8-11】 M公司今年的专门决策预算如表8-10所示。

表8-10

专门决策预算表

单位:元

季度 项目	一	二	三	四	全年
投资支出预算	50 000	—	—	80 000	130 000
借入长期借款	30 000	—	—	60 000	90 000

三、财务预算的编制

（一）现金预算

现金预算是以业务预算和专门决策预算为依据编制的，专门反映预算期内预计现金收入和现金支出，以及为满足理想现金余额而进行筹资或归还借款等的预算。现金预算由可供使用现金、现金支出、现金余缺、现金筹措与运用四部分构成。

【例8-12】 M公司理想的现金余额是3 000元，资金不足可取得短期借款，借款额必须是1 000元的整数倍;借款利息按季支付,假设新增借款发生在季度的期初,归还借款发生在季度的期末(如果需要归还借款,先归还短期借款,归还的数额为100元的整数倍)。今年的现金预算如表8-11所示。

表 8-11

现 金 预 算

单位:元

季　　度	一	二	三	四	全年
期初现金余额	8 000	3 200	3 060	3 040	8 000
加:现金收入(表 8-3)	18 200	26 000	36 000	37 600	117 800
可供使用现金	26 200	29 200	39 060	40 640	125 800
减:现金支出					
直接材料(表 8-5)	5 000	6 740	8 960	9 510	30 210
直接人工(表 8-6)	2 100	3 100	3 960	3 640	12 800
制造费用(表 8-7)	1 900	2 300	2 300	2 300	8 800
销售及管理费用(表 8-9)	5 000	5 000	5 000	5 000	20 000
所得税费用	4 000	4 000	4 000	4 000	16 000
购买设备	50 000			80 000	130 000
股利				8 000	8 000
现金支出合计	68 000	21 140	24 220	112 450	225 810
现金余缺	−41 800	8 060	14 840	−71 810	−100 010
现金筹措与运用					
借入长期借款	30 000			60 000	90 000
取得短期借款	20 000			22 000	42 000
归还短期借款			6 800		6 800
短期借款利息(年利率 10%)	500	500	500	880	2 380
长期借款利息(年利率 12%)	4 500	4 500	4 500	6 300	19 800
期末现金余额	3 200	3 060	3 040	3 010	3 010

表 8-11 中:

可供使用现金=期初现金余额+现金收入
现金余缺=可供使用现金−现金支出

　　现金余缺<理想期末现金余额,表明现金不足,需要筹措现金,如(期初)出售有价证券或借入短期借款。

　　现金余缺>理想期末现金余额,表明现金多余,需要运用现金,如(期末)偿还短期借款或购入有价证券。

期末现金余额=现金余缺+现金筹措−现金运用

　　相关数据计算如下:

（1）长期借款利息。

一至三季度每季度长期借款利息＝（120 000＋30 000）×12％÷4＝4 500（元）

四季度长期借款利息＝（120 000＋30 000＋60 000）×12％÷4＝6 300（元）

（2）一季度短期借款借入额及短期借款利息。

现金余缺	－41 800
＋借入长期借款	30 000
＋借入短期借款	W
－长期借款利息	4 500
－短期借款利息	W×10％÷4
＝期末现金余额	≥3 000

解得：借入短期借款 W≥19 794.88（元），按 1 000 元的整数倍取整为 20 000 元。

短期借款利息＝20 000×10％÷4＝500（元）

（3）三季度短期借款归还额。

现金余缺	14 840
－长期借款利息	4 500
－短期借款利息	500
－归还短期借款	W
＝期末现金余额	≥3 000

解得：归还短期借款 W≤6 840（元），按 100 元的整数倍取整为 6 800 元。

（4）四季度短期借款借入额及短期借款利息。

现金余缺	－71 810
＋借入长期借款	60 000
＋借入短期借款	W
－长期借款利息	6 300
－短期借款利息	［（20 000－6 800）＋W］×10％÷4
＝期末现金余额	≥3 000

解得：借入短期借款 W≥21 989.74（元），按 1 000 元的整数倍取整为 22 000 元。

短期借款利息＝（20 000－6 800＋22 000）×10％÷4＝880（元）

期末现金余额＝－71 810＋60 000＋22 000－880－6 300＝3 010（元）

全年的期末现金余额指的是年末现金余额。

（二）利润表预算

利润表预算用来综合反映企业在计划期的预计经营成果，是企业最主要的财务预算表之一。通过编制利润表预算，可以了解企业预期的盈利水平。利润表预算编制的依据是业务预算、专门决策预算、现金预算。

财务报表预算编制顺序：先编制利润表预算，后编制资产负债表预算。

【例 8-13】　M 公司今年的利润表预算如表 8-12 所示。

表 8-12

利 润 表 预 算

单位:元

项　　目	金额
销售收入(表 8-3)	126 000
销售成本(表 8-8)	56 700
毛利	69 300
销售及管理费用(表 8-9)	22 500
利息(表 8-11)	22 180
利润总额	24 620
所得税费用(估计)	16 000
净利润	8 620

(三)资产负债表预算

资产负债表预算是全面预算的终点,其编制的依据有计划期开始日的资产负债表、业务预算、专门决策预算、现金预算及利润表预算。

【例 8-14】　M 公司今年的资产负债表预算如表 8-13 所示。

表 8-13

资产负债表预算

单位:元

资　　产	年初余额	年末余额	负债和股东权益	年初余额	年末余额
流动资产:			流动负债:		
货币资金	8 000	3 010	短期借款	0	35 200
应收账款	6 200	14 400	应付账款	2 350	4 640
存货	2 400	3 800	流动负债合计	2 350	39 840
流动资产合计	16 600	21 210	非流动负债:		
非流动资产:			长期借款	120 000	210 000
固定资产	43 750	37 250	非流动负债合计	120 000	210 000
在建工程	100 000	230 000	负债合计	122 350	249 840
非流动资产合计	143 750	267 250	股东权益:		
			股本	20 000	20 000
			资本公积	5 000	5 000
			盈余公积	10 000	10 000
			未分配利润	3 000	3 620
			股东权益合计	38 000	38 620
资产总计	160 350	288 460	负债和股东权益合计	160 350	288 460

有关项目的年末余额计算如下：

(1) 存货＝直接材料年末余额＋产成品年末余额＝2 000＋1 800＝3 800(元)

(2) 固定资产＝年初余额－当年计提折旧＝43 750－4 000(制造费用预算)－2 500(销售及管理费用预算)＝37 250(元)

(3) 在建工程＝年初余额＋长期投资预算＝100 000＋130 000＝230 000(元)

(4) 短期借款＝20 000－6 800＋22 000＝35 200(元)

(5) 长期借款＝120 000＋90 000＝210 000(元)

(6) 未分配利润＝年初未分配利润＋本年净利润－本年股利＝3 000＋8 620－8 000＝3 620(元)

第四节　预算的执行与考核

一、预算的执行

企业预算一经批复下达，各预算执行单位就必须认真组织实施，将预算指标层层分解，从横向到纵向落实到内部各部门、各单位、各环节和各岗位，形成全方位的预算执行责任体系。

企业应当将预算作为预期内组织、协调各项经营活动的基本依据，将年度预算细分为月份和季度预算，通过分期预算控制，确保年度预算目标的实现。

企业应当强化现金流量的预算管理，按时组织预算资金的收入，严格控制预算资金的支付，调节资金收付平衡，控制支付风险。

对于预算内的资金拨付，按照授权审批程序执行。对于预算外的项目支出，应当按预算管理制度规范支付程序。对于无合同、无凭证、无手续的项目支出，不予支付。

企业应当严格执行销售、生产和成本费用预算，努力完成利润指标。在日常控制中，企业应当健全凭证记录，完善各项管理规章制度，严格执行生产经营月度计划和成本费用的定额、定率标准，加强适时监控。对预算执行中出现的异常情况，企业有关部门应及时查明原因，提出解决办法。

企业应当建立预算报告制度，要求各预算执行单位定期报告预算的执行情况。对于预算执行中发现的新情况、新问题及出现偏差较大的重大项目，企业财务管理部门以及预算委员会应当责成有关预算执行单位查找原因，提出改进经营管理的措施和建议。

企业财务管理部门应当利用财务报表监控预算的执行情况，及时向预算执行单位、企业预算委员会以及董事会或经理办公会提供财务预算的执行进度、执行差异及其对企业预算目标的影响等财务信息，促进企业完成预算目标。

二、预算的调整

企业正式下达执行的预算，一般不予调整。预算执行单位在执行中由于市场环境、经营条件、政策法规等发生重大变化，致使预算的编制基础不成立，或者将导致预算执行结果产生重大偏差的,可以调整预算。

企业应当建立内部弹性预算机制,对于不影响预算目标的业务预算、资本预算、筹资预算之间的调整,企业可以按照内部授权批准制度执行,鼓励预算执行单位及时采取有效的经营管理对策,保证预算目标的实现。

企业调整预算,应当由预算执行单位逐级向企业预算委员会提出书面报告,阐述预算执行的具体情况、客观因素变化情况及其对预算执行造成的影响程度,提出预算指标的调整幅度。

企业财务管理部门应当对预算执行单位的预算调整报告进行审核分析,集中编制企业年度预算调整方案,提交预算委员会以至企业董事会或经理办公会审议批准,然后下达执行。

对于预算执行单位提出的预算调整事项,企业进行决策时,一般应当遵循以下要求:

(1)预算调整事项不能偏离企业发展战略。

(2)预算调整方案应当在经济上能够实现最优化。

(3)预算调整重点应当放在预算执行中出现的重要的、非正常的、不符合常规的关键性差异方面。

三、预算的分析与考核

企业应当建立预算分析制度,由预算委员会定期召开预算执行分析会议,全面掌握预算的执行情况,研究、解决预算执行中存在的问题,纠正预算的执行偏差。

开展预算执行分析,企业管理部门及各预算执行单位应当充分收集有关财务、业务、市场、技术、政策、法律等方面的信息资料,根据不同情况分别采用比率分析、比较分析、因素分析、平衡分析等方法,从定量与定性两个层面充分反映预算执行单位的现状、发展趋势及其存在的潜力。

针对预算的执行偏差,企业财务管理部门及各预算执行单位应当充分、客观地分析产生的原因,提出相应的解决措施或建议,提交董事会或经理办公会研究决定。

企业预算委员会应当定期组织预算审计,纠正预算执行中存在的问题,充分发挥内部审计的监督作用,维护预算管理的严肃性。

预算审计可以采用全面审计或者抽样审计。在特殊情况下,企业也可组织不定期的专项审计。审计工作结束后,企业内部审计机构应当形成审计报告,直接提交预算委员会以及董事会或经理办公会,作为预算调整、改进内部经营管理和财务考核的一项重要参考。

预算年度终了,预算委员会应当向董事会或者经理办公会报告预算执行情况,并依据预算完成情况和预算审计情况对预算执行单位进行考核。

企业内部预算执行单位上报的预算执行报告,应经本部门、本单位负责人按照内部议事规范审议通过,作为企业进行财务考核的基本依据。企业预算按调整后的预算执行,预算完成情况以及企业年度财务会计报告为准。

企业预算执行考核是企业绩效评价的主要内容,应当结合年度内部经济责任制进行考核,与预算执行单位负责人的奖惩挂钩,并作为企业内部人力资源管理的参考。

本 章 小 结

本章首先介绍了预算的特点、作用、分类以及预算体系和预算工作的组织,其次采取比较分析方法,详细论述了增量预算与零基预算、固定预算与弹性预算、定期预算与滚动预算等几种主要的财务预算编制方法的特点、适用性及其优缺点;并结合企业全面预算编制实例,以销售预算为起点,完整地逐一说明生产预算、直接材料预算、直接人工预算、制造费用预算、产品成本预算、销售及管理费用预算、资产支出预算、现金预算、利润表预算和资产负债表预算的编制。最后,阐述了预算的执行、调整、分析及考核。

思 考 与 练 习

复习思考题

1. 全面预算由哪些部分组成?
2. 什么是增量预算与零基预算? 它们有什么优缺点?
3. 什么是固定预算与弹性预算? 它们有什么优缺点和适用性?
4. 什么是定期预算与滚动预算? 它们有什么优缺点和适用性?
5. 如何编制企业预算?

练 习 题

一、单项选择题

1. 下列有关预算执行的说法中,错误的是( )。
   A. 企业应当建立预算报告制度,要求各预算执行单位定期报告预算的执行情况
   B. 企业预算委员会对预算执行单位的预算调整报告进行审核分析
   C. 企业要形成全方位的预算执行责任体系
   D. 预算调整事项不能偏离企业发展战略

2. 对于预算执行单位提出的预算调整事项,企业进行决策时,一般应遵循的要求不包括( )。
   A. 预算调整重点应当放在预算执行中出现的重要的、非正常的、不符合常规的关键性差异方面
   B. 预算调整方案应当在经济上能够实现最优化
   C. 预算调整事项不能偏离企业发展战略
   D. 正式下达执行的预算,一般不予调整

3. 下列各项中,不会对预计资产负债表中"存货"金额产生影响的是( )。
   A. 生产预算   B. 材料采购预算
   C. 销售费用预算   D. 单位产品成本预算

4. 全面预算编制的终点是(　　)。

    A. 专门决策预算　　　　　　　　　　B. 预计利润表

    C. 预计资产负债表　　　　　　　　　D. 现金预算

5. 某企业编制第四季度现金预算,现金多余或不足部分列示金额为 35 000 元,第二季度借款 85 000 元,借款年利率为 12%,每年年末支付利息,该企业不存在其他借款,企业需要保留的现金余额为 5 000 元,并要求若现金多余首先购买 5 000 股 A 股票,每股市价 2.5 元,其次按 1 000 元的整数倍偿还本金,若季初现金余额为 2 000 元,则年末现金余额为(　　)元。

    A. 7 735　　　　　B. 5 990　　　　　C. 5 850　　　　　D. 7 990

6. 企业按弹性预算方法编制费用预算,预算直接人工工时为 10 万小时,变动成本为 60 万元,固定成本为 30 万元,总成本费用为 90 万元;如果预算直接人工工时达到 12 万小时,则总成本费用为(　　)万元。

    A. 96　　　　　　B. 108　　　　　C. 102　　　　　D. 90

7. 下列选项中,一般属于长期预算的是(　　)。

    A. 销售预算　　　　　　　　　　　　B. 直接材料预算

    C. 制造费用预算　　　　　　　　　　D. 资本支出预算

8. 下列预算中,只使用实物量作为计量单位的是(　　)。

    A. 现金预算　　　　　　　　　　　　B. 资产负债表预算

    C. 生产预算　　　　　　　　　　　　D. 销售预算

9. 已知 A 公司销售当季度收回货款 50%,下季度收回货款 40%,下下季度收回货款 10%,预算年度期初应收账款金额为 27 万元,其中包括上年第三季度销售的应收账款 7 万元,第四季度销售的应收账款 20 万元,则下列说法中,不正确的是(　　)。

    A. 上年第四季度的销售额为 40 万元

    B. 上年第三季度的销售额为 70 万元

    C. 上年第三季度销售的应收账款 7 万元在预计年度第一季度可以全部收回

    D. 第一季度收回的期初应收账款为 27 万元

10. 单位生产成本预算的编制基础不包括(　　)。

    A. 生产预算　　　　　　　　　　　　B. 直接材料预算

    C. 制造费用预算　　　　　　　　　　D. 销售费用预算

11. 某企业上年销售 10 万件产品,对应的制造费用是 50 万元,今年预计销量增加到 12 万件,仍然把制造费用预算定为 50 万元,由此看出该企业采用的预算编制方法是(　　)。

    A. 固定预算　　　　B. 弹性预算　　　　C. 增量预算　　　　D. 零基预算

12. 运用零基预算法编制预算,需要按照费用项目的轻重缓急分析的费用项目是(　　)。

    A. 可避免费用　　　　　　　　　　　B. 不可避免费用

    C. 可延缓费用　　　　　　　　　　　D. 不可延缓费用

13. 企业预算管理中,不属于总预算内容的是(　　)。

    A. 现金预算　　　　　　　　　　　　B. 生产预算

    C. 利润表预算　　　　　　　　　　　D. 资产负债表预算

14. 东大公司销售的电子产品得到了消费者的广泛认可,由于在市场上供不应求,公司现决定追加投资一项专业设备来扩大生产量,购置该固定资产的预算属于(　　)。

    A. 业务预算　　　　　　　　　　　B. 专门决策预算

    C. 财务预算　　　　　　　　　　　D. 短期预算

15. 下列有关预算的特征及作用的说法中,不正确的是(　　)。

    A. 数量化和可执行性是预算最主要的特征

    B. 预算是对未来活动的细致、周密安排,是未来经营活动的依据

    C. 全面预算可以直接提供解决各级各部门冲突的最佳办法

    D. 预算标准可以作为业绩考核的标准

二、多项选择题

1. 下列项目中,通常属于短期预算的有(　　)。

    A. 业务预算　　　　　　　　　　　B. 专门决策预算

    C. 现金预算　　　　　　　　　　　D. 利润表预算

2. 某企业本月支付当月货款的 60%,支付上月货款的 30%,支付上上月货款的 10%,未支付的货款通过"应付账款"核算。已知 7 月份货款为 20 万元,8 月份货款为 25 万元,9 月份货款为 30 万元,10 月份货款为 50 万元,则下列说法中,正确的有(　　)。

    A. 9 月份支付 27.5 万元　　　　　B. 10 月初的应付账款为 14.5 万元

    C. 10 月末的应付账款为 23 万元　　D. 10 月初的应付账款为 11.5 万元

3. 预算的作用包括(　　)。

    A. 预算可以作为业绩考核的标准

    B. 预算可以实现企业内部各个部门之间的协调

    C. 预算可以减少企业各项支出

    D. 预算通过引导和控制经济活动,使企业经营达到预期目标

4. 下列有关预算的概念和特征的说法中,正确的有(　　)。

    A. 预算是企业在预测、决策的基础上,以数量和金额的形式反映企业未来一定时期内经营、投资、财务等活动的具体计划

    B. 编制预算的目的是以各种方式实现预定目标

    C. 数量化和可执行性是预算最主要的特征

    D. 预算必须与企业的战略或目标保持一致

5. 在进行弹性预算编制时,可以采用的方法有(　　)。

    A. 公式法　　　　　　　　　　　　B. 因素分析法

    C. 销售百分比法　　　　　　　　　D. 列表法

6. 关于编制预算的方法,下列对应关系中,正确的有(　　)。

    A. 固定预算方法和弹性预算方法　　B. 定期预算方法与滚动预算方法

    C. 静态预算方法和连续预算方法　　D. 增量预算方法和零基预算方法

7. 零基预算的优点表现在(　　)。

    A. 不受现有费用项目的限制

    B. 不受现行预算的束缚

    C. 能够调动各方面节约费用的积极性

D. 有利于促使各基层单位精打细算,合理使用资金

8. 编制生产预算中的"预计生产量"项目时,需要考虑的因素有(　　)。

A. 预计销售量　　　　　　　　　　B. 预计期初产成品存货

C. 预计期末产成品存货　　　　　　D. 前期实际销售量

9. 相对于固定预算,弹性预算的特点包括(　　)。

A. 预算范围宽　　　　　　　　　　B. 过于呆板

C. 可比性差　　　　　　　　　　　D. 便于预算执行的评价和考核

10. 某期现金预算中假定出现了正值的现金余缺数,且超过额定的期末现金余额,单纯从财务预算调剂现金余缺的角度看,该期可以采用的措施有(　　)。

A. 偿还部分借款利息　　　　　　　B. 偿还部分借款本金

C. 出售短期投资　　　　　　　　　D. 进行短期投资

三、计算题

1. 甲公司计划本年只生产一种产品,有关资料如下:

(1) 每季的产品销售货款有 60% 于当期收到现金,有 40% 于下个季度收到现金,预计第一季度末的应收账款为 3 800 万元,第二季度的销售收入为 8 000 万元,第三季度的销售收入为 12 000 万元。产品售价为 1 000 元/件。

(2) 每一季度末的库存产品数量等于下一季度销售量的 20%。单位产品材料定额耗用量为 5 千克,第二季度末的材料结存量为 8 400 千克,第二季度初的材料结存量为 6 400 千克,材料计划单价 10 元/千克。

(3) 材料采购货款在采购的季度支付 80%,剩余的 20% 在下季度支付,未支付的采购货款通过"应付账款"核算,第一季度末的应付账款为 100 万元。

要求:

(1) 确定第一季度的销售收入。

(2) 确定第二季度的销售现金收入合计。

(3) 确定第二季度的预计生产量。

(4) 确定第二季度的预计材料采购量。

(5) 确定第二季度采购的现金支出合计。

第九章 成本控制

【学习目标】 本章介绍了成本控制的含义及其作用和分类,详细介绍了标准成本控制、作业成本控制以及质量成本控制。要求理解成本控制的基本理论及成本控制的作用,掌握标准成本的制定以及成本差异的计算分析,了解作业成本控制的含义及其产生的背景,掌握作业成本的计算方法及其运用,了解质量成本控制的原则及程序。

【引导案例】

美国钢管公司成功的秘笈

美国钢管公司是一家生产乐器的制造商,多年来一直为音乐爱好者制造各种型号的短号、长号和低音大号。在庆祝该公司五十华诞时,有人问该公司的创始人乔治·芬尼先生,成功的秘笈是什么。他回答说:"质量控制和成本控制。我们紧缩银根,产品具有极高的质量、极低的缺陷率并进行严密的成本控制,我们的企业与当今其他企业一样面临高度激烈的竞争。我们以合理的成本产生了高质量的产品。我们通过监控生产来确保质量,并充分地利用我们的生产空间。我们用非常完善的标准成本法控制成本。"

芬尼先生继续说道:"我们为每件事情制定标准,如材料数量和价格、人工效率和工资率以及间接费用。我们的主计长不断提供详细的成本报告,告诉我们标准成本和实际成本有无差异。若差异是一种偶然因素所致,我们则忽略这种情况。"

芬尼先生还补充道:"标准成本法并不用于惩罚。我们从不用它过分地要求人们。它仅仅是一件诊断的工具,它帮助我们记录生产过程的财务状况。"

第一节 成本控制概述

成本控制与成本预测、成本决策、成本规划、成本考核共同构成了成本管理。其中,成本控制是成本管理的核心。

一、成本控制的含义

成本控制是企业根据一定时期预先建立的成本管理目标,由成本控制主体在其职权范围内,在生产耗费发生以前和成本控制过程中,对各种影响成本的因素和条件采取的一系列预防和调节措施,以保证成本管理目标实现的管理行为。成本控制有广义和狭义之分。

狭义的成本控制主要是指对生产阶段产品成本的控制,即运用一定的方法对产品生产过程中构成产品成本的一切耗费,进行科学严格的计算、限制和监督,将各项实际耗费限制在预先确定的预算、计划或标准的范围之内,并通过分析造成实际脱离计划或标准的原因,积极采取对策,以实现全面降低成本目标的一种会计管理行为或工作。狭义的成本控制比较看重对日常生产阶段产品成本的限制。

广义的成本控制则强调对企业生产经营的各个方面、各个环节以及各个阶段的所有成本的控制。它不仅要控制产品生产阶段的成本，而且要控制产品设计试制阶段的成本和销售及售后服务阶段的成本；不仅要控制产品成本，而且要控制产品成本以外的成本，如质量成本和使用寿命周期成本；不仅要加强日常的反馈性成本控制，而且要做好事前的前馈性成本控制。

狭义的成本控制和广义的成本控制的区别主要有以下几点：

第一，狭义的成本控制以完成规定的成本限额为目标。广义的成本控制以成本最小化为目标。

第二，狭义的成本控制仅限于成本限额的项目。广义的成本控制涉及企业的全部活动。

第三，狭义的成本控制是在执行决策过程中努力实现成本限额。广义的成本控制还包括正确选择经营方案，涉及制定决策的过程，包括成本预测和决策分析，通常称为成本经营。

第四，狭义的成本控制是指降低成本支出的绝对额，故又称绝对成本控制。广义的成本控制还包括统筹安排成本、数量和收入的相互关系，以求收入的增长超过成本的增长，实现成本的相对节约，故又称相对成本控制。

二、成本控制的作用

从控制的难易程度上看，在价格、成本、利润、资金等几大经济要素中，相对而言，企业对成本的控制具有更大的自主性；成本控制的直接结果是降低成本，增加利润，因而其处于经营管理的核心地位。

开展成本控制活动的目的就是防止资源的浪费，使成本降到并保持尽可能低的水平。成本控制的好坏直接关系企业的生存与发展，意义重大：

第一，成本控制是企业增加盈利的根本途径，直接服务于企业的目的。无论在什么情况下，降低成本都可以增加利润。即使是在某些不完全以盈利为目的的国有企业，如果成本很高，不断亏损，其生存受到威胁，也难以在调控经济、扩大就业和改善公用事业等方面发挥作用，同时还会影响政府财政，加重纳税人负担，对国计民生不利，失去其存在的价值。

第二，成本控制是企业抵抗内外压力、求得生存的主要保障。外有同业竞争、政府课税和经济环境逆转等不利因素，内有职工改善待遇和股东要求分红的压力。企业用于抵御内外压力的武器，主要是降低成本、提高产品质量、创新产品设计和增加产销量。提高售价会引发经销商和供应商相应的提价要求和增加流转税的负担，而降低成本可避免这类压力。

第三，成本控制是企业发展的基础。成本低了，可减价扩销，经营基础巩固了，才有力量去提高产品质量，创新产品设计，寻求新的发展。许多企业陷入困境的重要原因之一，是在成本失控的情况下盲目发展，一味在促销和开发新品上冒险，一旦市场萎缩或决策失误，企业没有抵抗能力，很快就会垮下去。

三、成本控制的分类

成本控制的内容非常广泛，这并不意味着成本控制需事无巨细，各行各业不同企业有不同的控制重点,成本控制也应该有计划、有重点地区别对待。成本控制可按不同的标志进行分类,常见的有如下几种。

（一）按控制的时间分类

成本控制按其时间特征可分为事前成本控制、事中成本控制和事后成本控制三种类型。

事前成本控制是指在产品投产前的设计、试制阶段,对影响成本的各有关因素所进行的事前规划、审核与监督,同时建立、健全各项成本的管理制度,达到防患于未然的目的。

事中成本控制是指在产品的生产过程中,从投料开始对成本的形成和偏离成本目标的差异进行的日常控制。

事后成本控制是指在产品形成之后的综合分析与考核,并对下一阶段的事前控制给予提示和指导。

狭义的成本控制只包括事前成本控制和事中成本控制。

（二）按控制的原理分类

成本控制按其控制的原理可分为前馈性成本控制、反馈性成本控制和防护性成本控制三种类型。

前馈性成本控制是指利用控制理论中的前馈控制原理在产品投产前对产品的设计、试制阶段所进行的成本控制。

反馈性成本控制是指利用反馈原理进行的产品在生产过程中日常或事后的成本控制。

防护性成本控制也称制度控制,是一种辅助控制形式,它通过企业内部制定的各种规章制度来约束成本的支出,防止偏差和浪费的发生。它与前馈性成本控制都属于事前的成本控制。

（三）按控制的手段分类

成本控制按其控制的手段可分为绝对成本控制和相对成本控制两种类型。

绝对成本控制侧重于节流,主要采取各项措施,节约各项费用开支,杜绝浪费。

相对成本控制是开源与节流并重,除采取各项措施节约开支外,还根据本量利分析的原理,充分利用生产能量,以达到相对降低成本的目的。

（四）按控制的对象分类

成本控制按其控制的对象可分为产品成本控制和质量成本控制两类。

产品成本控制是指对生产产品全过程的控制。

质量成本控制是质量管理与成本管理的有机结合,通过确定最优质量成本而达到控制成本的目的。

（五）按控制的时期分类

成本控制按其控制的时期可分为运营期成本控制和使用寿命周期成本控制两类。

运营期成本控制侧重于企业经营期内的成本控制。

使用寿命周期成本控制则从用户的角度出发,不仅研究经营期内的成本控制,而且侧重产品使用成本的控制。

四、成本控制的原则

实施成本控制需要遵循以下原则。

（一）全面控制的原则

全面控制的原则是指成本控制的全部、全员、全过程的控制。全部是对产品生产的全部费用要加以控制，不仅对变动费用要控制，对固定费用也要进行控制。全员控制是要发动领导干部、管理人员、工程技术人员和广大职工建立成本意识，参与成本的控制，认识到成本控制的重要意义，才能付诸行动。全过程控制，是对产品的设计、制造、销售过程进行控制，并将控制的成果在有关报表上加以反映，借以发现缺点和问题。

（二）经济效益的原则

提高经济效益，不单是依靠降低成本的绝对数，更重要的是实现相对的节约，取得最佳的经济效益，以较少的消耗，取得更多的成果。

（三）例外管理的原则

成本控制要将注意力集中在超乎常情的情况。因为实际发生的费用往往与预算有上下，如发生的差异不大，也就没有必要一一查明其原因，而只要把注意力集中在非正常的例外事项上，并及时进行信息反馈。

（四）因地制宜的原则

因地制宜是指成本控制系统必须符合个别设计，适合特定企业、部门、岗位和成本项目的实际情况，不可照搬别人的做法。

（五）目标管理及责任落实的原则

进行成本控制必须与目标管理经济责任制的建立、健全配套相衔接，事先将成本管理目标层层分解，明确规定有关方面和个人应承担的成本控制责任义务，并赋予其相应的权利，使成本控制的目标和相应的管理措施能够落到实处，成为考核的依据。

（六）物质利益的原则

对于那些成本控制卓有成效的部门或个人，应当在给予精神鼓励的同时再给予适当的物质鼓励；对于那些主观努力不够，成本控制效果不好，成本控制措施不得力的部门或个人，应当在查明原因的基础上给予相应的经济处罚。

五、成本控制的程序

成本控制的程序是指实施成本控制需要依次经过的步骤，通常包括以下内容。

（一）确定成本控制的目标或标准

成本控制的目标或标准是衡量成本及其每一项目应该达到的要求，是企业进行成本分析和评价的重要依据。如果没有目标或标准，也就无法进行成本控制。在实际工作中，成本控制的标准应根据成本形成的阶段和内容不同加以具体确定。

（二）分解落实控制的目标

通过成本目标的层层分解，将其具体落实到岗位、个人身上，通过责、权、利的有机结合，充分调动全体员工对成本控制的积极性和创造性。

（三）计算并分析成本差异

通过实际成本与一定的成本控制标准比较，进行成本控制的信息反馈，掌握成本发生的实际情况，及时揭示偏差，以便确定成本的节约与浪费，分析成本超支或节约的原因，确定责任归属。

（四）进行考核评价

通过对成本责任部门的考核与评价,奖优罚劣,促进成本责任部门不断改进工作,实现降低成本的目标。同时,通过考核评价,发现目前成本控制中存在的问题,改进现行成本控制制度及措施,以有效地进行成本控制。

第二节 标准成本控制

一、标准成本控制概述

（一）标准成本控制的含义

标准成本控制是成本控制中应用最为广泛和有效的一种成本控制方法,也称为标准成本制度、标准成本会计或标准成本法。它是以制定的标准成本为基础,将实际发生的成本与标准成本进行对比,揭示成本差异形成的原因和责任,采取相应措施,实现对成本的有效控制。

（二）标准成本控制的内容

标准成本控制由标准成本的制定、成本差异的计算分析和成本差异的账务处理三部分组成。其中:标准成本的制定与成本的前馈控制相联系,是标准成本控制的前提和关键,通过标准成本的制定,把成本的事前计划、日常控制和最终产品成本的确定有机地结合起来,可以加强成本的管理。成本差异的计算分析与成本的反馈控制相联系,是标准成本控制的重点,目的是明确优势与不足,为以后降低产品成本,加强成本控制奠定基础。而成本差异的账务处理则与成本的日常核算相联系,是将已经产生的成本差异各项目记录在账簿中,以满足对外报告会计的需要。

（三）标准成本控制的意义

采用标准成本控制,对于加强企业成本管理有着重要的意义,主要表现在以下几个方面。

1. 控制成本,提高成本管理水平

标准成本是通过科学合理的计算而确定的,它不仅事先消除了过去存在的浪费和不合理的支出,而且还考虑了未来发展趋势和应采取的措施,是事前成本控制的主要手段,同时也是事中成本控制的重要依据,在差异分析时,能及时发现问题,采取措施加以控制和纠正,从而降低成本水平,提高经济效益。

2. 正确评价和考核工作成果,调动职工积极性

标准成本是在事前经过科学分析所确定的、在正常的生产经营条件下应该发生的成本。在实际生产过程中,通过实际成本同标准成本的比较,进行差异分析,可以区分经济责任,正确评价职工的工作成绩,从而调动他们的工作积极性,参与成本的控制和管理,提高企业的成本管理水平。

3. 为企业的预算编制和经营决策提供依据

实施标准成本控制对标准成本规范要求的严格程度一般要高于预算编制,因此标准

成本资料可以直接作为编制预算的基础,为预算的编制提供了极大的方便,并提高了预算的现实可能性。另外,标准成本的制定进行了多方面的分析,剔除了许多不合理的因素,比实际成本更为客观,在差异分析中又对实际成本脱离标准成本的差异进行分析。因此,标准成本能够为企业的预算编制和经营决策提供依据。

4. 简化成本计算,为对外财务报表的编制提供资料

将标准成本纳入成本核算体系,形成了标准成本计算法。在日常的成本核算中,将标准成本和成本差异分别列示,可使日常的成本核算不受实际干扰,对于各项成本差异可以另外设置账户进行归集,在期末一次性调整,从而大大简化了日常的成本核算工作。

（四）标准成本的类型

标准成本是指产品生产过程中应该发生的成本,即产品成本的标准。企业在制定标准成本时,可以根据自身的技术条件和经营水平,在以下类型中进行选择。

1. 理想标准成本

理想标准成本是指在最优的生产条件下,利用现有规模和设备能够达到的最低成本,这种标准成本是在假定材料无浪费、设备无故障、产品无废品、工时全有效的基础上制定的,由于这种标准的要求过高,实际生产过程中很难达到,因此它不能作为考核的依据。

2. 正常标准成本

正常标准成本是指在效率良好的条件下,根据下一期应该发生的生产要素消耗量、预计价格和预计生产经营能力利用程度制定出来的标准成本。这种标准成本将未来视为历史的延伸,考虑了生产过程中不可避免的损失、故障、偏差等。因此它是一种可以经过努力可以达到的成本,但其应用有局限性,企业只有在国内外经济形势稳定、生产发展比较平稳的情况下才能采用。

3. 现行标准成本

现行标准成本是指根据企业生产期间应该发生的价格、效率和生产经营能力利用程度等预计的标准成本。它可以成为评价实际成本的依据,也可以用来对存货和销货成本计价。还可以用于直接评价工作效率和成本控制的有效性。

4. 基本标准成本

基本标准成本是指一经制定,只要生产的基本条件无重大变化,就不予变动的一种标准成本。基本标准成本与各期实际成本对比,可以反映成本变动的趋势。由于基本标准成本不按各期实际修订,不宜用来直接评价工作效率和成本控制的有效性。

二、标准成本的制定

制定标准成本,应该先制定单位产品的标准成本,然后在此基础上确定特定业务量水平上的标准成本总额。产品的标准成本是由产品的直接材料、直接人工和制造费用组成的。制定单位产品标准成本,应分别根据直接材料、直接人工的标准用量,材料价格标准,人工工资率标准和制造费用分配率标准进行具体计算。

标准成本的制定还需要确定用量标准和价格标准,两者相乘后得出成本标准。

用量标准包括单位产品材料消耗量、单位产品直接人工工时等,主要由生产技术部门主持制定,执行标准的部门和职工参加制定。

价格标准包括原材料单价、小时工资率、小时制造费用分配率等,由会计部门和有关

部门共同确定。采购部门是材料价格的责任部门,劳资部门和生产部门对小时工资率负有责任,各生产车间对小时制造费用承担责任。

单位产品的标准成本的基本计算公式为:

$$单位产品的标准成本＝直接材料标准成本＋直接人工标准成本＋制造费用标准成本$$
$$＝\sum（用量标准×价格标准）$$

(一)直接材料标准成本的制定

直接材料的标准成本是由材料的用量标准和价格标准两项因素决定的。

材料的用量标准是指单位产品耗用原料及主要材料的数量,通常也称为材料消耗定额。材料的用量标准应根据企业产品的设计、生产和工艺的现状,结合企业经营管理水平的情况和降低成本任务的要求,考虑材料在使用过程中发生的必要损耗,并按照产品的零部件来制定。

材料的价格标准通常采用企业制定的计划价格。企业在制定计划价格时,通常是以订货合同的价格为基础,并考虑将来各种变化情况,按各种材料分别计算的。

直接材料标准成本等于单位产品所需用的各种材料用量标准与各自的价格标准的乘积之和,即:

$$直接材料标准成本＝\sum（单位产品直接材料用量标准×直接材料价格标准）$$

(二)直接人工标准成本的制定

直接人工标准成本是由直接人工的用量标准和直接人工价格标准两项因素决定的。

直接人工的用量标准就是工时用量标准,也称工时消耗定额,是指企业在现有的生产技术条件、工艺方法和技术水平的基础上,考虑提高劳动生产率的要求,采用一定的方法,按照产品生产加工所经过的程序,确定的单位产品所需耗用的生产工人工时数。在制定工时消耗定额时,还要考虑生产工人必要的休息和生理上所需时间,以及机器设备的停工清理时间,使制定的工时消耗定额既合理又先进,从而达到成本控制的目的。

直接人工的价格标准就是标准工资率,通常由劳动工资部门根据用工情况制定。当采用计时工资时,标准工资率就是单位工时标准工资率,它是由标准工资总额除以标准总工时来计算的,即:

$$标准工资率＝标准工资总额÷标准总工时$$

因此,直接人工的标准成本可按照下面的公式来计算:

$$直接人工标准成本＝工时用量标准×标准工资率$$

(三)制造费用标准成本的制定

制造费用的标准成本也是由制造费用用量标准和制造费用价格标准两项因素决定的。

制造费用用量标准是指在现有生产技术条件下,生产单位产品所耗用的工作时间,即工时用量标准。其制定与制定直接人工用量标准的方法类似。

制造费用价格标准也就是制造费用的分配率标准。成本按照其性态,分为变动成本和固定成本。前者随着产量的变动而变动;后者相对固定,不随产量的变动而变动。所

以,制定制造费用标准成本时,也应分别制定变动制造费用的标准成本和固定制造费用的标准成本。其计算公式为:

$$变动制造费用标准分配率=变动制造费用预算总额÷标准总工时$$
$$固定制造费用标准分配率=固定制造费用预算总额÷标准总工时$$

因此,制造费用标准成本可按照下面的公式来计算:

$$变动制造费用标准成本=工时用量标准×变动制造费用标准分配率$$
$$固定制造费用标准成本=工时用量标准×固定制造费用标准分配率$$

(四)标准成本的制定

将以上确定的直接材料、直接人工和制造费用的标准成本按产品加以汇总,就可确定有关产品完整的标准成本。通常,企业编制"标准成本卡"反映产成品标准成本的具体构成。在每种产品生产之前,它的标准成本卡要送达有关人员,包括各级生产部门负责人、会计部门、仓库等,作为领料、派工和支出其他费用的依据。

【例9-1】 某公司计划20××年3月份正常生产能力为9 000直接人工小时,预算直接人工工资总额为36 000元,制造费用预算总额为18 720元。其中变动制造费用预算为7 200元,固定制造费用预算为11 520元。假设制造每件A产品的直接人工标准工时为10小时,直接材料的标准消耗数额为8千克,每千克标准单价为10元。计算A产品的标准成本。

解:首先,根据所给资料计算出工资率及制造费用分配率:

$$
\begin{aligned}
标准工资率 &= 直接人工工资总额÷直接人工标准工时数\\
&=36\ 000÷9\ 000\\
&=4(元/小时)
\end{aligned}
$$

$$
\begin{aligned}
变动制造费用标准分配率 &= 变动制造费用预算总额÷标准总工时\\
&=7\ 200÷9\ 000\\
&=0.8(元/小时)
\end{aligned}
$$

$$
\begin{aligned}
固定制造费用标准分配率 &= 固定制造费用预算总额÷标准总工时\\
&=11\ 520÷9\ 000\\
&=1.28(元/小时)
\end{aligned}
$$

其次,根据上述资料,计算A产品的标准成本,如表9-1所示。

表9-1

A产品标准成本计算表

项　　目	标准用量	标准价格	单位标准成本
直接材料	8千克	10元/千克	80元
直接人工	10小时	4元/小时	40元
变动制造费用	10小时	0.8元/小时	8元
固定制造费用	10小时	1.28元/小时	12.8元
合计			140.8元

三、成本差异的计算分析

（一）成本差异及其类型

成本差异是指一定时期生产一定数量的产品所发生的实际成本与相关的标准成本之间的差额。凡是实际成本大于标准成本的称为超支差异；凡是实际成本小于标准成本的称为节约差异。成本差异可以按照不同标志分为以下类型。

1. 按成本差异构成内容不同进行分类

按成本差异构成内容不同，可将成本差异分为总差异、直接材料成本差异、直接人工成本差异和制造费用成本差异。

2. 按成本差异形成过程进行分类

按成本差异形成过程，可将成本差异分为价格差异与用量差异。

3. 按成本差异与其他因素的关系进行分类

按成本差异与其他因素的关系，可将成本差异分为纯差异和混合差异。

4. 按成本差异是否可以控制进行分类

按成本差异是否可以控制，可将成本差异分为可控差异和不可控差异。

差异的计算公式为：

总差异＝实际产量下实际成本－实际产量下标准成本

　　　　＝实际用量×实际价格－实际产量下标准用量×标准价格

　　　　＝（实际用量－实际产量下标准用量）×标准价格＋实际用量×（实际价格－标准价格）

　　　　＝用量差异＋价格差异

其中，　　　　用量差异＝标准价格×（实际用量－实际产量下标准用量）

　　　　　　　价格差异＝（实际价格－标准价格）×实际用量

（二）变动成本差异的分析

直接材料、直接人工和变动制造费用都属于变动成本，其成本差异分析的基本方法相同。由于它们的实际成本高低取决于实际用量和实际价格，标准成本的高低取决于标准用量和标准价格，所以其成本差异可以归结为价格脱离标准造成的价格差异与用量脱离标准造成的用量差异两类。

1. 直接材料成本差异分析

直接材料成本差异是指直接材料实际成本与标准成本之间的差额。其形成的原因有两个：一是价格脱离标准，按实际用量计算，称为价格差异。二是用量脱离标准，按标准价格计算，称为用量差异。其计算公式为：

材料价格差异＝（实际价格－标准价格）×实际数量

材料用量差异＝（实际数量－标准数量）×标准价格

计算结果如果是正数表示超支，为不利差异，通常用 U 表示；如果为负数表示节约，为有利差异，通常用 F 表示。

材料价格差异的形成受各种主客观因素的影响，较为复杂，如市场价格、供货厂商、运输方式、采购批量等的变动，都可能导致材料的价格差异。但由于它与采购部门的关系更为密切，所以其差异应主要由采购部门承担责任。

直接材料的用量差异形成的原因是多方面的,有生产部门的原因,也有非生产部门的原因。例如,产品结构设计、原料质量、工人的技术熟练程度、废品率的高低等都会导致材料用量的差异。材料用量差异的责任需要通过具体分析才能确定,但往往应由生产部门承担。

【例9-2】　本月生产产品400件,使用材料2 500千克,材料单价为0.55元/千克;直接材料的单位产品标准成本为3元,即每件产品耗用6千克直接材料,每千克材料的标准价格为0.5元。根据上述公式计算:

$$直接材料价格差异 = 2\ 500 \times (0.55 - 0.5) = 125(元)(U)$$
$$直接材料数量差异 = (2\ 500 - 400 \times 6) \times 0.5 = 50(元)(U)$$

直接材料价格差异与数量差异之和,应当等于直接材料成本的总差异。

$$直接材料成本差异 = 实际成本 - 标准成本$$
$$= 2\ 500 \times 0.55 - 400 \times 6 \times 0.5$$
$$= 1\ 375 - 1\ 200 = 175(元)(U)$$
$$直接材料成本差异 = 价格差异 + 数量差异 = 125 + 50 = 175(元)(U)$$

2. 直接人工成本差异分析

直接人工成本差异是指直接人工实际成本与标准成本之间的差额。其也被分为价格差异和用量差异。价格差异是指实际工资率脱离标准工资率,根据差额和实际工时计算确定的金额,又称为直接工资率差异;用量差异是指实际工时脱离标准工时,根据差额和标准工资率计算确定的金额,又称直接人工效率差异。其计算公式为:

$$直接工资率差异 = (实际工资率 - 标准工资率) \times 实际工时$$
$$直接人工效率差异 = (实际工时 - 标准工时) \times 标准工资率$$

直接工资率差异形成原因比较复杂,工资制度的变动、工人的升降级、加班或临时工的增减等都将导致工资率差异。一般地,这种差异的责任不在生产部门,劳动人事部门更应对其承担责任。

直接人工效率差异的形成原因也是多方面的,工人技术状况、工作环境和设备条件的好坏等,都会影响效率的高低,但其主要责任还是在生产部门。

【例9-3】　本月生产产品400件,实际使用工时890小时,支付工资4 539元;直接人工的标准成本是10元/件,即每件产品标准工时为2小时,标准工资率为5元/小时。按上述公式计算:

$$工资差异率 = 890 \times (4\ 539 \div 890 - 5) = 89(元)(U)$$
$$人工效率差异 = (890 - 400 \times 2) \times 5 = 450(元)(U)$$

工资率差异与人工效率差异之和,应当等于人工成本总差异,并可据此验算差异分析计算的正确性。

$$人工成本差异 = 实际人工成本 - 标准人工成本$$
$$= 4\ 539 - 400 \times 10 = 539(元)(U)$$
$$人工成本差异 = 工资率差异 + 人工效率差异 = 89 + 450 = 539(元)(U)$$

3. 变动制造费用差异分析

变动制造费用差异是指实际变动制造费用与标准变动制造费用之间的差额。它也可被分解为价差和量差两个部分。价差是指变动制造费用的实际小时分配率脱离标准,按其实际工时计算的金额,反映了耗费水平的高低,故称为变动制造费用耗费差异。量差是指实际工时脱离标准工时,按标准的小时费用率计算确定的金额,反映工作效率变化引起的费用节约或超支,故称为变动制造费用效率差异。其计算公式为:

变动制造费用耗费差异=(变动制造费用实际分配率-变动制造费用标准分配率)×实际工时

变动制造费用效率差异=(实际工时-标准工时)×变动制造费用标准分配率

造成变动制造费用耗费差异的原因可能是预算或标准估计有误,间接材料价格的变化,间接材料质量低劣,其他各项费用控制不当等。由于其构成内容繁多,具体原因不同,在进行成本差异分析时,应根据具体情况确定其责任的归属对象。

造成变动制造费用效率差异的原因与直接人工效率差异产生的原因相同,其责任归属也与直接人工效率差异相同。

【例 9-4】 本月实际产量 400 件,使用工时 890 小时,实际发生变动制造费用 1 958 元;变动制造费用标准成本为 4 元/件,即每件产品标准工时为 2 小时,标准的变动制造费用分配率为 2 元/小时。按上述公式计算:

变动制造费用耗费差异=890×(1 958÷890-2)=178(元)(U)

变动制造费用效率差异=(890-400×2)×2=180(元)(U)

验算:

变动制造费用成本差异=实际变动制造费用-标准变动制造费用

=1 958-400×4=358(元)(U)

变动制造费用成本差异=变动制造费用耗费差异+变动制造费用效率差异

=178+180=358(元)(U)

(三) 固定制造费用的差异分析

固定制造费用与变动制造费用不同,它具有在相关范围内总额固定不变的特性,但在实际工作中,由于生产能力利用程度不同,生产效率高低不同,以及实际执行与预算不完全一致,仍会出现固定制造费用差异。对固定制造费用进行成本控制,不需要像变动制造费用那样通过编制弹性预算来实现,而是通过编制固定预算来实现。其分析方法有"二因素分析法"和"三因素分析法"。

1. 二因素分析法

二因素分析法是将固定制造费用差异分解为耗费差异和能量差异。其中,耗费差异是指固定制造费用的实际金额与固定制造费用预算金额之间的差额;而能量差异则是固定制造费用预算金额与固定制造费用标准成本的差额。其计算公式为:

固定制造费用耗费差异=固定制造费用实际数-固定制造费用预算数

固定制造费用能量差异=固定制造费用预算数-固定制造费用标准成本

=固定制造费用标准分配率×生产能量

-固定制造费用标准分配率×实际产量标准工时

=(生产能量-实际产量标准工时)×固定制造费用标准分配率

【例 9-5】 本月实际产量 400 件,发生固定制造成本 1 424 元,实际工时为 890 小时,企业生产能量为500件即1 000小时;每件产品固定制造费用标准成本为3元/件,即每件产品标准工时为2小时,标准分配率为1.50元/小时。按上述公式计算:

$$固定制造费用耗费差异=1\ 424-1\ 000\times1.5=-76(元)(F)$$
$$固定制造费用能量差异=1\ 000\times1.5-400\times2\times1.5=300(元)(U)$$

验算:

$$固定制造费用成本差异=实际固定制造费用-标准固定制造费用$$
$$=1\ 424-400\times3=224(元)(U)$$
$$固定制造费用成本差异=耗费差异+能量差异$$
$$=-76+300=224(元)(U)$$

2. 三因素分析法

三因素分析法是指将固定制造费用成本差异分为耗费差异、效率差异和闲置能量差异三个部分。它是将二因素分析法的"能量差异"因素继续分解为两个部分:一部分是实际工时未达到生产能量而造成的闲置能量差异;另一部分是实际工时脱离标准工时而形成的效率差异。其计算公式为:

$$固定制造费用闲置能量差异=固定制造费用预算数-实际工时\times固定制造费用标准分配率$$
$$=(生产能量-实际工时)\times固定制造费用标准分配率$$
$$固定制造费用效率差异=实际工时\times固定制造费用标准分配率$$
$$-实际产量标准工时\times固定制造费用标准分配率$$
$$=(实际工时-实际产量标准工时)\times固定制造费用标准分配率$$

【例9-6】 据[例9-5]中的资料计算:

$$固定制造费用闲置能量差异=(1\ 000-890)\times1.5=165(元)(U)$$
$$固定制造费用效率差异=(890-400\times2)\times1.5=135(元)(U)$$

三因素分析法的闲置能量差异165元与效率差异135元之和为300元,与二因素分析法中的"能量差异"数额相同。

四、成本差异的账务处理

有的企业将标准成本作为统计资料处理,并不记入账簿,只提供成本控制的有关信息。而把标准成本纳入账簿体系不仅能够提高成本计算的质量和效率,使标准成本发挥更大功效,而且可以简化记账手续。

标准成本系统账务处理的特点:第一,"原材料""生产成本"和"库存商品"账户登记标准成本;第二,设置成本差异账户分别记录各种成本差异,为便于考核,各成本差异账户还可以按责任部门设置明细账,分别记录各部门的各项成本差异;第三,各会计期末对成本差异进行处理。

会计期末对本期发生的各类成本差异可按以下方法进行处理。

(一)直接处理法

成本差异的直接处理法是将本期发生各种差异视同于销货成本,全部计入当期利润表,由本期收入补偿的一种差异处理方法。这种方法的根据是:本期差异应体现本期成本控制的业绩,要在本期利润上予以反映。此方法比较简单,能使当期经营成果与成本控制的业绩直接挂钩,但当成本标准过于陈旧或实际成本水平波动幅度过大时,会因差异额过高而使当期净收益水平及存货成本水平失真。

(二)递延法

递延法也称分配法,是把本期的各类成本差异按标准成本的比例在期末存货和本期销货之间进行分配,从而将存货成本调整为实际成本的一种差异处理方法。这种方法的依据是:既然成本差异的产生与存货和销货都有关系,当然就不能只由本期销货负担,应该有一部分差异随期末存货递延到下个会计期间。虽然应用此方法可以确定产品的实际成本,但成本差异的分配工作过于繁琐。

(三)稳健法

稳健法也称折中法,是将成本差异按主客观原因分别处理的方法。它是在实物中对直接处理法和递延法的变通,即对客观差异(一般指价格差异)按递延法处理,对主观差异(一般指用量差异)按直接处理法处理。这种方法既能在一定程度上通过利润来反映成本控制的业绩,又可以将非主观努力可控的差异合理地分配给有关对象。其缺点是不符合一致性原则。

(四)年末一次处理法

年末一次处理法即各月月末只汇总各类差异,到年末才一次性处理。这样不仅可简化各月处理差异的手续,而且在正常情况下,各月差异正负相抵后,年末一次处理额并不大,可避免各月利润因直接负担差异而波动。但是如果年内某种差异只有一种变动趋势,则在年末一次处理时,会因累积差异过大而歪曲企业的财务状况和经营成果。一般在后一种情况下不宜采用此法。

第三节 作业成本管理

一、作业成本管理概述

(一)作业成本管理的含义

作业成本管理是以提高客户价值、增加企业利润为目的,基于作业成本法的新型集中化管理方法。它通过对作业及作业成本的确认、计量,最终计算产品成本,同时将成本计算深入作业层次,对企业所有作业活动追踪并动态反映。此外,还进行成本链分析,包括动因分析、作业分析等,为企业决策提供准确信息,指导企业有效地执行必要的作业,消除和精简不能创造价值的作业,从而达到降低成本,提高效率的目的。

为开展作业成本管理,构筑作业成本核算模型,就需要对作业成本进行计算。作业成本管理涉及的四大核算要素是:资源、作业、成本对象、成本动因。其中资源、作业和成本对象是成本的承担者,是可分配对象,在企业中,资源、作业和成本对象往往具有比较复杂的关系;成本动因则是导致生产中成本发生变化的因素,只要能导致成本发生变化,就是成本动因。

1. 资源

资源作为一个概念，外延非常广泛，涵盖了企业所有价值载体，包括物料、能源、设备、资金和人工等。但在作业成本管理中的资源，实质上是指为了产出作业或产品而进行的费用支出，换言之，资源就是指各项费用总体。作为分配对象的资源就是消耗的费用，或可以理解为每一笔费用。资源如果直接面向作业和成本对象分配，就是传统成本法的直接材料。

2. 作业

作业是指在一个组织内为了某一目的而进行的耗费资源的工作。作业是作业成本管理的核心要素。根据企业业务的层次和范围，可将作业分为以下四类：单位作业、批别作业、产品作业和支持作业：①单位作业：使单位产品或服务受益的作业，它对资源的消耗量往往与产品的产量或销量呈正比。常见的作业如加工零件、对每件产品进行的检验等；②批别作业：使一批产品受益的作业，作业的成本与产品的批次数量呈正比。常见的如设备调试、生产准备等；③产品作业：使某种产品的每个单位都受益的作业。例如，零件数控代码编制、产品工艺设计作业等；④支持作业：为维持企业正常生产，而使所有产品都受益的作业，作业的成本与产品数量无相关关系。例如，厂房维修、管理作业等。通常认为前三个类别以外的所有作业均是支持作业。

3. 成本对象

成本对象是企业需要计量成本的对象。根据企业的需要，可以把每一个生产批次作为成本对象，也可以把一个品种作为成本对象。在顾客组合管理等新的管理工具中，需要计算出每个顾客的利润，以此确定目标顾客群体，这里的每个顾客就是成本对象。

成本对象可以分为市场类成本对象和生产类成本对象。市场类成本对象的确定主要是按照不同的市场渠道、不同的顾客确定的成本对象，他主要衡量不同渠道和顾客带来的实际收益，核算结果主要用于市场决策，并支持企业的产品决策。生产类成本对象是企业内部的成本对象，包括各种产品和半成品，用于计量企业内部的生产成果。

4. 成本动因

成本动因是指导致成本发生的事项或活动，也称成本驱动因素。它决定成本的产生，并可作为分配成本的标准。按其在作业成本中体现的分配性质不同，可以分为资源动因和作业动因两类。

资源动因是指资源被各作业消耗的方式和原因，是引起作业成本变动的因素，是把资源成本分配到作业的基本依据。

作业动因是指作业贡献于最终产品的方式与原因，是表示成本对象或者其他作业对于作业需求的强度和频率的最恰当的单一数量度量标准，它用来把作业成本分配到成本对象或者其他作业，它反映了产品消耗作业的情况，如购货作业动因是发送购货单数量。

（二）作业成本管理与传统成本控制的区别

作业成本管理属于一种全新的成本控制方法，它与传统成本控制的区别主要表现在以下几个方面。

1. 成本控制的对象不同

作业成本管理以作业为基础实施成本控制，而传统成本控制以产品为对象实施成本控制。

2．成本控制的性质不同

作业成本管理站在战略的高度，以客户的需求为出发点进行作业价值分析，它属于战略管理不可缺少的一个组成部分；而传统的成本控制仅限于企业的内部，没有站在客户的角度进行成本的控制与分析。

3．研究范畴不同

作业成本管理进行作业链分析常常将分析的视角延伸至供应商或客户；而传统成本控制的研究范畴仅限于企业内部的供产销分析。

4．分析内容不同

作业成本管理以作业为基础，从资源动因、作业动因、作业链等角度进行价值分析；而传统成本控制是从成本项目角度进行的分析。

5．成本改进的侧重点不同

作业成本管理为消除非增值作业，常常采用先进的方法，如适时生产系统、全面质量管理等，这些方法的采用大大缩短了产品的生存时间，而传统的成本控制着眼于成本本身而非产品生产时间，显然两者对于成本改进的侧重点是不同的。

二、作业成本法的产生背景

成本会计的变化源于企业制造环境的变化和管理理论与方法的创新。进入 20 世纪 90 年代以后，企业外部环境的变化主要体现在：产品需求多样化，个性化；国际间分工合作日趋密切，世界经济一体化；技术不断革新，主要是围绕材料、产品、设备等生产技术的革新和以微电子技术为中心的革新，生产进一步自动化。外部环境的变化，使得传统的成本会计技术与方法所计算的成本扭曲了信息，无法解决现实问题。也就是说，企业面对新制造环境的冲击，使传统的成本计算和控制方法受到挑战：

第一，产品成本计算不准确。因为在新制造环境下，机器人和电脑辅助生产系统在某些工作上已经取代了人工，人工成本比重从传统制造环境下的 20％～40％降到了现在的不足 5％。但制造费用巨增并多样化，其分摊标准如果只用人工小时已难于正确反映各种产品的成本。

第二，成本控制可能产生反功能行为。传统成本会计，将预算与实际业绩编成差异报告，即将实际发生的成本与标准成本相比较。在新制造环境下，这一控制系统将产生反功能的行为。例如，为获得有利的效率差异，可能导致企业片面追求大量生产，造成存货的增加。另外，为获得有利价格差异，采购部门可能购买低质量的原材料，或进行大宗采购，造成质量问题或材料库存积压，等等。同时，多品种生产频繁地根据订货不同而交换作业，重复的作业大大减少，使标准成本失去了存在的意义。

第三，传统的责任会计方法也不再适合。传统的责任会计是以部门或人作为责任中心进行总体的成本控制的，因为人是作业主体。然而在新的制造环境下，自动化设备成了作业主体，那么部门不应是成本控制的对象，理应以设备作为成本中心。

针对传统成本会计不适应新制造环境的局面，美国会计学者提出了作业成本法。与传统成本计算方法相比，作业成本计算并不是传统的总分类账的替代物。它只是总分类账中成本归集或费用账户余额与运用成本数据进行决策的最终使用者之间的转换者或透明图。作业成本计算把死板的成本数据转化为相关信息以便使用者采取行动。伴随着作业成本计算的产生,作业管理也随之出现。作业成本计算与作业管理合称为作业成本法,作业成本法的出现动摇了传统管理会计的基础。

三、作业成本计算

(一)作业成本计算的概念

作业成本计算是指以作业为计算产品成本的中间桥梁,通过作业动因来确认和计量各作业中心的成本,并以作业动因为基础来分配间接费用的一种成本计算方法。其理论依据是:作业消耗资源,产品消耗作业。

(二)作业成本计算的程序

根据作业成本计算法"作业消耗资源,产品消耗作业"的基本指导思想,产品成本计算过程可以分为两个阶段:第一阶段,识别作业,根据作业消耗资源的方式,将作业执行中耗费的资源分派到作业,计算作业的成本。第二阶段,根据产品所消耗的成本动因,将第一阶段计算的作业成本分派到各有关成本对象。作业成本计算的具体步骤如下。

1. 设立资源库,并归集资源库价值

企业在生产产品或提供劳务过程中会消耗各种资源,企业应先为各类资源设置相应的资源库,并对一定期间内耗费的各种资源价值进行计量,将计量结果归入各资源库中。

2. 确认主要作业,并设立相应的作业中心

在进行作业确认时,一般按照重要性和同质性的要求进行划分,纳入同一个作业组应具备两个条件:一是属于同一类作业;二是对于不同产品来说,有着大致相同的消耗比率。

3. 确定资源动因,并将各资源库汇集的价值分派到各作业中心

资源动因是把资源库价值分派到各作业中心的依据,首先,企业应根据不同的资源,选择合适的资源动因。其次,根据各项作业所消耗的资源动因数,将各资源库的价值分配到各作业中心。

4. 选择作业动因,并确定各作业成本的成本动因分配率

作业成本分配率可以分为实际作业成本分配率和预算作业成本分配率两种形式。

(1)实际作业成本分配率。实际作业成本分配率主要用于作业产出比较稳定的企业,其优点是计算的成本是实际成本,无需分配实际成本与预算成本的差异;主要缺点表现在三个方面:一是作业成本资料只能在会计期末才能取得,不能随时提供进行决策的有关成本信息;二是不同会计期间作业成本不同,作业需求量也不同,因此计算出的成本分配率时高时低;三是容易忽视作业需求变动对成本的影响,不利于划清造成成本高低的责任归属。其主要用于作业产出比较稳定的企业。

$$实际作业成本分配率=当期实际发生的作业成本÷当期实际作业产出$$

(2)预算作业成本分配率。预算作业成本分配率根据预算年度预计的作业成本和预计作业产出计算,其计算公式为:

$$预算作业成本分配率=预计作业成本÷预计作业产出$$

预算作业成本分配率可以克服实际作业成本分配率的缺点,能够随时提供决策所需的成本信息,可以避免因作业成本变动和作业需求不足引起的产品成本波动,并且有利于

及时查清成本上升的原因。

5. 计算作业成本和产品成本

根据每种产品所耗用的成本动因数和该作业分配率,可以计算该产品应负担的作业成本和单位成本。

首先计算耗用的作业成本,其计算公式为:

$$某产品耗用的作业成本 = \sum（该产品耗用的作业量 \times 实际作业成本分配率）$$

然后计算当期发生成本,即产品成本,直接材料成本、直接人工成本和各项作业成本共同构成某产品当期发生的总成本,其计算公式为:

$$某产品当期发生的总成本 = 当期投入该产品的直接成本 + 当期耗用的各项作业成本$$

其中: 直接成本＝直接材料成本＋直接人工成本

【例9-7】 某企业生产甲、乙两种产品,甲产品产量小,但工艺过程较为复杂;乙产品产量大,技术工艺较为简单。有关资料如下。

(1) 甲、乙两种产品的基本资料如表9-2所示。

表9-2

甲、乙产品基本资料

产品名称	年产量(台)	单位产品机器工时(小时)	直接材料单位成本(元)	直接人工单位成本(元)
甲	10 000	10	50	20
乙	40 000	10	30	20

(2) 企业每年制造费用总额为2 000 000元。甲、乙两种产品的复杂程度不一样,所耗用的作业量也不一样。依据作业动因设置5个成本库。有关资料如表9-3所示。

表9-3

甲、乙产品作业成本资料

金额单位:元

作业名称	成本动因	作业成本	作业动因数		
			甲产品	乙产品	合计
机器调整	调整次数	600 000	3 000	2 000	5 000
质量检验	检验次数	480 000	5 000	3 000	8 000
生产订单	订单份数	120 000	400	200	600
机器维修	维修次数	600 000	600	400	1 000
材料验收	验收次数	200 000	300	100	400
合计		2 000 000			

要求:分别用作业成本法与传统成本法计算上述两种产品的单位成本。

首先,用作业成本法计算各项作业的成本动因分配率,计算结果如表9-4所示。

表9-4

作业成本动因分配率

作业名称	成本动因	作业成本	作业动因数			分配率
			甲产品	乙产品	合计	
机器调整	调整次数	600 000	3 000	2 000	5 000	120
质量检验	检验次数	480 000	5 000	3 000	8 000	60
生产订单	订单份数	120 000	400	200	600	200
机器维修	维修次数	600 000	600	400	1 000	600
材料验收	验收次数	200 000	300	100	400	500
合计		2 000 000				

其次,计算作业成本法下两种产品的制造费用。计算结果如表9-5所示。

表9-5

按作业成本法计算的制造费用

金额单位:元

作业名称	作业成本	作业动因数		分配率	分配的制造费用	
		甲产品	乙产品		甲产品	乙产品
机器调整	600 000	3 000	2 000	120	360 000	240 000
质量检验	480 000	5 000	3 000	60	300 000	180 000
生产订单	120 000	400	200	200	80 000	40 000
机器维修	600 000	600	400	600	360 000	240 000
材料验收	200 000	300	100	500	150 000	50 000
合计	2 000 000				1 250 000	750 000

再次,使用传统成本法分别计算甲、乙两种产品的制造费用。

甲、乙两种产品的机器工时分别为100 000小时(1 000×10)和400 000小时(4 000×10),制造费用总额为2 000 000元。

$$制造费用分配率 = 2\,000\,000 \div (100\,000 + 400\,000) = 4(元/小时)$$
$$甲产品制造费用 = 100\,000 \times 4 = 400\,000(元)$$
$$乙产品制造费用 = 400\,000 \times 4 = 1\,600\,000(元)$$

最后,比较两种成本计算法下制造费用分配的结果,如表9-6所示。

表 9-6

两种成本计算法下制造费用对照表

| 项目 | 甲产品(产量 10 000 台) | | | | 乙产品(产量 40 000 台) | | | |
| | 总成本 | | 单位成本 | | 总成本 | | 单位成本 | |
	传统	作业	传统	作业	传统	作业	传统	作业
直接材料	500 000	500 000	50	50	1 200 000	1 200 000	30	30
直接人工	200 000	200 000	20	20	800 000	800 000	20	20
制造费用	400 000	1 250 000	40	125	1 600 000	750 000	40	18.75
合计	1 100 000	1 950 000	110	195	3 600 000	2 750 000	90	68.75

通过以上计算,可以看出,在传统成本计算法下,批量较小、技术上较复杂的产品,其成本在很大程度上被低估;批量大、技术上较为简单的产品,其成本在很大程度上被高估。这说明在传统成本法下,批量越大、技术越简单产品,成本信息被高估的可能性越大;反之,成本信息被低估的可能性越大。在作业成本法下,以作业量为基础分配制造费用,即为不同的作业消耗选择相应成本动因项产品分配制造费用,使成本计算准确性大大提高。

四、作业成本管理

(一)作业成本管理的实施步骤

尽管作业成本管理在不同行业、不同经济技术条件、不同规模的企业实施各具特点,但是根据作业成本管理的基本原理,借鉴西方企业的实施经验,我国企业在具体实施时,一般应遵循下列程序进行操作。

1. 分析累积顾客价值的最终商品的各项作业,建立作业中心

既然企业最终商品的顾客价值均由作业链创造,那么作业成本管理的着眼点就应放在这条作业链上,对构成作业链的各项作业进行分析,确认主要作业和作业中心。一个作业中心即是生产程序的一部分,按照作业中心汇集和披露成本信息,便于管理当局控制作业,考评绩效。

2. 归类汇总企业相对有限的各种资源,并将资源合理分配给各项作业

企业的生产经营活动消耗作业,作业则消耗资源,而企业的资源总是有限的。因此,作业成本管理强调要对企业的各种资源分类汇总,建立资源库,根据需要科学合理地对各项作业进行资源配置,并对各项作业资源耗费所创造的顾客价值大小进行跟踪的动态分析,尽可能降低必要作业的资源消耗,杜绝不必要作业的资源浪费。

3. 对生产经营的最终商品或劳务分类汇总,明确成本对象

成本对象的确定必须包括所有的最终商品或劳务,不能遗漏某种商品或劳务,否则,其他商品或劳务就会承担过高的成本,从而造成成本信息的失真。但是,作业成本管理并

不是直接以最终商品或劳务为成本管理的对象,而是将其相关的作业、作业中心、顾客和市场纳入成本管理体系,这样就抓住了资源向成本对象流动的关键。

4. 发掘成本动因,加强成本控制

发掘成本动因,就是摈弃传统的狭隘的成本分析方式,代之以宽广的、与战略相结合的方式进行成本动因分析,并以成本动因为标准,将各项成本聚集到终极商品或劳务。加强成本控制,主要强调两个方面:一是控制成本动因,只有了解了主要价值链活动的成本动因,才能真正控制成本;二是通过改造和优化企业的主要作业链活动,如商品设计与研制开发、生产、营销等,来取得成本竞争优势。

5. 建立、健全业绩评价体系,加强成本管理的绩效考评

实施作业成本管理,必须结合责任会计制度建立、健全成本管理的绩效评价体系,将作业中心的确立与责任中心的划分衔接一致,明确经济责任和权限范围。通过使用合适的成本动因,保证成本指标和经营绩效的真实性与可靠性,从而有助于管理当局从非财务的角度进行业绩评价,进一步从理论上完善责任会计。

作业成本管理将控制成本、降低成本的视野由以"商品"为中心转移到以"作业"为中心,它不是以"成本"论成本,而是联系成本发生的前因(成本动因)与后果(成本耗费)来寻求控制成本的途径和方法;它不是简单、盲目地削减成本,而是通过对作业的跟踪和动态反映,通过事前、事中、事后的作业链及价值链分析,实现企业持续低成本、高效益目标。

（二）作业成本管理实施的现实意义

作业成本管理以作业为成本管理的起点与核心,比之传统的以商品或劳务为中心的成本管理是一次深层次的变革和质的飞跃。

1. 适应新经济技术环境的客观要求

随着全球经济一体化和资本国际化进程的加快,科学技术朝着信息化方向迅猛发展,市场需求的多样化、个性化,现代企业商品生产过程的自动化、信息化以及制造系统的复杂化是当前不可逆转的大趋势。在这种新的经济技术环境下,若继续采用在商品成本中所占比重越来越小的直接人工去分配所占比重越来越大的制造费用,必将导致商品成本信息的严重失真,进而误导企业的战略决策。

而作业成本管理与传统成本管理的显著区别,在于将企业视作为满足顾客需要而设计的一系列作业的集合体,企业商品凝聚了在各个作业上形成而最终转移给顾客的价值,作业链同时表现为价值链。从而将成本管理的着眼点与重点从传统的"商品"转移到了"作业",以作业为成本分配对象,这样不仅能够科学合理地分配各种制造费用,提供较为客观的成本信息,而且能够通过作业分析,追根溯源,不断改进作业方式,合理地进行资源配置,实现持续降低成本的目标。因此,作业成本管理能够很好地适应新经济技术环境对成本管理的客观要求。

2. 有利于加强成本控制

自 20 世纪 80 年代以来,现代企业间的市场竞争进入白热化。与此相适应,企业商品通常采用多品种、个性化、小批量的生产经营模式,以适应顾客日新月异的多样化需求。使传统的以"商品"为管理的核心与起点,以标准成本与实际成本的差异分析及控制为重点的成本管理,日益难以适应这种新的、动态的、不稳定的生产经营环境。

而作业成本管理则以作业成本为对象,以每一作业的完成及其所耗资源为重点,以成

本动因为基础,及时、有效地提供成本控制所需的相关信息。从而可以极大地增强管理人员的成本意识,并以作业中心为基础设置成本控制责任中心,将作业员工的奖惩与其作业责任成本控制直接挂钩,充分发挥企业员工的积极性、创造性与合作精神,进而达到有效地控制成本的目的。

3. 有利于提高商品的市场竞争能力

随着社会生产的发展和世界经济的一体化,现代企业间的市场竞争也逐渐趋于激烈化和国际化。而我国传统的成本管理模式只注重商品投产后与生产过程相关的成本管理,忽视了投产前商品开发与设计的成本管理,这已愈来愈难适应当代社会经济发展的需要,极大地阻碍了企业商品市场竞争能力的提高。

作业成本管理则能很好地适应现代企业在激烈的市场竞争中的发展需要,从一开始就特别重视商品设计、研究开发和质量成本管理,力求按照技术与经济相统一的原则,科学合理地配置相对有限的企业资源,不断改进商品设计、工艺设计以及企业价值链的构成,从而提高企业商品的市场竞争能力。

第四节　质量成本控制

一、质量成本控制的含义

产品的质量是指产品能够满足消费者某种使用要求的程度,程度越高,说明产品的质量越好,越能受到消费者的信赖和欢迎。可是,一般来说,提高产品的质量势必增加某些费用支出,而在一定时期内,在市场能够接受价格的前提下,企业的效益必将受到一定程度的影响,若提高产品的售价,其销售量又将受到影响。因此,企业在提高产品质量的问题上,除了要把握好"质量度"外,更重要的是如何使提高产品质量与降低产品成本有效地结合起来。

产品的质量成本是指企业为保证和提高产品质量而支出的一切费用,以及因未达到质量标准而发生的一切损失,它包括故障成本、鉴别成本和预防成本等内容。质量成本控制就是在既定的技术经济条件下,对质量成本的形成和发生施以必要的、积极的影响,从而实现最佳质量效益的行为。

二、产品质量成本的构成

(一)预防成本

预防成本是用于保证和提高产品质量、防止产品低于质量标准而发生的各种措施费用。包括新产品评审费用、质量计划工作费用、工序控制费用、全员质量培训费用、质量改革措施费用、质量审核费用以及其他费用。

(二)鉴别成本

鉴别成本是用于试验和检验,以评定产品是否符合所规定的质量标准所支付的费用。包括原材料、在制品、半成品的检验费用,工序检验费,设备检查费,产品检验费,检测手段维护校验费等。

（三）内部故障成本

内部故障成本指企业生产的半成品和产成品在出厂前因质量缺陷发生的损失和修复费用。包括返工费用、复检费用、废品损失以及产品等级降低造成的损失等。

（四）外部故障成本

外部故障成本指交货后因产品不能满足质量要求所造成的损失。包括保修费用、退货损失、折价损失、责任赔偿费、诉讼费等。

三、质量成本控制的原则

质量成本的控制应遵循下列原则。

（一）应以寻求适宜的质量成本为目的

企业的质量成本应与其产品结构、生产能力、设备条件及人员素质等相适应，也就是说，要根据本企业的特点，建立质量成本管理体系，并寻求适宜的质量成本目标并有效地控制它。

（二）应以真实可靠的质量记录、数据为依据

在实施质量成本管理过程中，所使用的各种记录、数据务必真实、可靠。只有这样，才可能做到核算准确、分析透彻、考核真实、控制有效。否则，势必流于形式，无法获取效益。

（三）把质量成本管理的职责明文列入各相关职能部门

质量成本管理是对生产经营全过程的管理，因此涉及各相关职能部门。例如，财务、检验、生产、售后服务、货仓等部门。只有把质量成本的统计及分析纳入其质量职能中，才能坚持不懈地开展这项工作。否则，仅靠质量部门是开展不了质量成本管理工作的。

（四）全员参与质量成本管理

根据财务成本和全面质量管理全员参与的要求及大质量的管理理念，要以"全员参与质量成本管理，全力进行质量成本优化，全过程落实质量成本控制，全方位实现质量成本效益"为内容开展质量成本管理活动，才能有效落实质量成本管理的目标规划，才能实现有效管理。

（五）建立完善的成本决算体系

要对成本进行控制，就要对成本的核算有统一的口径，应有对人工的工时、成品的加工成本、损失成本、生产定额等有统一的核算和计价标准，这样对于质量成本的计算才能快速、及时、准确，并且可以减少相关职能部门统计数据的主观性。

四、质量成本控制的内容

（一）严把产品的设计试制关

产品的设计质量决定着产品质量，它是生产过程中必须遵守的标准和依据。如果开发设计过程的质量管理薄弱，设计不周，铸成差错，则后来一切工艺和生产上的努力都将失去意义，而给产品留下后遗症。不仅严重影响质量以及投产后的生产秩序和其他一系列准备工作，使内部故障成本上升，而且会导致产品销售后，大量的退货、保修、索赔事件发生，使外部故障成本增大。因此，要严把产品设计试制关，不断提高产品设计质量。

然而，提高产品的设计质量，往往会导致质量成本的上升，特别是会使用于预防和鉴定方面的成本开支增大。例如，提高零件精度、光洁度，就会增加工时消耗，要求采取必要的工艺措施，增加工艺装备和检验工具，进行试验和研究，或改用较贵重的原材料等，从而

引起相应费用增加。不可否认的是,在优质优价条件下,产品质量的提高也会相应地提高产品的销售价格,使企业获得更多的收益。从经济学角度而言,产品的质量、成本和价格之间存在着密切的联系。

(二)注重生产过程中质量成本的控制

分析产品质量成本的构成,不难发现占总质量成本很大比重的内部故障成本是在生产过程中形成的,造成内部故障成本的原因是多方面的,既有由于检测手段不先进和检验人员的素质不高而造成的复检费用,也有由于操作工人技术水平不高,或操作失当而造成的废品损失和返修费用等。因此,对于生产过程中的质量成本控制应抓好以下工作。

1. 组织好技术检验工作

为了保证产品的质量,产品质量成本的控制,必须根据技术标准,对原材料、在制品、半成品、产品以及工艺过程质量进行检验,严格把关。因为不合格的原材料、零件、半成品等由于检验不严而转入后续生产,既消耗了人力、物力资源,又使质量成本大幅上升。因此,保证不合格的原材料不投产,不合格的零部件不转序,不合格的半成品不使用,不合格的成品不出厂,是降低质量成本的关键。

技术检验工作质量水平的高低,受制于两大因素:一是检验手段是否满足检验工作质量的要求,低水平的检验工具、设备、仪器等难以满足高质量产品检验工作的要求;二是检验人员的素质,质量检验人员业务素质的高低不同,对产品质量存在的或可潜在的问题的分析、判断、处理的结果也是不相同的。这都危及生产过程中的质量成本控制,因此,在适当投入满足质量检验工作要求的仪器、设备的同时,要不断提高检验人员的业务水平。

2. 不断提高生产操作人员的素质

产品的生产是由生产工人直接来完成的,产品质量的好坏,与操作人员业务素质水平的高低有很大的关系。因此,应不断提高生产人员理论知识水平和实际操作能力,要严格按照规章制度、操作标准办事,树立"质量是产品生命力"的观念,由被动地接受检验转变为我要检验、自我检验、相互检验,使整个生产过程处于质量监督保证体系之下,只有这样才能在不断提高产品质量的同时,降低产品的质量成本费用,提高企业的经济效益。

(三)建立、健全质量成本控制制度

1. 建立、健全质量成本控制责任制

在质量成本控制过程中,应明确质量总成本由质量检验部门负责,各类质量成本应分解、落实到各责任部门。具体来讲,预防成本应由技术部门负责,以控制那些在质量管理、产品开发设计、工艺和检验等阶段所发生的质量预防费用;鉴别成本应由质量检验部门负责,以控制那些在原材料、工序检验、成品检验、设备检验以及其他检验方面所发生的费用;内部故障成本应由生产车间负责,以控制那些在生产过程中可能发生的废品损失、降级损失、停工减少损失以及其他损失;外部故障成本应由销售部门负责,以控制那些在产品销售后可能发生的保修费用、退换损失、索赔费用等。只有明确各职能部门的质量成本控制责任制,才能使质量成本控制工作真正在良好、稳定的基础上不断提高和发展。

2. 建立、健全质量成本核算管理

制定质量成本核算的目的是加强考核和管理,企业可按照质量成本的四个类别设置对应的台账,"预防成本台账""鉴别成本台账""内部故障成本台账""处部故障成本台账",

反映各种费用的归集情况，以便确定质量成本发生的结构及质量总成本。质量成本核算涉及企业的许多部门，是一项复杂的系统工程，必须建立完整的管理制度。一般可按照"职能部门归口统计、分级管理、集中核算、财务部门统一汇总"的原则进行。要明确领导责任和归口管理部门，同时把分工原则、分工方法、所用资料、编写质量成本报告、进行质量分析和控制等纳入质量成本控制管理制度中去，以完善规范的制度，保证质量成本控制的实施。

五、质量成本控制的作用

质量成本是管理的经济表现，是衡量质量体系有效性的一个重要因素。对质量成本进行统计、核算、分析、报告和控制，不但可以找到降低生产成本的途径，促进经济效益的提高，同时还可以监督和指导质量管理活动的正常进行。因此，质量成本是质量管理深入发展和财务成本管理必须研究的问题。

开展质量成本管理对改进产品质量、降低成本、提高企业素质也具有重要的现实意义。质量成本管理的作用有以下几点。

（一）有利于控制和降低成本

目前，产品结构日益复杂，顾客对外观、精密度、可靠性要求甚高。因而，为使产品满足顾客需求所支出的质量成本增多，约占总销售额的 5%～10%。因此，分析质量成本中四类成本的比例关系，寻求质量成本的最佳值，从而进行控制就能最大限度地降低质量成本，达到降低产品成本的目的。

（二）寻求提高产品质量的途径

对质量成本进行分析与计算，有助于推进质量改进计划的实施，通过质量改进可以提高产品的可靠性，预防潜在不合格产品的产生。

（三）管理层能掌握质量管理中存在的问题

通过质量成本计算与分析，企业的管理层能看到各项费用所占的比例，能具体地了解产品质量和质量管理中存在的问题，以及对企业经济效益带来的影响。因此管理层能对企业的质量管理作出决策，也会支持质量推进计划的贯彻实施，并提供充分的资源。

（四）拓宽成本管理道路

过去，我国的成本管理实际上只是成本的事后计算，没有管理到生产经营的全过程，因此目标成本没有有效手段进行控制。引入质量成本后，对成本实施了全过程的预防性的控制，还要针对不同职能，分别核算，从而扩大成本管理的职能和工作范围，使成本管理进入一个新阶段。

本 章 小 结

成本控制是企业根据一定时期预先建立的成本管理目标，由成本控制主体在其职权范围内，在生产耗费发生以前和成本控制过程中，对各种影响成本的因素和条件采取的一系列预防和调节措施，以保证成本管理目标实现的管理行为。标准成本控制是指围绕标准成本的相关指标而设计的，将成本的前馈控制、反馈控制及核算功能有机结合而形成的一种成本控制系统。标准成本具有以下特点：以产品成本为对象,融成本计划、成本核算、成本控制为一体,突出成本控制在系统中的核心地位;成本差异揭示及时,按管理区域分类计算、分析和控制各种差异,责任分明;不强调计算产品的实际成本,反映成本差异旨在改进管理,降低消耗。作业成本法是以作业为核心,确认和计量耗用企业资源的所有作业,将耗用的资源成本准确地计入作业,然后选择成本动因,将所有作业成本分配给成本计算对象的一种成本计算方法。作业成本法的指导思想是："成本对象消耗作业,作业消耗资源。"作业成本法把直接成本和间接成本作为产品消耗作业的成本同等地对待,拓宽了成本的计算范围,使计算出来的产品成本更准确真实。质量成本控制是在既定的技术经济条件下,对质量成本的形成和发生施以必要的、积极的影响,从而实现最佳质量效益的行为。对质量成本进行控制,充分反映了现代企业对产品质量和产品成本的重视,也反映了技术与经济相结合、更是促进经济和社会这一历史发展的必然趋势。

思考与练习

复习思考题

1. 作业成本计算包括哪些基本程序? 作业成本计算适合在何种情况下应用?
2. 什么是质量成本? 其构成内容有哪些?

练习题

一、单项选择题

1. 将广义的成本控制区分为前馈性成本控制、防护性成本控制和反馈性成本控制所依据的分类标志是( )。
   A. 成本控制的时间　　　　　　　　B. 成本控制的原理
   C. 成本控制的手段　　　　　　　　D. 成本控制的对象

2. 将广义的成本控制区分为产品成本控制和质量成本控制所依据的分类标志是( )。
   A. 成本控制的时间　　　　　　　　B. 成本控制的原理
   C. 成本控制的手段　　　　　　　　D. 成本控制的对象

3. 在日常实施成本全面控制的同时,应有选择地分配人力、物力和财力,抓住那些重要的、不正常的、不符合常规的关键性成本差异作为控制重点,该项成本控制原则是( )。
   A. 全面控制原则　　　　　　　　　B. 责权利相结合原则
   C. 讲求效益原则　　　　　　　　　D. 例外管理原则

4. 在下列各项中,属于标准成本控制系统前提和关键的是( )。
   A. 标准成本的制定　　　　　　　　B. 成本差异的计算
   C. 成本差异的分析　　　　　　　　D. 成本差异的账务处理

5. 下列各项中,经常在制定标准成本时被采用的是(　　)。
   A. 理想标准成本　　　　　　　　　　B. 稳定标准成本
   C. 现实标准成本　　　　　　　　　　D. 正常标准成本

6. 与预算成本不同,标准成本是一种(　　)。
   A. 总额的概念　　　　　　　　　　　B. 单位成本的概念
   C. 历史成本　　　　　　　　　　　　D. 实际成本

7. 成本差异按其性质的不同可划分为(　　)。
   A. 数量差异和价格差异　　　　　　　B. 纯差异和混合差异
   C. 有利差异和不利差异　　　　　　　D. 可控差异和不可控差异

8. 在标准成本控制系统中,成本差异是指在一定时期内生产一定数量的产品所发生的(　　)。
   A. 实际成本与标准成本之差　　　　　B. 实际成本与计划成本之差
   C. 预算成本与标准成本之差　　　　　D. 预算成本与实际成本之差

9. 实际固定性制造费用脱离预算而形成的差异称为(　　)。
   A. 能量差异　　　　　　　　　　　　B. 预算差异
   C. 效率差异　　　　　　　　　　　　D. 生产能力利用差异

10. 某企业甲产品消耗直接材料,其中 A 材料价格标准为 3 元/千克,数量标准为 5 元/件,B 材料价格标准为 4 元/千克,数量标准为 10 元/件,则甲产品消耗直接材料的标准成本为(　　)元。
    A. 15　　　　　　　B. 40　　　　　　　C. 55　　　　　　　D. 65

11. 将本期发生的各种差异视同销货成本,全部计入当期利润表,由本期收入补偿的一种差异处理方法,称为(　　)。
    A. 递延法　　　　　　　　　　　　　B. 稳健法
    C. 年末一次处理法　　　　　　　　　D. 直接处理法

12. 质量成本中,企业为保证产品质量达到一定水平而发生的各种费用,称为(　　)。
    A. 预防成本　　　　　　　　　　　　B. 检验成本
    C. 内部质量损失成本　　　　　　　　D. 外部质量损失成本

13. 在传统质量观指导下的质量成本控制中,达到产品最优合格率和最优质量成本的条件是(　　)。
    A. 单位预防和检验成本大于单位质量损失成本
    B. 单位预防和检验成本小于单位质量损失成本
    C. 单位预防和检验成本等于单位质量损失成本
    D. 单位预防成本等于单位检验成本

14. 下列项目中,属于隐性质量成本的是(　　)。
    A. 预防成本　　　　　　　　　　　　B. 检验成本
    C. 内部质量损失成本　　　　　　　　D. 外部质量损失成本

15. 用户为取得并实现所需产品或劳务的功能所付出的代价,称为(　　)。
    A. 标准成本　　　　　　　　　　　　B. 实际成本
    C. 质量成本　　　　　　　　　　　　D. 使用寿命周期成本

二、多项选择题

1. 下列各项中,应纳入成本全过程控制内容的有(　　)。
   A. 产品设计阶段　　　　　　　　　　B. 试制阶段
   C. 生产阶段　　　　　　　　　　　　D. 销售阶段
   E. 售后服务阶段

2. 要实现成本的全面控制原则,必须做到(　　)。
   A. 全员控制　　　　　　　　　　　　B. 全过程控制
   C. 全方位控制　　　　　　　　　　　D. 全社会控制
   E. 全行业控制

3. 下列各项中,属于成本控制原则的有(　　)。
   A. 全面控制原则　　　　　　　　　　B. 责权利相结合原则
   C. 讲求效益原则　　　　　　　　　　D. 例外管理原则
   E. 客观性原则

4. 在实务中,贯彻成本控制的例外管理原则时,确定"例外"的标准通常可考虑的标志
   有(　　)。
   A. 重要性　　　　　B. 一贯性　　　　　C. 可控性　　　　　D. 普遍性
   E. 特殊性

5. 下列各项中,属于标准成本控制系统构成内容的有(　　)。
   A. 标准成本的制定　　　　　　　　　B. 成本差异的计算与分析
   C. 成本差异的账务处理　　　　　　　D. 成本差异的分配
   E. 成本预算的编制

6. 人工工时耗用量标准即直接生产工人生产单位产品所需要的标准工时,主要内容
   有(　　)。
   A. 对产品的直接加工工时　　　　　　B. 必要的间歇和停工工时
   C. 不可避免的废品耗用工时　　　　　D. 生产中的材料必要消耗
   E. 不可避免的废品损失中的消耗

7. 下列各项中,能够导致出现材料价格差异的原因有(　　)。
   A. 材料质量差,废料过多
   B. 材料采购计划编制不准确
   C. 材料调拨价格或市场价格的变动
   D. 因临时紧急进货,使买价和运输费上升
   E. 机器设备效率增减,使材料耗用量发生变化

8. 在标准成本系统中,可将变动制造费用成本差异分解为以下内容,包括(　　)。
   A. 耗费差异　　　　　B. 预算差异　　　　　C. 开支差异　　　　　D. 效率差异
   E. 用量差异

9. 按三因素分析法,可将固定制造费用成本差异分解为以下内容,包括(　　)。
   A. 开支差异　　　　　　　　　　　　B. 生产能力差异
   C. 效率差异　　　　　　　　　　　　D. 预算差异
   E. 能量差异

10. 在制定标准成本时,可选择的标准成本包括(　　　)。

A. 理想标准成本　　　　　　　　B. 正常标准成本

C. 现实标准成本　　　　　　　　D. 平均标准成本

E. 期望可达到的标准成本

三、计算题

1. 已知:某企业生产 A 产品,有关资料如下:

(1) 生产 A 产品,耗用甲、乙两种材料。其中甲材料标准价格为每千克 20 元,乙材料标准价格为每千克 32 元。单位产品耗用甲材料标准为每件 5 千克,乙材料为每件 9 千克。

(2) 甲产品单位标准工时为 13 小时,直接人工标准工资率为 7.5 元/小时。

(3) 固定制造费用预算数为 61 000 元;变动制造费用预算数为 38 000 元。标准总工时数为 10 000 小时。

要求:制定 A 产品的标准成本。

2. 已知:某企业生产甲产品,其标准成本的相关资料如下:单件产品耗用 A 材料 10 千克,每千克的标准单价为 3 元;耗用 B 材料 8 千克,每千克标准单价为 5 元;单位产品的标准工时为 3 小时,标准工资率为 12 元/小时;标准变动性制造费用率为 8 元/小时;标准固定制造费用率为 12 元/小时。

假定本期实际产量 1 300 件,发生实际工时 4 100 小时,直接人工总差异为 +3 220 元,属于超支差。

(1) 计算甲产品的单位标准成本。

(2) 计算实际发生的直接人工。

(3) 计算直接人工的效率差异和工资率差异。

第十章 责任会计

【学习目标】 本章介绍了责任会计的概念、产生、原则，责任中心的划分，责任中心的绩效考评，内部转移价格等。要求理解责任会计的基本含义，掌握责任中心的分类及绩效考评，内部转移价格的含义、作用及类型。

【引导案例】

如何评价分公司的业绩

随着W企业的发展，其规模越来越大，业务也越来越复杂和多元化，为了更好地进行管理，企业实施分权管理，设置了三个分公司，为了正确进行公司内部的业绩评价，公司按照责任对象的特点和责任范围的大小将三个分公司分为成本中心、利润中心和投资中心进行考核。

第一分公司为第二分公司提供半成品，由于半成品具有特殊性，该半成品没有可供参考的市场价格。因此，不便考核第一分公司的收入，公司规定，第一分公司只对其可控成本负责，每季度可控成本不超过1 000万元。低于规定的，按低于规定的数值给予1%的奖励。

第二分公司生产产品A。可以对外销售，也可以出售给第三分公司用于更高级产品的进一步生产。公司规定，第二分公司每季度需完成800万元的部门税前营业利润，超过部分按2%给予奖励。

第三分公司业务较分散，除可以利用第二分公司产品进一步加工高级产品外，还涉及房地产、旅行社等项目。鉴于该分公司实际情况，公司规定其经理可以自主确定对项目的投资，对产品也可自主定价，只需报总公司备案即可。公司规定，第三分公司投资报酬率要高于15%，每提高一个百分点，奖励10万元。

通过本章的学习，应明白三个分公司属于什么类型的责任中心；知道第一分公司可控成本应符合的条件，以及在设定成本中心责任时需要关注的问题；能够处理第二分公司和第三分公司因内部产品的转换价格发生的严重的分歧；从公司总体利益出发，指出第三分公司的考核指标存在的不足。

第一节 分权管理与责任会计

一、责任会计的产生

（一）责任会计的概念

责任会计是现代分权管理模式的产物，它是根据授予各级单位的权力、责任以及对其业绩的评价方式，将企业内部各单位划分成若干个不同种类、不同层次的责任中心，并对其分工负责的经济活动进行规划和控制以实现业绩考核与评价的一种内部牵制制度，即责任会计制度。

（二）责任会计的产生

责任会计产生于 20 世纪 20 年代。第二次世界大战后，随着经济发展的日益国际化和企业竞争越来越激烈，企业经营呈现多元化和复杂化的趋势，企业规模越来越大，管理层次繁多，组织机构复杂，分支机构遍布世界各地。在这种情况下，企业高层管理人员既不可能了解企业组织的所有生产经营活动，也不可能代替低层管理人员作出所有决策。因此。传统的集中管理模式已无法满足迅速变化的市场需求，而逐渐被现代分权管理模式所替代。

分权管理就是将生产经营决策权在不同层次的管理人员之间进行适当划分，并将决策权随同相应的经济责任下放给不同层次的管理人员，使其能对日常的经营活动及时作出有效的决定，以迅速适应市场变化需要的一种方式。

实行分权管理，可以将日常管理工作交给下层管理人员处理，从而减轻高层管理人员的工作负担，使高层管理人员把工作重点和精力集中于企业的长远规划上。可以使各层次的管理人员能在授权范围内，根据变化的市场环境迅速作出应变和决策，从而避免因层层汇报、延长决策时间可能造成的损失；可以有效地调动各级管理人员的积极性和创造性，提高工作效率和工作质量；可以为下层管理人员提供培训机会，提高其业务素质水平。

但实行分权管理，一方面会使各分权单位之间具有某种程度的相互依存性，另一方面又允许各分权单位具有相对的独立性。这样，可能会出现分权单位损坏企业整体利益或长远利益而片面追求局部利益，各分权单位之间为了各自的利益相互冲突和竞争的状况；而且各分权机构的设置、各项管理信息的归集，会相应地增加各种行政费用开支，引起浪费。为了对分权管理制度兴利除弊，必须建立有效的制度作为保证。责任会计制度正是顺应这种管理要求而不断发展和完善起来的一种行之有效的控制制度。

这种制度根据授予各分权单位的权力、责任以及对其业绩的评价方式，将企业划分为各种不同的责任中心，建立起以各责任中心为主体，以权、责、利相统一为特征，以责任预算、责任控制、责任考核为内容，通过信息的积累、加工和反馈而形成的企业内部控制系统。随着经济体制改革的不断深入，各种形式和内容的内部经济责任制应运而生。经济责任制是一个以经济权力、经济责任、经济利益三者相结合为内容的综合管理制度。企业被划分为若干个内部核算单位，把企业承担的经济责任分解到各个车间和科室，不仅考核其生产经营任务完成的好坏，还要考核其经济效果的大小，并且根据取得的经济效益分配物质利益。完善经济责任制，能把每一个员工的利益紧密结合起来，从上到下形成一个完整、纵横连锁、协调配合的目标管理体系。企业内部经济责任制的建立和发展，对建立和完善我国责任会计制度起到了重要的促进作用。

二、责任会计的运用程序

责任会计的重点在于利用会计信息对各分权单位的业绩进行计量、控制与考核，其运用程序应包括以下几个方面。

（一）划分责任中心，明确权责范围

建立责任会计制度，应根据企业内部管理的需要，结合企业生产组织、工艺过程的特点，将企业内部各单位划分为若干个责任中心，如分厂、车间、班组，这是纵向责任中心组织；各分厂、各车间、各班组之间是横向的责任中心组织。应依据各责任中心经营活动的

特点,明确规定其权责范围,使其能在权限范围内独立自主地履行职责。

（二）编制责任预算,确定考核标准

责任预算是按照责任中心来落实企业的总体经营目标的,即将企业的总体经营目标层层分解,逐级落实到不同层次、不同种类的责任,并以此作为各责任中心开展经营活动、评价工作成果的主要依据和基本标准。这种预算明确了各责任中心应完成的预算任务和应控制的事项,因此,编制的责任预算应既先进又可行。

（三）进行责任信息记录加工

进行责任信息记录加工,即对责任中心的经济活动进行必要的会计记录和整理加工。其主体是责任中心,对象是责任中心的可控成本、费用、利润和资金等经济活动的信息,这个过程要经过登记凭证、账簿和编制报表几个步骤。目的是对责任信息进行详细记录,为考核、评价和分析责任中心的业绩提供依据。

（四）建立跟踪系统,进行反馈控制

对责任预算的执行情况,每个责任中心应建立一套健全的跟踪系统和反馈系统,定期编制"责任报告"或"业绩报告",使各个责任中心不仅能保持良好完善的记录和报告制度,及时掌握预算的执行情况,而且能通过实际数与预算数的对比,找出差异,分析原因,控制和调节各责任中心的经营活动,以保证企业预定目标的实现。

（五）分析评价业绩,建立责任赏罚制度

根据责任信息记录编制的业绩报告,全面分析和评价各个责任中心的工作实绩,并按工作实绩的好坏作相应的奖罚,把责任者的物质利益同任务完成情况的好坏紧密联系起来,最大限度地调动各个责任中心的积极性,做到权、责、利相结合。

三、建立责任会计制度的原则

在建立责任会计制度时,应遵循如下基本原则。

（一）责任主体原则

当企业建立责任会计制度时,企业所发生的每一项经济业务都由特定的责任中心负责。因此,责任会计的核算应以企业内部各责任中心为对象,责任会计资料的收集、记录、整理、计算、对比和分析等各项工作,都必须按责任中心进行。

（二）权、责、利相结合的原则

权、责、利相结合的原则要求在责任会计中,应当为每个责任中心、每笔收支和每项消耗定额确定具体的负责单位;同时,赋予责任者与其所承担职责范围大小相适应的权力,并规定出相应的业绩考核标准。责任会计所突出的是一个"责"字。责任会计核算和控制的是责任中心所承担的责任。责任大,权则大,利相应也大;反之,亦然。只有贯彻权、责、利相结合的原则,才能充分调动各责任中心的主观能动性。

（三）目标一致性原则

在编制和执行责任预算以及对责任业绩进行评估时,应促使企业内部各责任中心协调一致地为实现企业的总体目标而努力工作。一是要强调各责任中心的目标服从总体目标,各责任中心的局部利益服从总体利益;二是要强调责任中心之间的协调性,避免各自为政,不能单纯追求责任中心的利益而损坏总体利益和其他责任中心的利益。各责任中心权责范围的确定,责任预算的编制以及责任中心业绩的考评,都应始终注意与企业整体利益保持一致,避免因片面追求责任中心的局部利益而影响整体利益,确保各责任中心的经营活动朝着既定的企业总目标方向协调发展。

(四) 可控性原则

责任会计核算以一定的责任中心为主体组织实施,而各责任单位的责任核算内容、控制的对象只能是其可控的经济活动。在对其责任业绩评价考核时,应将不可控的因素排除在外。

可控性原则是指每个责任中心只能对其责权范围内可以控制的收入、成本、利润和资金负责,对于不能控制的项目则应排除在外。由于责任会计主要以责任中心为会计主体来组织会计工作,各责任中心的利益与其业绩直接挂钩,因此对其工作业绩的评价考核必须以可控性为依据。如果一个责任中心不能有效地控制其可实现的收入或发生的费用,就无法合理地反映其真正的工作业绩,从而也就无法作出合理的评价和奖励。所以,对各责任中心的责任预算的确定及其业绩报表的编制,都应遵循可控性原则。在一个全面实行责任制的企业中,可控与不可控是相对的,要根据具体情况来确定。不同的责任层次,其可控的范围也不一样,一般责任层次越高,其可控的范围就越大。某一项目对某个责任中心来说无法控制,而对另一个责任中心来说则是可以控制的,因此说,从总体来看,企业所有的收入、费用、利润、资金都是可以控制的,但并不是每个人都能控制的。正因为这样,企业管理当局在确定各责任中心的可控范围时,应适应经济环境的变化,针对不同情况作出具体规定,力求做到既要防止因职责不清而相互推诿,又要激励各责任中心勇挑重担,恪尽职守,充分发挥他们的主观能动性。

(五) 激励性原则

实行责任会计制度的目的就是为了最大限度地调动企业职工的积极性和创造性,保证企业整体利益的实现。因此,责任预算的制定、责任业绩的评价考核标准要具有激励作用,制定的标准要合理。目标太高,会挫伤有关责任中心工作的积极性;目标太低,不利于提高企业的经济利益。要使各责任中心都感到目标是合理的,经过努力可以实现,达到目标后所能得到的奖励和报酬与所付出的劳动相比是值得的,这样就可以不断地激励各责任中心为实现其责任预算而努力工作。

(六) 反馈性原则

为了保证企业总体目标的实现,各责任中心必须对其经营业绩进行有效的控制,及时、准确、可靠地反馈其在生产经营过程中的各种信息,既能使各责任中心及时了解预算的执行情况,不断调整偏离目标的差异,同时又能使上一级责任中心及时了解全部责任范围的情况。反馈性原则是指各责任中心在执行责任预算过程中,要及时、准确地计量、记录、计算和报告经济活动和责任履行情况的信息。将这些信息首先向中心负责人反馈,使其能够及时了解预算的执行情况,不断调整偏离预算的差异,采取措施实现规定的目标;同时向其上一级责任中心反馈,以便上级责任中心能及时了解下属责任中心的情况,进行有效的指导。

(七) 例外管理原则

例外管理原则也称重要性原则,就是在分析评价各责任中心的责任执行情况和编制责任报告时,应重点分析和报告对各责任中心和企业有重大影响的事项或重大的差异,这样,能够集中精力和节省时间解决重大的问题,达到事半功倍的效果。定期编制"责任报告"或"业绩报告",使各个责任中心不仅能保持良好完善的记录和报告制度,及时掌握预算的执行情况,而且通过实际数与预算数的对比,找出差异,分析原因,控制和调节各责任中心的经营活动,以保证企业预定目标的实现。

第二节　责任中心

实行责任会计制度的企业,必须将其内部各生产经营单位划分为若干个不同种类、不同层次的责任中心。责任中心是指具有一定的管理权限并承担相应经济责任的企业内部单位。它的基本特征是权、责、利相结合。

作为责任中心应具备如下四个条件:

(1)有承担经济责任的主体——责任者。

(2)有确定经济责任的客观对象——资金运动。

(3)有考核经济责任的基本标准——经济绩效。

(4)具备承担经济责任的基本条件——职责权限。

总之,不具备以上条件的单位或个人,不能构成责任实体,不能作为责任会计的基本单位。企业内部怎样设置责任中心,应设置多少责任中心,完全取决于企业内部控制、考核的需要。不同的内部单位,因生产经营特点和相应的控制范围不同,可以成为不同的责任中心。对较大的责任中心又可按照责任区域和控制对象大小进一步划分成若干不同层次的较小的责任中心,如车间是一个责任中心,它又可以进一步按生产工段建立责任中心,而生产工段也可以按生产班组再进一步建立责任中心。根据企业内部责任单位的权限范围以及生产经营活动的特点,责任中心通常分为成本中心、利润中心和投资中心。

一、成本中心

(一)成本中心的含义与类型

1. 成本中心的含义

成本中心是指只对成本或费用负责的责任中心。成本中心的生产经营活动只发生成本或费用,通常没有收入,因而成本中心不需对收入、利润及投资负责。在企业内部,凡不直接对外销售产品,不实行独立经济核算,只有成本、费用发生的单位,通常是负责产品生产的生产部门、劳务提供部门以及给予一定费用指标的企业管理科室,如车间、供销服务部门乃至工段、班组,甚至职工个人。

2. 成本中心的类型

成本中心有两种类型:标准成本中心和费用中心。标准成本中心又称技术性成本中心。技术性成本是指其发生的数额经过技术分析可以相对可靠地估算出来。例如,间接材料、直接人工、间接制造费用等,其发生额可通过标准成本或弹性预算加以控制,其特点是投入量与产出量有密切关系。标准成本中心是对那些实际产出量的标准成本负责的成本中心,它可以为企业提供一定的物质成果,如在产品、半成品、产成品。费用中心又称酌量性成本中心。酌量性成本通常是由部门经理决定其数额的成本项目,其特点是投入量与产出量没有直接关系,这类成本主要包括各种管理费用和某些间接成本项目,比如研究开发费、职工培训费等。酌量性成本的控制应当放在编制弹性预算时对其预算的审批上。费用中心主要是为企业提供一定的专业性服务的部门,如企业的工艺技术、财务、行政、后勤等部门。也就是说费用中心是以控制经营管理费用为主的责任中心。

(二)成本中心的控制范围

成本中心只对成本或费用负责,但并不一定能对其责任区域内的全部成本或费用负责。因为对某个具体的成本中心而言,其责任区域发生的成本并不一定全部能够受其影响和控制,如生产车间作为一个成本中心,能够对其责任区域车间内发生的直接材料、直接人工成本负责,因为它能影响并控制这些成本的发生,但却不能对其责任区域内发生的折旧费负责,因为折旧费不受它的影响和控制。因此,为了正确确定成本中心的责任对象,明确各成本中心承担的责任范围,必须按可控性将成本分为"可控成本"和"不可控成本"。凡是责任中心能控制的各种耗费,称为可控成本;凡是责任中心不能控制的各种耗费,称为不可控成本。

对某一个成本中心来说,可控成本应同时满足如下三个条件:

(1)责任中心能够通过一定的途径和方式预知将要发生的成本。

(2)责任中心能够对发生的成本进行计量。

(3)责任中心能够对发生的成本加以调节和控制。

凡不能同时满足上述三个条件的成本,通常是不可控成本,一般不属于成本中心的责任范围,成本中心只对可控成本负责。

在理解和掌握成本中心的责任对象时要注意可控成本与不可控成本的相对性。两者是相对于特定的成本中心和特定的期间而言的,这与责任中心所处的管理层次的高低、管理权限的大小以及控制范围的大小都有直接关系。对整个企业来说,一般不存在不可控成本,几乎所有的成本都可视为可控成本。但对于企业内部各个成本中心来说,有些成本对处于同一层次的某个成本中心是不可控的,而对另一成本中心却是可控的,如广告费,对市场营销部门是可控的,但对生产部门却是不可控的。同时还要注意成本的部分可控性,某项成本是某个成本中心的可控成本,但并不一定意味着该项成本的全都耗费都是该成本中心的可控成本。例如,材料成本,生产车间只能控制其消耗量,只能对因消耗量的变动引起的材料成本的变动负责,这部分的成本耗费是生产部门的可控成本;如果是因材料价格变动,或因材料规格质量不符要求造成超额消耗而引起材料成本变动,则应由采购供应部门负责,这部分的成本耗费是采购供应部门的可控成本。

总之,各成本中心有各自的可控成本,又有其各自的不可控成本。对于较高层次的成本中心来说是可控成本的,对于其下属的较低层次的成本中心来说,可能是不可控成本;例如,生产车间的管理费,对生产车间成本中心来说属于可控成本,而对其下属各班组的成本中心来说是不可控成本。反过来,较低层次成本中心的可控成本,则一定是其所属较高层次责任中心的可控成本。

(三)成本中心控制和考核的内容

成本中心当期发生的各项可控成本的总和,构成了其责任成本,成本中心控制和考核的内容就是其责任成本,而不是产品成本。因此,成本中心的主要责任就是控制和降低其责任成本。成本中心的责任成本与产品成本既有联系又有区别,两者在性质上是相同的,都是企业生产经营过程中的资金耗费。两者的区别主要在于:

（1）成本核算的对象不同。产品成本以产品为成本核算对象，而责任成本以责任中心为成本核算对象。

（2）成本核算的原则不同。产品成本的核算原则是"谁受益，谁负担"，而责任成本的核算原则是"谁负责，谁负担"。

（3）成本核算的内容不同。产品成本的构成内容无论是按变动成本计算法还是按全部成本计算法，只要归属于产品，都须计算在内，既包括可控成本，又包括不可控成本，而责任成本的核算内容只包括可控成本，不可控成本只作为参考指标。

（4）成本核算的目的不同。产品成本核算旨在为考核产品成本计划执行情况及计算利润、制定产品价格提供依据，而责任成本是评价和考核责任预算的执行情况，作为控制生产耗费和贯彻企业内部经济责任制的重要手段。

（四）成本中心的特点

（1）成本中心只衡量成本费用，不衡量收益。也就是说成本中心只以货币形式衡量投入，而不以货币形式衡量产出。一般来说，成本中心没有经营权和销售权。其工作成果不会形成可以用货币计量的收入。比如，一个生产车间，其所生产的产品仅为下一个生产过程的加工对象，不能单独出售，因此不会有货币收入。企业中大多数生产部门和职能部门属于成本（费用）中心，它们仅提供成本费用信息，而不提供收入信息。

（2）成本中心只对可控成本负责。可控成本是相对不可控成本而言的。凡是责任中心能控制的各种耗费，称为可控成本。可控成本具备如下条件：责任中心能够通过一定的方式了解将要发生的成本，能够对发生的成本进行正确计量，能够通过自己的行为对成本加以调节和控制；反之，凡是责任中心不能控制的各种耗费称为不可控成本。

（3）成本中心控制和考核的内容是责任成本。责任中心当期发生的各项可控成本之和就是它的责任成本。通过将责任中心实际发生的责任成本与责任预算相比较，对成本中心进行业绩评价。在进行责任成本核算时，责任成本是由不同层次的责任成本逐级汇总计算的。某一责任层次的责任成本等于其所属的下一责任层次的责任成本之和加上本层次的责任成本。

例如，某企业的成本中心共设置三个责任层次，即班组、车间和分厂，它们的责任成本由下而上逐级汇总计算的具体做法如下：

首先，班组责任成本由班组长负责，其计算公式为：

$$班组责任成本＝可控直接材料成本＋可控直接人工成本＋可控间接成本$$

其次，车间责任成本由车间主任负责，其计算公式为：

$$车间责任成本＝\sum 各班组责任成本＋车间可控间接成本$$

最后，分厂责任成本由分厂厂长负责，其计算公式为：

$$分厂责任成本＝\sum 各车间责任成本＋分厂可控间接成本$$

二、利润中心

（一）利润中心的含义

利润中心是指既能控制成本，又能控制收入的责任中心。由于利润等于收入减成本和费用,所以利润中心实际上就是对利润负责的责任中心。这类责任中心往往处于企业中较高的层次,一般指有产品或劳务生产经营决策权的部门,如分厂、分公司以及有独立经营权的各部门等,利润中心的权利和责任都大于成本中心。

（二）利润中心的类型

利润中心分为自然的利润中心和人为的利润中心两大类。

自然的利润中心是指能直接对外销售产品或提供劳务并取得实际收入的利润中心。这类利润中心一般具有材料采购权、生产决策权、价格制定权、产品销售权,有很大的独立性。人为的利润中心是指在企业内部,按照内部结算价格将产品或劳务提供给本企业其他责任中心取得收入,实现内部利润的责任中心。这类利润中心的产品主要在本企业内转移,它们只有少量对外销售,或者全部对外销售均由企业专设的销售机构完成,如钢铁公司的炼铁、炼钢、轧钢、供水、供电等部门。由于人为的利润中心能够为成本中心相互提供产品或劳务规定一个适当的内部转移价格,使得这些成本中心可以"取得"收入,进而使企业能够评价其收益,因此,大多数成本中心总能转化为人为的利润中心。

（三）利润中心的责任对象

利润中心的利润是按照利润中心所能影响和控制的可控收入和成本来计算决定的,那些在其经营活动范围内发生或取得但不直接有关或不可控的收入和成本,则排除在利润中心的利润计算之外。而且人为的利润中心的收入是按其对其他责任中心提供的产品或劳务数量与一定的内部结算价格计算的,并不构成企业实际上的收入,因此,相应确定的利润也不是企业的财务成果。换言之,利润中心的利润只是据以对其进行责任业绩评价与考核的与其责任相关的责任利润,其总和并不一定与整个企业实际获得的利润总额相等。

建立利润中心的主要目的是通过授予必要的经营权和确立利润这一综合指标来推动和促进各责任中心扩大销售、节约成本,努力实现自己的利润目标,使企业有限的资金得到最有效的利用。同时,通过利润这一综合性指标的考核,将各利润中心的经营业绩与其经济利益紧密挂钩,有效地调动全体职工的积极性,从而形成从上到下的群策群力,为实现企业目标而共同努力的风气。

利润中心是企业责任制实施中所采用的一种重要方式,利润中心的基本特征要求我们在利用这种责任中心形式时必须注意如下控制要求。

（1）利润中心经营决策权的授权必须明确。利润中心所涉及的经营业务包括供、产、销各个方面,由于利润中心所实现的利润是企业利润的组成部分,因此企业在确定各利润中心的业务范围、经营权利和职责时,必须以系统思想为指导,合理划分,并明确授权,使各利润中心明了其职责范围及所拥有的权力,以充分行使其权力和履行其职责,并减少各利润中心之间不必要的矛盾。

（2）利润指标的制定要合理。利润中心的实施,最关键的是利润指标的制定要合理。由于各利润中心的具体情况不一,各利润中心的利润指标的制定不能简单划一,而要根据各利润中心的具体情况来确定。例如,生产产品的利润中心与提供辅助生产或劳务的利润中心的利润指标的确定就不能简单地根据各利润中心所占用的资金的多少及统一的资金利润率来确定,否则就会造成各利润中心之间经济利益不合理的矛盾。因此,利润指标应根据具体情况采用不同的方法予以确定,并根据企业的总体要求的变化或有关利润中心所处环境的变化予以调整。

（3）制定企业内部产品和劳务的内部转让价格。在大部分企业中,各利润中心之间都有一些相互的产品或劳务的提供和利用,在这种情况下,为了正确核算和制定各利润中心的经营成本,对各利润中心之间相互提供的产品和劳务必须实行有偿转让,为此必须制定各种产品或劳务的内部转让价格。内部转让价格的制定是一项技术性较强且与各利润中心的利益有密切联系的工作,为了保证各利润中心利益的公平合理,内部转让价格的确定必须让转出和转入双方都乐意接受,且对企业整体利益也有利。

（4）建立利润中心核算体系。利润中心所实现的利润是衡量其经营成本和经济责任履行情况的主要依据。为了确保各利润中心利润核算的正确性,必须完善利润中心核算体系。利润中心的核算较为复杂,既涉及收入又涉及成本费用,所以核算的要求应与反映企业经营成果的企业利润的核算一样严格。特别是当有内部产品或劳务转让情况发生时,应视同对外销售和采购一样,绝不可马虎了事。但由于利润中心所实现利润与企业实现的利润之间具有内在的联系,因此当采用电算化会计核算系统时,可将利润中心的责任核算与企业的财务成果核算结合起来,纳入统一的核算体系,以减轻责任核算的工作量。

三、投资中心

（一）投资中心的含义

投资中心是指既对成本、收入和利润负责,又对资金及其利用效益负责的责任中心。这类责任中心不仅在产品和销售上拥有较大的经营自主权,而且能够相对独立地运用其所掌握的资金,如大型集团公司下面的分公司、子公司等。投资中心的责任对象必须是其能影响和控制的成本、收入、利润和资金。一个责任中心要成为投资中心,必须具备相当丰富的投资管理经验和能力。

投资中心是分权管理模式的突出表现,在当今世界各国大型集团公司下面的分公司、子公司往往都是投资中心,在跨国集团公司中尤其如此。投资中心的主要目标是确保投资的安全回收和投资的收益率,以保证企业的规模和经营不断有所发展。

由于投资的目的是获取利润,因而投资中心同时也是利润中心。但两者又有区别:投资中心拥有投资决策权,即能够相对独立地运用其所掌握的资金,有权购置和处理固定资产,扩大或缩小生产能力;利润中心没有投资决策权,它是在企业确定投资方向后进行的具体经营。投资中心是分权管理模式的最突出的表现,它在责任中心中处于最高层次,具有最大的经营决策权,也承担着最大的责任。在组织形式上,成本中心基本上不是独立的法人,利润中心可以是也可以不是独立的法人,但投资中心基本上都是独立的法人。

（二）投资中心的控制要求

投资中心的设置,是企业分权管理的重要表现。它既可减轻企业总部的投资和经营决策压力,又可提高资金的使用效益;但由于投资中心具有较大的自主权和责任,所以投资中心的实施应注意如下控制要求:

（1）投资中心的投资决策权必须得到切实落实。投资中心的基本特征是对投资负责,因此各投资中心必须拥有投资决策权,这种投资决策权的拥有不能是名义上的,而必须是实质上的。

（2）利润中心的所有控制要求都适合投资中心。投资中心对投资负责的实质是要对投资报酬率负责,也即对投资额所应获得的利润负责。这样,有关利润中心的控制要求,如利润指标的确定、内部转让价格的制定、核算体系的建立等都适用于投资中心,也即投资中心也必须具备这些条件和要求。

(3)投资决策应讲究科学化。投资中心的投资,由于数额一般都较大,因而在作出投资决策时必须运用科学的决策程序和方法,包括进行市场调查和预测、方案的提出和选择、经济分析等。即在进行投资决策前必须进行可行性研究分析,以确保投资决策的正确性和有效性。

第三节　责任中心绩效考评

一、成本中心绩效考评

成本中心的考核指标主要采取相对指标和比较指标,包括成本降低额和成本降低率两个指标,其计算公式为:

$$成本降低额＝预算成本－实际成本$$
$$成本降低率＝(成本降低额÷预算成本)×100\%$$

在对成本中心进行考核时,需要注意的是,如果预算产量与实际产量不一致,应按弹性预算的方法首先调整预算指标,然后再计算上述指标。

【例 10-1】　某成本中心生产甲产品,计划(预算)产量 400 件,单位成本 100 元,实际产量 500 件,单位成本 90 元。据此可计算该投资中心的成本降低额和降低率。

$$成本降低额＝500×(100－90)＝5\,000(元)$$
$$成本降低率＝\frac{成本降低额}{预算成本}×100\%$$
$$＝\frac{5\,000}{500×100}×100\%＝10\%$$

该成本中心的成本降低额为 5 000 元,成本降低率为 10%,可分析如下:

由于产量增加对成本的影响数为:

$$(500－400)×100＝10\,000(元)$$

由于单位成本降低对成本的影响数为:

$$(90－100)×500＝－5\,000(元)$$

成本中心的业绩报告通常是按成本中心的可控成本的各明细项目列示其预算数、实际数和成本差异数,其基本形式如表 10-1 所示。

表 10-1

成本中心业绩报告

单位:元

项　　目	实际数	预算数	差　　异
可控成本			
直接材料	25 000	22 000	3 000
直接人工	12 000	13 000	－1 000

（续表）

项　目	实际数	预算数	差　异
管理人员工资	8 000	8 500	−500
维修费	5 000	5 500	−500
物料费	3 000	2 000	1 000
其他	2 000	1 000	1 000
合　计	55 000	52 000	3 000

二、利润中心绩效考评

由于利润中心既对成本负责，又对收入及利润负责，故利润中心的考评指标至少有四种选择：边际贡献、可控边际贡献、部门边际贡献和部门税前利润。

（1）边际贡献＝部门销售收入总额－部门变动成本总额

（2）可控边际贡献＝边际贡献－部门经理可控固定成本

（3）部门边际贡献＝可控边际贡献－不可控固定成本

（4）部门税前利润＝部门边际贡献－公司分配的各种管理费用等

边际贡献和可控边际贡献两个指标可看作是严格意义上的边际贡献在利润中心考核的自然延伸，是可控性原则的具体体现。可控边际贡献指标主要用于评价利润中心（部门）负责人的经营业绩，因而必须针对经理人的可控成本进行评价和考核，即将各部门的固定成本区分为可控成本和不可控成本。这是因为有些费用虽然可以追溯到有关部门，却不为部门经理所控制，如广告费、保险费等。因此，在考核部门业绩时，应将其不可控的成本剔除。部门边际贡献指标主要用于对利润中心（部门）的业绩的考核，用来反映有关部门补偿共同性固定成本后对企业利润所做的贡献。

【例 10-2】 某公司的某部门的有关数据如下。

部门销售收入 60 000 元，部门变动生产成本和变动销售费用 40 000 元，部门可控固定成本 3 500 元，部门不可控固定成本 4 500 元，则该部门的利润考核指标计算为：

$$边际贡献＝60\ 000－40\ 000＝20\ 000（元）$$
$$可控边际贡献＝20\ 000－3\ 500＝16\ 500（元）$$
$$部门边际贡献＝16\ 500－4\ 500＝12\ 000（元）$$

边际贡献 20 000 元作为业绩评价依据不够全面。因为部门经理至少可以控制某些固定成本，并且在固定成本和变动成本的划分上有一定选择余地。以可控边际贡献 16 500 元作为业绩评价依据可能是最好的，它反映了部门经理在其权限和控制范围内有效使用资源的能力。以部门边际贡献 12 000 元作为业绩评价依据可能更适合评价部门对企业利润和管理费用的贡献，而不适合于对部门经理的评价。由于利润中心无法控制上级分配来的管理费用等数额，所以，在评价考核利润中心的经营业绩时应将这部分管理费用的影响予以剔除。

【例 10-3】 已知某利润中心有关项目的实际数值和预算数值如表 10-2 所示。

其中"变动销售费用"和"直接发生的固定成本"项目属于该利润中心的可控成本；上级

表 10-2

某利润中心责任报告　　　　　　　　　　　　　　　　单位:元

项　　目	实　　际	预　　算	差　　异
销售收入	310 000	280 000	30 000
变动成本			
变动生产成本	100 000	80 000	20 000
变动销售费用	50 000	60 000	−10 000
变动成本合计	150 000	140 000	10 000
贡献边际	160 000	140 000	20 000
期间成本			
直接发生的固定成本	50 000	40 000	10 000
上级分配的管理费用	30 000	40 000	−10 000
期间成本合计	80 000	80 000	0
营业利润	80 000	60 000	20 000

分配的管理费用是该利润中心不可控成本;其他成本均为下属成本中心转来的责任成本。

　　要求:对上述责任报告进行分析评价。

　　解:该利润中心实际获利超过预算 20 000 元,而上级分配的管理费用比预计少10 000 元,若扣除这一因素,则该利润中心的成绩是超额 10 000 元。

三、投资中心绩效考评

　　对于一些新投资项目或新投资中心常常需要首先对投资项目本身的投资效果进行评价分析,以反映投资决策的正确程度。对投资效果的评价指标一般有投资回收期、投资回收额、内含报酬率和净现值、现值指数等指标。对于这些指标的计算,前面已作介绍,这里不予重复。

　　对于投资中心的经营业绩评价主要有投资利润率和剩余收益两个指标。

　　（一）投资利润率

　　投资利润率又称投资报酬率,是指投资中心所获得的利润与投资额之间的比值,其计算公式为:

$$投资利润率＝利润额÷投资额×100\%$$

　　投资利润率是目前许多公司十分偏爱的评价投资中心业绩的指标。其优点:

　　(1) 投资利润率能够反映投资中心的综合盈利能力。投资利润率由三项指标构成:收入、成本和投资,提高投资利润率既可以通过增收节支(增加收入,降低成本),也可以通过减少投入资本来实现。

　　(2) 投资利润率具有横向可比性。作为效益指标,投资利润率体现了资本的获利能力,剔除了因投资额不同而导致的利润差异的不可比因素,有利于判断各投资中心经营业绩的优劣。

（3）投资利润率可以作为选择投资机会的依据，有利于调整资本流量和存量，优化资源配置。

（4）以投资利润率作为评价投资中心经营业绩的尺度，有利于正确引导投资中心的管理行为，避免短期行为。这是因为，这一指标反映投资中心运用资产并使资产增值的能力，资产运用的任何不当行为都将降低投资利润率。因此，以此作为评价尺度，将促使各投资中心用活闲置资金，合理确定存货，加强对应收账款及固定资产的管理，及时处理变质、陈旧过时的库存商品等。

投资利润率作为评价指标的不足之处是缺乏全局观念。单纯依靠投资报酬来控制和考核各投资中心的工作，有时会产生一些不合理的现象。例如，有些公司接受损害公司利益的投资项目，而一些投资中心却放弃了对公司有利的项目，甚至有的投资公司为达到较高的投资利润率，可能会采取减少投资的方式。

【例 10-4】 某公司下属有两个投资中心，它们和全公司的投资报酬率如表 10-3 所示。

表 10-3

投资中心现有的有关资料

单位：万元

投资中心	净利润	资 产	投资报酬率
甲中心	450	3 000	15％
乙中心	100	2 000	5％
全公司	550	5 000	11％

假设甲投资中心有一个投资项目，投资额为 2 000 万元，期望净利润为 290 万元，如果接受该投资项目，有关投资报酬率的计算公式为：

$$全公司的投资报酬率=\frac{利润额}{投资额}\times100\%=\frac{550+290}{5\ 000+2\ 000}\times100\%=12\%$$

$$甲投资中心的投资报酬率=\frac{利润额}{投资额}\times100\%=\frac{450+290}{3\ 000+2\ 000}\times100\%=14.8\%$$

从总公司的角度来考虑，显然应该接受该项目，因为这使全公司的投资报酬率由 11％增加到了 12％；但是如果从甲投资中心的角度来考虑，甲投资中心不愿意接受它，因为这将使该公司的投资报酬率由 15％下降到 14.8％。

又假设乙投资中心有一个投资项目，投资额为 1 000 万元，期望净利润为 80 万元，如果接受该投资项目，有关投资报酬率的计算公式为：

$$乙投资中心的投资报酬率=\frac{利润额}{投资额}\times100\%=\frac{100+80}{2\ 000+1\ 000}\times100\%=6\%$$

$$公司投资报酬率=\frac{利润额}{投资额}\times100\%=\frac{550+80}{5\ 000+1\ 000}\times100\%=10.5\%$$

从总公司的角度来考虑，显然应该放弃该项目，因为这使全公司的投资报酬率由 11％降到了 10.5％；但是如果从乙投资中心的角度来考虑，乙投资中心显然愿意接受它，因为这将使该公司的投资报酬率由 5％提高到 6％。如果单纯以投资利润率来衡量，部门最优同整体最优是矛盾的。要克服这一不利因素的方法是改用剩余收益作为评价指标。

（二）剩余收益

由于投资报酬率的缺点,美国通用电气公司提出了一个新的指标——剩余利润或剩余收益,用于评价和考核各个投资中心。剩余收益是指投资中心获得的利润扣减其最低投资收益后的余额。其计算公式为:

$$剩余收益＝利润－投资额×资本成本$$

资本成本一般按照公司的加权平均资本成本计算,也可以按照公司为每个投资中心分别规定的不同资本成本率或其期望的最低投资报酬率计算。

以剩余收益作为投资中心经营业绩评价指标的基本要求是,只要投资利润率高于预期的最低投资报酬率,该项投资就是可行的。它避免了投资利润率的缺陷,使各投资中心能够在千方百计增加收益的同时优化资金结构,合理使用资金。

【例 10-5】 用[例 10-4]的资料,假设该公司的资本成本为 10％,甲投资中心接受新项目之前的剩余利润为:

$$450－3\,000×10\%＝150(万元)$$

甲投资中心接受新项目之后的剩余利润为:

$$(450＋290)－(3\,000＋2\,000)×10\%＝240(万元)$$

由于接受新项目之后的剩余收益大于接受新项目之前的剩余收益,甲投资中心显然应该接受项目。

乙投资中心如果使用剩余利润指标来进行决策,则:

乙投资中心接受新项目之前的剩余利润为:

$$100－2\,000×10\%＝－100(万元)$$

乙投资中心接受新项目之后的剩余利润为:

$$(100＋80)－(2\,000＋1\,000)×10\%＝－120(万元)$$

由于接受新项目之后的剩余收益小于接受新项目之前的剩余收益,乙投资中心显然不应该接受项目。由此可见,用剩余收益指标考核投资中心,可以在投资决策方面使各个投资中心的局部利益与公司的整体利益保持一致。

为了及时反映投资中心的业绩,应编制投资中心的业绩报告,以便高层管理人员进行决策。投资中心的业绩报告的基本形式如表 10-4 所示。

表 10-4

投资中心业绩报告

单位:万元

项　　　目	预　　算	实　　际	差　　异
销售收入	3 000	3 240	240
变动成本	900	960	60
边际贡献	2 100	2 280	180

（续表）

项　　目	实　际	预　算	差　异
可控固定成本	720	750	30
分部边际贡献	1 380	1 530	150
分配的共同成本	480	495	15
部门利润	900	1 035	135
经营资产平均占用额			
现金	180	210	30
应收账款	480	495	15
存货	540	555	15
固定资产	2 400	2 520	120
经营资产平均占用额合计	3 600	3 780	180
投资报酬率	25%	27%～38%	2%～38%
规定的最低投资报酬率	10%	10%	
规定的最低投资报酬	360	378	18
剩余收益	540	657	117（有利差异）

第四节　内部转移价格

一、内部转移价格的含义

内部转移价格又称内部结算价格,是指企业内部有关责任中心之间相互提供中间产品或劳务所采用的一种结算价格。企业内部各责任中心之间经常会有相互提供产品或劳务的"买卖"活动,如上道工序加工完成的产品转移到下道工序继续加工;辅助生产部门为基本生产部门提供劳务等,都是一个责任中心向另一个责任中心"出售"产品或提供劳务,使两个责任中心成为交易的"买卖"双方,这一方面具有与外部的市场价格类似的功能,促使买卖双方不断降低成本和费用,改善经营管理,提高经济效益。但内部转移价格与外部的市场价格也有许多不同之处,内部转移价格所影响的买卖双方都存在于同一个企业之中,在其他条件不变的情况下,若提高内部转移价格,会增加"卖"方的收入或内部利润;相反,由于购买成本的升高会相应地减少"买"方的内部利润,若调低内部转移价格,买卖双方的内部利润一增一减,方向正好相反。由于这种交易是在企业内部进行的,一般不涉及税金等支出。所以,"卖"方所增加（或减少）的内部利润恰好等于"买"方所减少（或增加）的内部利润。因此,从企业整体来看,内部转移价格无论怎样变化,企业总利润是不变的,变动的只是利润或内部利润在各责任中心之间的分配情况。

二、内部转移价格的作用

（一）有助于合理确定各责任中心的经济责任

内部转移价格为"买卖"双方确定了一个计量标准,它不仅可以用来衡量"卖"方提供产品或劳务的经营成果,而且还可以用来反映"买"方接受产品或劳务的成本费用。所以,正确制定内部转移价格,可以合理确定各责任中心应承担的经济责任,调节各责任中心的收入,维护各责任中心的经济权益,使经济责任制易于落实。

（二）有利于客观、公正地评价和考核各责任中心的经营业绩

合理的内部转移价格,能够为企业各责任中心衡量经营业绩提供一个客观的标准,进行统一的比较和综合的评价,使绩效考核公平有效。

（三）有利于发挥企业各责任中心工作的积极性

合理的内部转移价格,一方面使各责任中心的责任明确合理,另一方面又使各责任中心的利益公平有效。这样,各责任中心的努力与得到的物质利益相适应,在一定程度上起到了鼓励先进和鞭策后进的作用。

（四）为制定正确的经营决策提供依据

内部转移价格可以把有关责任中心的经济责任和经营业绩加以数量化,为企业管理者制定产品价格和调整产成品外部销售价格等经营决策提供必要的会计信息。

三、内部转移价格的类型

（一）以成本为基础的内部转移价格

用产品成本作为转让价格是制定转移价格最简单的方法,通常涉及完全成本、标准成本和变动成本等。完全成本的资料是根据财务报告的内容而编制的,具有现成可用的特点,因此,不必为制定转移价格而增加任何费用。但是,以完全成本作为转移价格,将使产品(或半成品)的"销售"单位得不到任何利润,所有利润都将表现在"购买"单位的账上。同时,由于"销售"单位的成本全部转移给"购买"部门,因此对制造部门的经理降低成本缺乏激励作用。而对"购买"单位来说,由于制造部门的成本无论高低都将会全额转移给它,因此它就要承担不受它控制、由其他部门造成的工作效率上的责任。如果以此为依据,对有关方面的工作成就进行评价,并按成果大小进行"奖励",势必会产生偏差,不能取得应有的效果。为了弥补上述缺陷,人们采用"标准(预算)成本"。"标准(预算)成本"可以极大地减少低效率的问题,有利于明确经济责任,便于正确评价各自的工作成果。但是,无论是以实际完全成本还是以标准成本作为转移价格,对于短期决策来说,都会遇到同一问题:"销售"单位的固定成本在"购买"单位将作为变动成本处理,由此决定了它们不能很好地解决"目标一致性"问题。以完全成本作为内部转移价格的方法,主要适用于成本中心相互提供的产品和劳务的计价、结算。

以变动成本作为转移价格尽管可以解决"销售"单位的固定成本在"购买"单位作为变动成本处理的问题,但带来了其他的缺陷:①这种转移价格会使"购买"部门过分有利;②由于对责任中心只计算变动成本,因而不能用投资利润率和剩余收益对该中心负责人进行业绩评价,而只能用于成本中心;③它们如果无限制地将一个责任中心的变动

成本转移给另一个责任中心,将不利于激励成本中心经理控制成本。为此,有的企业采用"变动成本加成"的方法来制定转移价格。总之,以成本为转移价格是内部转让价格的较简单和不完善的方法。但对于像专利等没有市价存在,或者无外部市场的中间产品,从其有利于整体决策的目的来说,它还是一种行之有效的和必要的转让定价方法。

【例 10-6】 某厂甲生产部门的中间产品,标准成本 4 元,其中包括固定成本 2 元。交由乙生产部门加工成产成品后出售,每件加工费 3 元,售价 6 元。乙生产部门计算:6-(4+3)=-1(元)。

即每件亏损 1 元。结论是:加工不合算,决策是不加工。但这种计算错了,因此结论和决策也错了。错在把标准成本 4 元完全算在加工成本之内,因为 4 元中包括固定成本 2 元。

前已述及,固定成本是客观存在的,不因加工与否而变更。因此,计算加工成本时,应在标准成本中减去固定成本 2 元,只算变动成本。于是重新计算加工后的成本,应为:6-(2+3)=1(元)。

计算结果表明,乙生产部门接受加工不但不会亏本 1 元,反而会盈利 1 元。

(二)以市场价格为基础的内部转移价格

以市场价作为提供产品或劳务的内部转移价格。适用于中间产品存在着一个完全竞争市场的情况,可应用于独立核算的利润中心。由于各责任中心将产品或劳务提供给企业内部和外部,都采用相同的市场价格,比较客观公正,不会偏袒任何一方,最能体现责任中心的基本要求,因此,市场价格被认为是制定内部转移价格的最好基础。以市场价格作为内部转移价格,但并不意味着两者相等。由于是内部转移,卖方可以节约一定的销售费用、广告费和运输费等,因此买方往往要求内部转移价格低于市场价格。同时还要注意,有些产品或劳务是专门为企业内部生产和提供的,即没有外部市场,因而没有现成的市场价格,其内部转移价格的制定就无法以此为基础。

【例 10-7】 设某厂甲生产部门生产的半成品,单位变动成本为 3 元,可以向外界销售,售价为 5 元,也可以由乙生产部门继续加工后出售,加工的单位变动成本为 2 元,单位售价为 10 元。如以 5 元作为内部转移价格,则甲、乙两部门和全厂可实现的单位边际利润如表 10-5 所示。

表 10-5

有关成本、售价资料

单位:元/件

项 目	甲	乙	全厂
单位售价	5	10	10
单位变动成本	3	2	5
单位内部转移价格	0	5	
单位边际利润	2	3	5

从表 10-5 可知,以市场价 5 元作为内部转移价格,甲、乙两部门和全厂都有利可得。从边际利润算出营业净收益,即可作为全面评价和考核经营成果的依据。如果企业的产品是

特别的、专用的,市场没有同类产品的价格可比,则应采取协商价格作为内部转移价格。

（三）以协商价格为基础的内部转移价格

协商价格是指各责任中心相互提供产品或劳务,以正常的市价为基础,共同协商确定的买卖双方都愿意接受的价格作为内部转移价格。一般情况下,协商价格低于市场价格。这种方法可以兼顾买卖双方的利益并得到双方的认可,使价格具有一定的弹性。但在协商时,双方容易争执不休,讨价还价,造成各责任中心之间的矛盾。

（四）以双重价格为基础的内部转移价格

双重价格是指买卖双方分别采用不同的价格作为内部转移价格。如果卖方提供的产品或劳务的成本高于市场价格,而买方又有权向市场购买所需的半成品或劳务时;若以成本作为内部转移价格,则买方必定转向外部进货,由此造成卖方生产能力的闲置,使卖方和企业的整体利益都受损失。根据目标一致性原则,买卖双方应分别按不同的价格,即卖方以成本作为"出售"价格,而买方以变动成本或市场价格作为"购入"价格,这样既保证买卖双方的利益,又不至于损害企业整体利益。这种方法一般适用于中间产品有外部市场、卖方的生产能力不受限制,且变动成本低于市场价格的责任中心。

【例10-8】 设某厂甲生产部门生产的半成品,单位变动成本 4 元,由乙生产部门继续加工制成产品。采用双重转移价格,对甲生产部门按市价(每件 6 元)计价,对乙生产部门按甲生产部门的变动成本(每件 4 元)计价。某期甲生产部门供应乙半成品 1 000 件,由乙生产部门加工,每件加工费 10 元,制成产品外售,每件售价 20 元,则边际利润计算如表 10-6 所示。

表 10-6

有关成本、收入资料

单位:元

项 目	甲生产部门	乙生产部门	全 厂
销售收入	1 000×6＝6 000	1 000×20＝20 000	20 000
变动成本	1 000×4＝4 000	14 000	
甲生产部门结转成本		4 000	
本部门加工成本		1 000×10＝10 000	14 000
边际利润	2 000	6 000	6 000

从表 10-7 可知,甲生产部门按市价转移,有边际利润 2 000 元,表示甲生产部门做了一定的贡献,劳而有功。如果不按市价 6 元仅以变动成本 4 元转移,则甲生产部门的边际利润为"0"。

1 000×4(甲生产部门的转移总收入)－1 000×4 (甲生产部门的总变动成本)＝0(甲生产部门的边际利润)。

因此,甲生产部门将无功可言,会挫伤其生产积极性。如据此评价甲生产部门的成绩是不公平的。

全厂的边际利润是以乙生产部门的边际利润为最后指标,它不等于甲、乙两生产部门边际利润之和,因为:1 000×[20－(4+10)]＝6 000(元),表明并未计入由双重内部转移价之差所形成的甲生产部门的内部边际利润 2 000 元。这是因为甲生产部门按市价所获的边际利润 2 000 元,只是一种鼓励性的利润,并非实有收入,故不能计入全厂边际利润之内。这个理由是难以说服人的。要知道,乙生产部门的边际利润就是全厂的边际利润,是会产生消极因素的,无形中抬高了乙生产部门的利润、打击了甲生产部门。在甲生产部门则会看到全厂功绩为乙生产部门独占,而甲生产部门无份,自然产生消极心理。全厂边际利润应该等于甲生产部门与乙生产部门的边际利润之和,为什么只算乙生产部门的,不算甲生产部门的?事实上,如无甲生产部门的功绩在内,乙生产部门又如何获得等于全厂利润的指标?因此乙生产部门的边际利润实际包含了甲生产部门的边际利润在内,全厂的边际利润自然也包含了甲生产部门的边际利润在内,但表 10-7 计算的结果,使人难以如此理解。要合理解决这一问题,还是应该把甲生产部门的边际利润当作乙生产部门的成本。这样,实际上又回到"以市价作为内部转移价格"的单一方法上去。为了不致雷同,一方面吸取市价法转移的优点,另一方面又避免双重价格转移所产生的消极因素,应采取区间加成法。

（五）以区间加成确定的内部转移价格

所谓区间加成,就是规定转移价格的上限和下限,上限以市价为准(如无市价,协商决定),下限以标准成本的单位变动成本为准(如用实际成本,会将卖方功过转嫁给买方故用标准成本)。转移价格还是只定一个,定在上限与下限之间。这样就有一个区间作为弹性变动范围,具有一定灵活性,易于掌握。否则,如果定价高于上限,买方(接受部门)不接受,宁可外购;如果定价等于或低于下限,卖方(供应部门)无利可得,也不接受,只有定在上限与下限区间内,双方均可接受。具体做法是:给卖方的单位变动成本加成,加成数额与单位变动成本合计控制在市价以下,最多等于市价。即使等于市价,买方仍愿内购而不外购,因为内购比外购少花搬运费和往返接洽时间,还是合算的。如果买方不愿意,还可在上、下限区间进一步协商。加成确定后,计算边际利润时,即把加成数额作为买方的一项成本,这样计算的结果,买方加卖方的边际利润之和就等于全厂的边际利润,与实际情况吻合,不致发生上述误解。

【例 10-9】　仍按[例 10-8],各数据不变,只把甲生产部门原按市价定的转移价格 6元改为按单位变动成本 4 元加成(加 50%)处理。于是表 10-6 可以改变成表 10-7。

表 10-7

有关成本、收入资料

单位:元

项　　　目	甲生产部门	乙生产部门	全　厂
销售收入	$1\,000×6=6\,000$	$1\,000×20=20\,000$	20 000
变动成本	$1\,000×4=4\,000$	16 000	
甲生产部门结转成本		4 000	
乙生产部门加工成本		$4\,000×50\%=2\,000$	
本部门加工成本		$1\,000×10=10\,000$	14 000
边际利润	2 000	4 000	6 000

本 章 小 结

责任会计是指以企业内部的各个责任中心为会计主体,以责任中心可控的资金运动为对象,对责任中心进行控制和考核的一种会计制度。为真正发挥分权管理的作用,必须将企业划分为不同形式的责任中心,并建立起以责、权、利相结合的机制。可将企业内部责任中心划分为成本中心、利润中心和投资中心,并根据各类责任中心的特点,确定相应的业绩评价和考核重点,据此组织实施责任会计制度。为调动各责任中心的积极性,必须根据各责任中心业务活动特点,制定具有充分经济依据的内部转移价格,不同的内部转移价格具有不同的特点和使用范围。

思考与练习

复习思考题

1. 什么是责任会计? 为什么要建立责任会计制度?
2. 什么是责任中心? 责任中心分哪几种? 它们之间有什么区别?
3. 各责任中心控制的内容是什么? 怎样对各责任中心进行业绩考核?
4. 责任成本与产品成本有哪些区别与联系?
5. 简要说明可控成本、不可控成本同变动成本、固定成本及直接成本、间接成本的区别与联系。
6. 制定内部转移价格的基本要求是什么? 怎样根据不同的责任中心制定内部转移价格?
7. 收入中心有哪几个考核指标?

练 习 题

一、单项选择题

1. 计算投资报酬率时,其经营资产计价是采用( )。
   A. 原始价值　　　　B. 账面价值　　　　C. 委估价值　　　　D. 市场价值
2. 责任会计的主体是( )。
   A. 管理部门　　　　B. 责任中心　　　　C. 销售部门　　　　D. 生产部门
3. 投资中心的利润与其投资额的比率是( )。
   A. 内部收益率　　　　　　　　　　　B. 剩余收益
   C. 部门边际贡献　　　　　　　　　　D. 投资报酬率
4. 责任会计中确定责任成本的最重要的原则是( )。
   A. 可避免性　　　　B. 因果性　　　　C. 可控性　　　　D. 变动性
5. 成本中心的责任成本是指该中心的( )。

A. 固定成本   B. 产品成本

C. 可控成本之和   D. 不可控成本之和

6. 下列项目中,不属于利润中心负责范围的是( )。

    A. 成本   B. 收入   C. 利润   D. 投资效果

7. 以获得最大净利为目标的组织单位是( )。

    A. 责任中心   B. 成本中心   C. 利润中心   D. 投资中心

8. 对于成本中心来说,考核的主要内容是( )。

    A. 标准成本   B. 可控制成本   C. 直接成本   D. 可变成本

9. 为了使部门经理在决策时与企业目标协调一致,应该采用的评价指标为( )。

    A. 投资报酬率   B. 剩余收益   C. 现金回收率   D. 销售利润率

10. 在以成本作为内部转移价格制定基础的条件下,如果产品的转移涉及利润中心或投资中心时,下列方法中能够采用的只能是( )。

    A. 标准成本法   B. 变动成本法

    C. 实际成本法   D. 标准成本加成法

二、多项选择题

1. 建立责任会计应遵循的基本原则有( )。

    A. 反馈原则   B. 可控性原则

    C. 责权利相结合原则   D. 统一性原则

    E. 激励原则

2. 责任中心按其所负责任和控制范围不同,分为( )。

    A. 成本中心   B. 费用中心   C. 投资中心   D. 收入中心

    E. 利润中心

3. 责任中心考核的指标包括( )。

    A. 可控成本   B. 产品成本   C. 利润   D. 投资报酬率

    E. 剩余收益

4. 对投资中心考核的重点有( )。

    A. 边际贡献   B. 销售收入   C. 营业利润   D. 投资报酬率

    E. 剩余收益

5. 利润中心分为( )。

    A. 自然利润中心   B. 人为利润中心

    C. 实际利润中心   D. 预算利润中心

    E. 标准利润中心

6. 成本中心可以有( )。

    A. 车间   B. 个人   B. 工段   D. 班组

    E. 分厂

三、计算题

1. 某投资中心投资额为 100 000 元,年净利润为 20 000 元,公司为该投资中心规定的最低投资报酬率为 15%。请计算该投资中心的投资报酬率和剩余收益。

第十一章　业　绩　评　价

【学习目标】　通过本章的学习,了解业绩评价体系的构成要素及相互关系,掌握基于利润的业绩评价指标、杜邦分析体系以及了解财务指标的局限性,了解 EVA 的经济内涵、EVA 的调整,掌握 EVA 的业绩考核与评价的思路、方法和优缺点,了解基于战略的业绩考核与评价的不同模型,包括业绩金字塔和平衡计分卡,掌握平衡计分卡的评价思路、方法、运用以及局限性。

【案例引导】

传统的财务评价怎么了

20 世纪七八十年代,FMC 公司所创造的财务绩效始终是美国大公司中的佼佼者。到了 1992 年,新的管理团队进行了一次战略总结,目的是寻找一条最能增加股东价值的未来路线。他们的结论是:出色的短期经营绩效虽然重要,但是公司必须启动一项成长战略。FMC 总裁布雷迪回忆道:"对一个高度多元化的公司来说,采用资本报酬率衡量方法特别重要。年终时,我们奖励那些实现预期经营效果的部门经理。20 年来,我们一直严格管理公司且成绩卓越。但是,我们越来越不清楚公司未来成长空间从何而来,公司应该到哪里寻找突破的机会。我们当时已经是一个投资报酬率很高但没有多少成长潜力的公司了。此外,从我们的财务报告来看,我们在实施长期计划方面取得了什么进展变得十分模糊。"

管理大师彼得·F. 德鲁克曾经说过,如果你不能评价,你就无法管理。企业业绩评价是企业管理的基本前提。我们应当如何进行业绩评价?

很多学者都对业绩评价进行了探讨,但随着社会的不断发展,传统的企业业绩评价体系已经完全不能满足企业经营发展的需要,基于纯粹的财务指标的评价模式的弊端也逐渐暴露出来。一些新的指标如顾客满意度、企业市场份额、与其他企业的竞争程度、员工满意度以及企业的经营和创新能力逐渐成为企业关注的焦点。本章基于这一变化,分别介绍基于利润的业绩评价方法和基于战略的业绩评价方法。

第一节　业绩评价概述

一、业绩、业绩计量与业绩评价

业绩也称为绩效或效绩,是指组织或个人在一定时期内投入产出的效率与效能。其中,投入指的是人、财、物、时间、信息等资源,产出指的是工作任务和工作目标在数量与质量方面的完成情况。企业业绩主要表现为盈利能力、资产营运水平、偿债能力和后续发展能力;经营者业绩主要通过经营者在经营管理企业的过程中对企业经营、成长、发展所取得的成果和所作出的贡献来体现。

业绩通常有两层含义：一是任务执行的完成过程，类似于某一时间段内的录像；二是任务执行的结果，类似于某一时点的快照。那么，任务的执行是否达到了我们所预期的结果呢？这就需要进行业绩计量和业绩评价。

业绩计量是指业绩信息的获取、搜集和加工处理过程。其中，业绩信息包括财务信息和非财务信息，来自企业外部和内部两个信息来源。业绩的计量涉及指标的选择和数量的确定。

企业业绩评价是企业衡量其既定目标的实现程度，以及企业内部各部门、个人对目标实现的贡献程度的一个评判过程。具体来说，业绩评价是指评价主体运用数量统计和运筹等方法，采用特定的指标体系，对照设定的评价标准，按照一定的程序，通过定性定量对比分析，对评价客体在一定期间内的业绩作出客观、公正和准确的综合判断。通过搜集业绩信息、分析和判断，为进一步决策提供依据。由于存在不同的委托—代理关系，现代企业十分重视企业治理结构的优化及对管理者进行业绩评价。

二、业绩评价的层次

业绩包括企业业绩、部门业绩和个人业绩三个层面。业绩的三个层面之间是决定与制约的关系：个人业绩水平决定着部门的业绩水平，部门的业绩水平又决定着企业的业绩水平；反过来，企业的业绩水平制约着部门的业绩水平，部门的业绩水平也制约着个人的业绩水平。与此对应，业绩评价层次也可分为企业层面、部门层面和个人层面。

（一）企业层面

企业往往是以集团的形式存在，除母公司或总部外，还有分部或战略业务单元等，分部可以是子公司的形式，也可以是非独立的法人机构（如分公司、责任中心等），甚至是一个虚拟主体。企业层面的业绩评价是指对包括母公司在内的企业集团的业绩评价，具有评价范围广、评价内容多、评价指标全、评价边界相对清晰的特点。

（二）部门层面

部门层面的业绩评价是指在公司内部按照业务单元、地域分布等标准将企业整体划分成多个子业绩评价对象，并对其业绩进行评价的过程。部门层面的评价是对企业整体业绩评价的分解和细化。部门业绩要根据企业自身特点进行划分，没有固定模式，但是目的都是为了更清晰、更准确地判断企业整体业绩状况，寻找企业业绩贡献的来源和企业管理需要提升的方向和目标。

（三）个人层面

个人层面的业绩评价按领导层次和一般员工层次划分，领导层次的业绩评价与企业层面的业绩评价分不开，对领导层次的业绩评价通过企业层面的业绩的评价进行，对企业层面的业绩评价同时也是对企业领导的业绩评价。因此，本章对领导层次的业绩评价与企业层面的业绩评价一并阐述。而对一般员工的业绩评价更多涉及人力资源管理的内容，不属于本章重点阐述内容。

三、企业业绩评价体系

企业业绩评价体系的构成要素包括评价主体、评价客体、评价目标、评价指标、评价标准、评价方法和评价报告。

（一）评价主体

评价主体是企业业绩评价的实施者，即谁要对企业业绩进行评价。通常情况下，企业的利益相关者是企业业绩评价的主体，包括股东、债权人、管理人、客户、员工和政府部门等。但是，不同的评价主体有着不同的评价目的，对企业业绩评价的侧重点也就不同。例如，所有者评价的目的是选聘合格的经营者，并制定相应的激励和报酬；投资者评价的目的是对企业的价值作出合理估计，从而作出是否继续投资的决策；债权人评价的目的是了解企业的偿债能力和信誉，从而作出是否借贷的决策。

（二）评价客体

评价客体是指业绩评价的对象，即对谁进行业绩评价。业绩评价客体的选择由评价主体来确定，不同的评价主体选择的评价对象不同。一般来说，业绩评价系统有两个评价对象：一是企业，对企业的业绩评价结果关系企业是扩张、维持、收缩、转产或退出；二是企业管理者，对企业管理者的评价结果关系管理者的选聘、职务的升降和报酬等问题。

（三）评价目标

评价目标解决的是为什么进行评价的问题。在评价主体中已经提到，不同的评价主体有着不同的评价目的。但是企业业绩评价的最终目的是提升企业的管理水平、管理质量和持续发展能力。业绩评价的过程是寻找差距的过程，把每项差距进行分解，努力寻找差距的原因，并对可能的改进提出方案；再权衡各方案的可行性，制定改进方案，在下一个环节加以执行。

（四）评价指标

评价指标是指根据业绩评价目标和评价主体的需要设计的，以指标形式体现的、能反映评价对象特征的因素。常见的业绩评价指标的分类方法有以下三种。

1. 根据指标是否可以用货币来计量分为财务指标和非财务指标

财务指标是企业评价财务状况和经营成果的指标，是用货币形式来计量的。如投资报酬率、销售利润率、净收益、每股收益、成本费用率等。但是，财务指标的质量取决于财务报告的质量，而财务报告质量受到会计准则、会计师技能和职业道德等因素的影响。并且，即使财务指标令人满意，它也只反映企业过去的财务状况和经营成果，因此需要引入非财务指标进行补充。

非财务指标被认为是能反映未来业绩的指标，非财务指标无法用货币计量。虽然财务计量在公司的业绩计量方面一直占主导地位，但是近些年竞争环境的变化使得非财务计量在业绩评价中的作用越来越大，如市场占有率、质量和服务、创新、生产力和雇员培训等都是常用的非财务指标。

2. 根据指标是否可以用数字来计量分为定量指标和定性指标

非财务指标可以是定量的，用数字直接计量，如消费者投诉数量。非财务指标有时难以用数字计量，只能定性反映，如销售代表所反馈的客户意见。但是从管理的角度看，业绩指标应当尽可能量化，目标不量化就会难以操作。

3. 根据指标是使用比率还是总量形式来表达分为绝对指标和相对指标

绝对指标能够反映评价客体业绩的总量大小，如某销售部门的年销售收入预算目标。

相对指标是两个绝对指标的比率结果,绝对指标和相对指标在企业业绩评价中互相补充、共同发挥作用。

（五）评价标准

评价标准是业绩评价的参照物,也就是评价客体的业绩指标需要与什么相比较。如果没有比较,就无法判断优劣。评价标准是判断评价对象业绩优劣的基准,是对企业经营业绩进行价值判断的尺度。评价标准在一定时期内应该具有相对稳定性,但是评价标准的选择取决于评价的目的,因此其选定后也并非一成不变。企业通常使用的业绩标准包括历史标准、预算标准、外部标准等。

1. 历史标准

在明显缺乏外部比照对象的情况下,为了衡量业绩,企业往往会使用历史标准,即采用历史的业绩作为参照物。历史标准的作用方式有三种,包括与上年实际比较、与历史同期实际比较、与历史最好水平比较。使用历史标准,可比性是主要问题,需要剔除物价变动、会计准则变化、经营环境变化等一些不可控因素或不可抗力的影响。

2. 预算标准

企业通常会将长期的战略目标截取为阶段性的预算目标。预算控制的机制在于将实际业绩结果与预算目标进行比较,求出并分析差异,针对差异及时修正目标或实施改进措施。

3. 外部标准

业绩评价也可以选取来自外部的标准作为参照物。为了保证可比性,通常会选择同行业的标准,包括行业均值标准或行业标杆标准,以及跨行业标杆标准等。标杆法就是将企业自身的产品、服务或流程与标杆对象的最佳实务和经验相比较以达到持续改进,提升业绩的目的。

（六）评价方法

评价方法是根据评价指标,对照评价标准,形成最终评价结果的一系列手段。业绩评价方法的选择是企业业绩评价指标体系构建模式的核心,是将评价指标与评价标准联系在一起的纽带,是形成客观公正的评价结果的必要条件。

随着企业管理理论、管理实践的发展和新时代特征的涌现,当今业绩评价活动的目的、内容、重点乃至整个评价思想都在经历着深刻的历史变革。不同时期的企业业绩评价类型也随之发生变化。

19世纪末期至20世纪早期,科学技术迅猛发展并被广泛运用于工业生产,极大地促进了经济发展,企业竞争意识不断加强。当时的管理者认为利润的取得主要通过扩大经营规模、提高产量和控制成本来实现。这一阶段,成本会计与管理会计学科体系迅速发展,成本指标就成为当时评价企业业绩的主要计量指标,标准成本法和差异分析法被企业广泛运用。

19世纪40年代,出现股份公司经营形式,所有权与经营权分离,作为评价主体的债权人和股东迫切需要了解企业财务状况和经营成果以便作出正确的投资决策。业绩评价的主体扩大到企业外部,业绩评价方法从传统的基于成本数据扩展到基于财务指标。在这一转变过程中出现了沃尔评分法和杜邦分析体系。

20世纪90年代,企业的经营目标经历了从利润最大化向股东财富最大化、企业价值最大化的转变。业绩评价也从以短期利润为核心的财务指标考核过渡到以股东价值最大化为导向的价值模式考核。这一阶段最受推崇的两种做法分别是自由现金流折现法和经济增加值法。价值模式虽然弥补了利润类财务指标的不足,但毕竟价值估算还是部分基于会计数据。于是越来越多的非财务业绩指标被纳入管理报告体系,财务业绩评价和非财务业绩评价相结合的需要以及关键业绩指标的确定促成了平衡计分卡的出现。

(七)评价报告

业绩评价报告是企业评价系统的输出信息,也是评价系统的结论性文件。评价主体以业绩评价对象为单位,通过会计信息系统及其他信息系统,获取与评价对象有关的信息,经过加工整理后得出业绩评价对象的评价指标数值或状况,将该评价对象的评价指标的数值或状况与预先确定的评价标准进行对比,找出差异、分析产生差异的原因、责任及影响,得出评价对象业绩优劣的结论,形成业绩评价报告,并将评价结果反馈给业绩评价主体和客体。

四、业绩评价的功能

(一)价值判断功能

价值判断功能是企业业绩评价的基本功能,也是业绩评价概念的核心内容。它通过设计各项业绩评价指标,记录和测算各项评价指标的实际值,并将指标实际值与目标值、历史水平、行业先进或平均水平等进行比较后对企业的盈利能力、偿债能力、资产营运能力、发展能力和综合竞争能力等作出价值判断,从而准确、全面、客观、公正地衡量、了解和判断企业的经营业绩、经营管理水平和努力程度。

(二)预测功能

业绩评价有助于企业利益相关者了解过去和当前企业经营结果的实际情况,经营管理水平和努力程度,企业资源和能力优势、劣势以及经营过程各方面存在的问题,在此基础上预测和判断企业经营活动与业绩的未来发展趋势,从而使利益相关各方更好地进行决策和控制。

(三)战略传达和管理功能

企业为了实现其远景目标和长期发展战略,必须制定近期的、具体的经营战略并确定相应的关键业绩驱动因素,在此基础上设置反映多方面、多层次经营管理活动的过程及其成果的业绩评价指标体系,并为这些指标设置相应的目标值。通过这一途径,企业将战略目标分解和落实到各个管理层次和部门,实际上是向所有部门员工传达了企业的战略目标,以及企业期望他们采取的行动。在这些活动实施的事中和事后,企业各级管理层及时记录和分析各项指标的实际值,判断和了解所取得的成绩和差距,总结存在的优势和不足,并有针对性地采取措施提高经营管理水平,保证企业战略的有效实施。

(四)行为导向功能

企业业绩评价体系在事前根据企业战略目标以及行为主体的职责和权限,设计相应的业绩评价指标和必须达到的目标,使行为主体明确应采取的行为和应完成的任务;在事中适时提供关于生产经营过程的各个环节和方面的效率和效果信息,帮助行为主体及时发现问题与不足并采取改进措施;在事后全面、综合地评价行为主体的经营业绩,并将评价结果与薪酬制度、奖励计划以及其他激励措施结合起来,引导行为主体积极、主动地采取与企业利益和战略目标相一致的行为,并努力改进经营管理水平,提高企业经营绩效和竞争优势。

第二节　基于利润的业绩评价

利润是企业一定期间经营收入和经营成本、费用的差额,反映当期经营活动中的投入与产出对比的结果,在一定程度上体现了企业经济效益的高低。以企业为主体的业绩考核与评价最初以考核利润为目标,后来以考核净资产利润率为目标,往往追求企业利润最大化或股东财富最大化。

一、基于利润的业绩评价指标

基于利润的业绩评价指标往往根据考核需要而定,主要包括营业利润率、成本费用利润率、净收益、每股收益、总投资报酬率、总资产净利率率、净资产收益率等指标。

1. 营业利润率

营业利润率是企业一定时期营业利润与营业收入的比率。其计算公式为:

$$营业利润率 = 营业利润 \div 营业收入$$

营业利润率越高,表明企业市场竞争力越强,发展潜力越大,盈利能力越强。在实务中,销售毛利率、销售净利率等指标也经常被用来分析企业经营业务的获利水平。计算公式分别为:

$$销售毛利率 = 销售毛利额 \div 销售收入总额$$
$$销售净利率 = 净利润 \div 销售收入$$

2. 成本费用利润率

成本费用利润率是企业一定时期利润总额与成本费用总额的比率。其计算公式为:

$$成本费用利润率 = 利润总额 \div 成本费用总额$$

成本费用利润率越高,表明企业为获取利润而付出的代价越小,成本费用控制得越好,盈利能力越强。

3. 净收益与每股收益

净收益是一个公司一定时期的收入减去费用的剩余部分。作为业绩评价指标,净收益是属于普通股东的净收益:

$$净收益 = 净利润 - 优先股股利$$

这里需要说明的是,由于我国《公司法》没有关于优先股的规定,即我国不得发行优先股,所以股东净收益与净利润没有区别。由于净收益的大小与公司投入资本多少有关,不便于公司之间的横向比较,也不便于投入资本变化时同一公司的各期比较,因此需要使用每股收益。每股收益是净收益除以普通股数得到的:

$$每股收益 ＝ 净收益 ÷ 平均发行在外普通股股数$$

一般情况下,企业的净收益和每股收益越大,表明盈利能力强,股东财富增加得越多。作为业绩评价指标,净收益和每股收益有着悠久的历史,也获得了广泛的认可。这两个指标具有很好的一致性和一贯性,各国都有统一的会计准则来对净收益和每股收益的计算进行规范。同时,净收益这个数字是经过审计的,其可信性也比其他指标高得多。但是,净收益和每股收益存在着没有考虑通货膨胀以及净收益指标可能容易被经理人员主观控制和调整等缺陷。

4. 总投资报酬率

总投资报酬率是企业某投资项目年平均利润与项目投资总额的比率,表明企业资产的综合利用效果。其计算公式为:

$$总投资报酬率 ＝ 年平均利润 ÷ 项目投资总额$$

一般情况下,总投资报酬率越高,表明企业的投资效益越好。

5. 总资产净利率

总资产净利率是一定时期税后净利润与总资产的比率。其计算公式为:

$$总资产净利率 ＝ 净利润 ÷ 平均资产总额$$

一般情况下,总资产净利率越高,说明总资产利用效果越好。它着眼于公司整体的经营效率,反映公司管理人员综合利用资产创造净利润的业绩。

6. 净资产收益率

净资产收益率是企业一定时期净利润与平均净资产的比率,反映企业自有资金的投资收益水平。其计算公式为:

$$净资产收益率 ＝ 净利润 ÷ 平均净资产总额$$

一般认为,净资产收益率越高,企业自有资本获取收益的能力越强,运营效益越好,对企业投资人、债权人利益的保证程度越高。

二、杜邦分析体系

杜邦分析体系由美国杜邦公司创造的,它是在考虑各项财务比率内在联系的条件下,通过制定多种比率的综合财务分析体系来对企业的财务状况和经营成果进行考察的一种分析方法。杜邦分析体系是以权益净利率为龙头,以总资产净利率和权益乘数为分支,重点揭示企业获利能力以及杠杆水平对权益净利率的影响,以及各相关指标间的相互作用关系。

(一)杜邦分析体系的基本框架

杜邦分析的基本框架如图 11-1 所示。

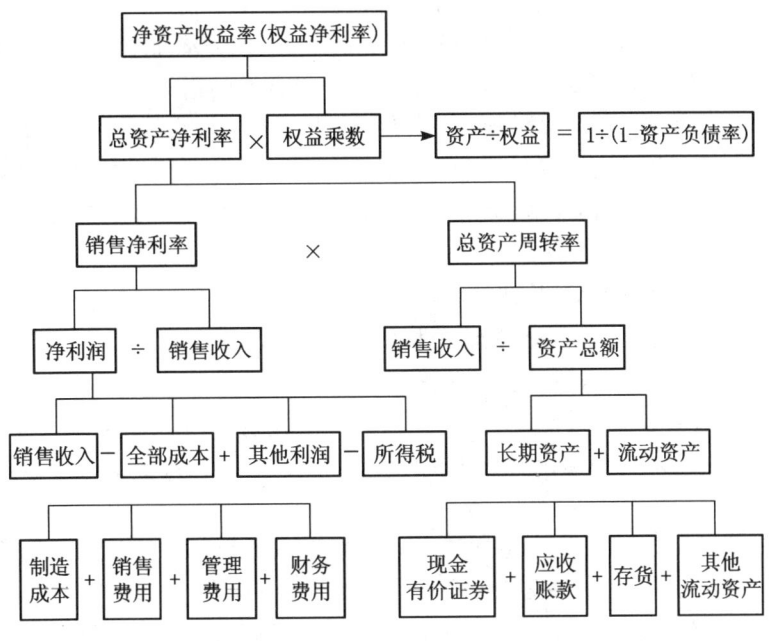

图 11-1　杜邦分析体系的基本框架

用公式进一步表述为：

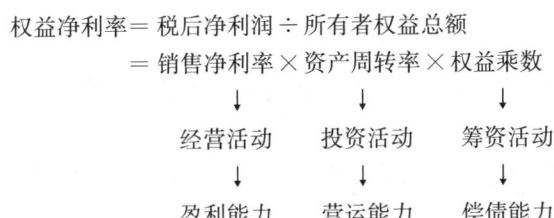

该体系是一个多层次的财务比率分解体系。各项财务比率,可在每个层次上与本企业历史或同业财务比率比较,比较之后向下一级分解。逐级向下分解,逐步覆盖企业经营活动的每个环节,以实现系统、全面评价企业经营成果和财务状况的目的。

（1）权益净利率是分析体系的核心,具有很好的可比性和综合性,可用于不同企业之间的比较。企业财务管理的重要目标之一就是实现股东财富最大化,权益净利率正是反映了股东投入资金的获利能力。权益净利率取决于总资产净利率和权益乘数。总资产净利率反映企业运用资产进行生产经营活动的效率高低,而权益乘数则主要反映企业资金来源结构。

（2）总资产净利率反映企业经营战略。总资产净利率可以反映管理者运用受托资产赚取盈利的业绩,是最重要的盈利能力。将总资产净利率分解为销售净利率和总资产周转率。总资产周转率反映总资产的周转速度,销售净利率反映销售收入的收益水平,这两者反映了企业的经营战略。

仅从销售净利率的高低并不能看出业绩好坏,这是因为总资产周转次数常常与销售净利率呈反方向变动,企业为了提高销售净利率,就要增加产品附加值,增加投资导致资产周转率下降。相反地,企业为了提高资产周转次数,就会降低价格,引起销售净利率下降。通常,销售净利率较高的制造业周转率都较低,周转率很高的零售业销售净利率很低。采取"高盈利、低周转"还是"低盈利、高周转"的方针,是企业根据外部环境和自身资源作出的战略选择。因此,总资产净利率就是一个综合性的指标。

(3)权益乘数反映企业的财务政策。权益乘数表示企业的负债程度,我们知道公式:权益乘数＝1÷(1－资产负债率),不难看出,企业资产负债率越高,权益乘数越大,企业财务杠杆越高,风险也越大;相反地,资产负债率低,权益乘数小,企业财务杠杆越低,相应承担的风险也越小。

(二)杜邦分析体系的局限性

从企业绩效评价的角度来看,杜邦分析体系只包括财务方面的信息,不能全面反映企业的实力,有很大的局限性,主要表现在:

(1)局限于财务领域,只是一种对结果的考评,评价和考核没有深入经营管理过程中。与此同时,对短期财务结果过分重视,有可能助长公司管理层的短期行为,忽略企业长期的价值创造。

(2)财务指标反映的是企业过去的经营业绩,数据资源仅来源于两大报表,反映问题不全面。会计的三大报表分别反映了企业财务状况、经营成果和现金流量。而杜邦分析体系的指标体系仅从资产负债表和利润表截取数据,没有考虑现金流量表,没有反映企业一定时期的现金流入、流出情况。

(3)杜邦分析体系虽然提供了企业的盈利能力,但没有考虑收益的质量,分析结果具有片面性。目前,上市公司净利润容易被经理人员主观地控制和调整,存在盈余操纵的现象。杜邦分析体系虽然提供了销售净利率、总资产净利率和权益净利率,但它们只反映了企业盈利能力的"数量",而不能反映企业盈利能力的"质量",因此,杜邦分析体系并不一定真正反映企业的获利能力。

(4)杜邦分析体系是一种重视内部经营管理、忽视外部市场分析的评价体系。

三、基于利润的业绩评价的缺点

(1)考核与评价依赖的是历史信息,无法体现企业未来的发展状况。各利润指标的计算都是依据从财务报表中截取的数据,反映的是历史信息,使指标的相关性和可靠性受到一定程度的限制,历史数据仅能反映过去某段时间的结果,缺乏对未来发展状况的体现。

(2)业绩考核与评价仅反映财务数据,无法全面反映企业的经营状况。众多以利润为导向的评价指标仅仅反映财务数据,而单凭财务数据往往无法让人了解管理层主观努力的效果和公司的内部经营状况。另外,财务报告数据本身也可能或多或少地受到会计准则的规定和管理层进行盈余管理的影响,所以仅仅依赖财务数据往往无法作出正确的判断。

(3)业绩考核与评价可能造成短视行为,无法全面反映企业的长远利益。基于利润的责任考核与评价并没有考虑货币的时间价值,因此,管理层会集中精力将政策变现,所以不由自主地激励了短视行为;此外,为了达到利润考核的目的,很可能导致管理层为了降低成本而不进行技术改造及设备更新、不开发新产品、不处理积压商品、不进行正常的设备维修和保养,从而对公司的长远发展埋下祸根。

(4)业绩考核与评价没有有效考虑风险,无法正确反映企业目标。基于利润的责任考核与评价往往使财务人员不顾风险的大小去追求最大利润。例如,同样投入100万元,本年获利都是10万元,但其中一个企业获利已全部转化为现金,另一个企业则全部表现为应收账款,若不考虑风险大小,同样不能判断哪一个更符合企业目标。

第三节 基于 EVA 的业绩评价

一、EVA 的概念及特点

(一) EVA 的概念

经济增加值(economic value added)英文缩写 EVA,是美国思腾思特(Stern Stewart)咨询公司开发的一种价值分析工具和业绩评价指标,是基于剩余收益思想发展起来的一种价值模型。经济增加值指从税后营业净利润中扣除包括股权和债务的全部资本投入后的一种企业绩效财务评价方法。也就是说,经济增加值是以货币形式评价企业的资本报酬率与资本成本率的差值。

经济增加值考虑了包括权益资本成本在内的所有资本的成本,传统的企业绩效评价指标(包括税后营业净利润、每股收益、权益净利率等)在计算时没有扣除权益资本成本,导致成本补偿不彻底,不能反映企业的真实盈利能力。经济增加值克服了传统绩效评价指标的上述缺陷,站在股东立场考察企业的经济价值,其目的在于使企业经理人以股东价值最大化作为行为准则,其计算公式为:

$$经济增加值(EVA) = 调整后税后营业净利润 - 加权平均资本成本 \times 投资资本$$
$$= (企业实际资本报酬率 - 加权平均资本成本) \times 投资资本$$

可见,EVA 取决于三个变量,企业可以通过增加税后营业净利润、减少资本占用或降低加权平均资本成本来提高 EVA。EVA 计算模型表明,EVA 是超过资本成本的那部分价值,突出反映股东价值的增量;企业不能单纯追求经营规模,更要注重自身价值的创造。因此,EVA 可以提供一种可靠的尺度,来反映管理行为是否增加了股东财富,以及股东财富增加的数量。一般来说,EVA 大于0,意味着从营业利润中减去整个公司的资本成本后,股东投资得到的净回报,为股东创造了价值,否则就形成价值毁灭。企业 EVA 的持续增长意味着公司市场价值的不断增加和股东财富的增长,从而实现股东财富最大化的财务目标。

(二) EVA 的特点

EVA 充分考虑了投入资本的机会成本,使 EVA 具有以下几个突出特点。

1. EVA 度量的是资本利润,而不是通常的企业利润

EVA 从资本提供者角度出发,度量资本在一段时期内的净收益。只有净收益高于资本的社会平均收益,资本才能增值。而传统的企业利润所衡量的是企业一段时间内产出和消耗的差异,不关注资本的投入规模、投入时间、投入成本和投资风险等因素。

2. EVA 度量的是资本的社会利润,而不是个别利润

不同的投资者在不同的环境下,对资本有着不同的获利要求。EVA 剔除资本的"个性"特征,对同一风险水平的资本,对其最低利益要求并不因持有人和具体环境不同而不

同。因此,EVA 度量的是资本的社会利润,而不是具体资本在具体环境中的个别利润,这使 EVA 度量有了统一的标尺,并体现了企业对所有投资的平等性。

　　3. EVA 度量的是资本的超额收益,而不是利润总额

　　为了留住逐利的资本,企业的盈利率不应低于相同风险的其他企业一般能够达到的水平,这个“最低限度的可以接受的利润”就是资本的正常利润。EVA 度量的正是高出正常利润的那部分利润,而不是通常的利润总额。这反映了资本追逐超额收益的天性。

二、EVA 管理体系

　　思腾思特公司提出的“4M”的概念可以最好地阐释经济增加值管理体系,即评价指标(measurement)、管理体系(management)、激励制度(motivation)以及理念体系(mindset)。

(一)评价指标

　　我们已经知道,经济增加值相比传统绩效评价指标的优势就在于全面考虑企业的资本成本。与此同时,在计算 EVA 的过程中,需要对传统收入概念进行一系列调整,从而消除会计运作产生的异常状况,并使其尽量与经济真实状况相吻合。例如,按照会计准则的要求,无形资产研究阶段的支出在发生时计入当期损益,开发阶段的支出满足资本化条件的确认为无形资产,其余的支出也计入当期损益。而经济增加值则把研究与开发支出都作为投资(资产)并在一个合理的期限内摊销,反映研发的长期经济效益,从而鼓励经营者进行新产品的开发。

　　EVA 是税后营业净利润与资本成本的差额,经济增加值引入了可接受的最低投资回报的概念,投资者期望把钱投入企业后能够获得自己不能获得的比期望还要多的报酬率。一般来说,如果经济增加值大于零说明企业获得了投资者期望的投资报酬率;如果经济增加值小于零说明企业连金融市场一般预期的收益率(机会成本)都无法获得;如果经济增加值等于零说明企业只获得了金融市场一般预期收益率。

(二)管理体系

　　公司可以把 EVA 作为全面财务管理体系的基础,这套体系涵盖了所有指导营运、制定战略的政策方针、方法过程,以及衡量指标。在经济增加值体系下,管理决策的所有方面全都囊括在内,包括战略企划、资本分配,并购或撤资的估价,制订年度计划,甚至包括每天的运作计划。实施经济增加值企业的管理人员清楚明白增加价值只有三条基本途径:①通过更有效地经营现有的业务和资本,提高经营收入;②投资预期回报率超出公司资本成本的项目;③通过出售对别人更有价值的资产或通过提高资本运用效率,如加快流动资金的运转,加速资本回流,而达到把资本沉淀从现存营运中解放出来的目的。

(三)激励制度

　　在现代企业公司制度中,由于所有权和经营权的分离,企业所有者和管理人员追求的目标不一致,导致企业管理者甘冒“道德风险”背离所有者利益。如今许多针对管理人员的薪酬制度中过多强调报酬,而对激励不够重视。一般而言,奖金都是通过每年的预算计划确定的。在这种体制下,管理人员最强的动机是制定一个易于完成的预算任务,并且因为奖金是有上限的,他们不会超出预算太多,否则会使来年的期望值太高。

经济增加值使管理人员站在企业所有者的角度长远地看待问题,在经济增加值奖励制度之下,管理人员为自身谋取更多利益的唯一途径就是为股东创造更大的财富。并且这种奖励没有上限,管理人员创造经济增加值越多,就可得到越多的奖励。这样的奖励计划实际上使管理者关心公司业绩的改进,更关注资产和收益,并能够像投资者一样去思考和工作。

(四) 理念体系

如果经济增加值制度全面贯彻实施,EVA 财务管理制度和激励报偿制度将使公司的企业文化发生深远变化。大多数企业利用一系列评价指标体系来评价企业的财务状况,如我们经常用营业收入和市场份额的增长评价战略实施计划;用边际贡献和现金流来评价一个产品和生产线的获利能力;用资产报酬与目标利润比较来评价业务部门的经营业绩;财务部门则通常用投资报酬率,而不是将实际的投资报酬率与期望的投资报酬率相比较来评价企业经营业绩。这些不统一的标准、目标导致了计划、战略实施以及决策的混乱。经济增加值的引入,给企业带来了一种新观念,企业所有营运功能都从提高企业经济增加值这一基点出发,各部门自动加强合作。

三、EVA 的运用实例

(一) EVA 的调整

尽管经济增加值的定义很简单,但它的实际计算却较为复杂。思腾思特公司发现,可以对公认会计准则和企业内部会计作出 160 多项调整。这些调整都有利于改进对经营利润和资金的度量。常见的调整项目包括:研发费用、广告营销支出、培训支出、无形资产、战略投资、商誉、资产处置损益、重组费用、其他收购问题、存货估值、坏账准备等准备金、经营租赁、税收等。

从经济学的观点来看,凡是对公司未来利润有贡献的现金支出,如研发费用,都应算作投资,而不是费用。从会计学的角度来看,基于稳健性原则,许多能为企业带来长期利益的投资,如研发费用按照符合资本化条件的计入无形资产,符合费用化条件的计入当期损益。为了将传统的会计利润转化为合理的经济增加值结果,企业需要对财务数据进行调整,常见的调整如下。

1. 研究与开发费用

按照会计准则的要求,无形资产研究阶段的支出在发生时计入当期损益,开发阶段的支出满足资本化条件的确认为无形资产,其余的支出也计入当期损益。而经济增加值则把研究与开发支出都作为投资(资产),并在一个合理的期限内摊销。

2. 战略性投资

会计将投资的利息(或部分利息)计入当期财务费用,经济增加值要求将其在一个专门账户中资本化并在开始生产时逐步摊销。

3. 为建立品牌、进入新市场或扩大市场份额发生的费用

会计准则将立即从利润中扣除,经济增加值要求把为争取客户的营销费用资本化并在适当的期限内摊销。

4. 折旧费用

会计大多使用直线折旧法处理。经济增加值要求对某些大量使用长期设备的公司,按照更接近经济现实的"沉淀资金折旧法"处理。这是一种类似租赁资产的费用摊销方法,在

前几年折旧少,而后几年由于技术老化和物理损耗同时发挥作用需要提取较多折旧的方法。

5. 重组费用

会计将重组费用作为过去投资的损失看待,立即确认为当期费用。经济增加值将重组视为增加股东财富的机遇,重组费用应作为投资处理。

上述调整,不仅涉及利润表项目,而且涉及资产负债表有关项目,需要按照复式记账原理同时调整。

常见调整项目。具体如表 11-1 所示。

表 11-1

EVA 的 调 整

调整项目	解 释
产生价值的支出	市场营销、研发、员工培训等在未来产生价值的支出应该资本化,如果这项目在利润表中被计入当期费用,应当加回至利润中,同时也应加回至当年的占用资本中
折旧	会计折旧应该被加回至利润中,取而代之的是扣减经济折旧。非流动资产的账面价值也要进行相应调整。经济折旧反映了该期间资产价值的真正变动
备抵项目	预计负债、坏账准备、存货减值、递延税费等项目被认为是过于保守的会计处理,导致占用资本真实价值的低估,应该全部予以加回
非现金费用	所有的非现金项目需要被加回至利润中
经营租赁	经营租赁应该被资本化加回至占用资本中,任何被计入当期利润表的经营租赁费用应该被加回

（二）EVA 的实际运用——以××医药集团 20××年的财务数据为例（不考虑利润的调整）

××医药集团 20××年经济增加值计算如表 11-2 所示。

表 11-2

经济增加值计算表

（1）息税前利润	27.09 亿元
（2）所得税	6.77 亿元
（3）税后营业净利润＝（1）－（2）	20.32 亿元
（4）投入资本	88.38 亿元
（5）加权平均资本成本	7.368%
（6）资本成本＝（4）×（5）	6.51 亿元
（7）经济增加值＝（3）－（6）	13.81 亿元

从表 11-2 我们可以看出,20××年该医药公司的 EVA 与净利润形成差额,账面上形成 20.32 亿元的巨额利润,然而 EVA 却为 13.81 亿元。反映出了以利润指标作为业绩评价指标的不足,利润不一定就是所实现的价值创造。

接下来,运用公式:

$$经济增加值(EVA) = 资本效率 \times 投入资本$$
$$= (企业实际资本报酬率 - 加权平均资本成本) \times 投资资本$$

运用上述公式,问题就更清晰了。资本报酬率是企业能够做的事情,加权资本成本是投资者自己能够做的事情,资本效率考察了企业是否做了投资者自己所不能做的事情,是获得投资者所不能获得的报酬率的"试金石"。

仍以该医药公司为例,计算结果如表 11-3 所示。

表 11-3

经济增加值计算表

(1) 息税前利润	27.09 亿元
(2) 所得税	6.77 亿元
(3) 税后营业净利润＝(1)－(2)	20.32 亿元
(4) 投入资本	88.38 亿元
(5) 资本报酬率＝(3)÷(4)	23%
(6) 加权资本成本	7.368%
(7) 资本效率＝(5)－(6)	15.63%
(8) 经济附加值＝(4)×(7)	13.81 亿元

表 11-3 中的计算结果说明该医药公司 20××年经济增加值之所以低于税后营业净利润,是因为资本报酬率(23%)还要扣除加权资本成本(7.368%)。因此,我们可以得出结论,EVA 在衡量企业价值创造能力和营业业绩时更为全面准确。

四、使用 EVA 实施业绩评价的优缺点

(一)使用 EVA 指标实施业绩评价的优点

1. 提高企业资金的使用效率

EVA 的计算离不开资本成本,能够促使企业提高资金使用效率。通过实施经济增加值,企业管理者追求经济增加值最大化,基于这一动力,就必须提高资产周转率和投资报酬率,进一步提高资产收益水平。

2. 优化企业资本结构

EVA 与资本成本的高低呈负相关关系,资本成本是企业资本结构的重要决定因素。通过测算经济增加值,企业会考虑优化已有的资本结构,更倾向于使用内部留存收益。盈利能力强的企业会保留更多的留存收益,此时资本结构倾向于低负债,在财务风险可控的前提下,适当地使用财务杠杆,维持有竞争力的资本成本率,使资本结构逐步优化。

3. 激励经营管理者,实现股东财富的保值增值

采用 EVA 进行业绩评价,可以改善经营管理者与企业所有者之间的委托-代理关系,使两者的目标趋于一致,共同致力于实现企业价值最大化,实现股东财富的保值增值。

4. 引导企业做大做强主业,优化资源配置

在 EVA 考核体系的引导下,企业必须对其投资进行有效的管理,在进行投资决策时

充分考虑投资成本,把不具有投资价值的项目和非核心业务及时从企业中剥离,加大对核心业务领域的投资。通过投资项目的合理规划,实现整个企业资源的优化。

（二）使用 EVA 指标实施业绩评价的缺点

（1）经济增加值是绝对指标,不具有比较不同规模公司业绩的能力。

（2）经济增加值计算结果仍然取决于财务报表,财务报表可能存在受管理层主观控制和调整的影响。与此同时,计算过程中对传统会计利润的调整容易受主观判断的影响。

（3）经济增加值和投资报酬率一样有误导使用人的特点。例如,处于成长阶段的企业经济增加值较小,而处于衰退阶段的企业经济增加值仍可能较高。

第四节　基于战略的业绩评价

20 世纪 70 年代以来,企业之间的竞争日益激烈,迫使企业不但要关注当前的生存,更要重视未来的发展,传统的以财务指标为核心的业绩评价体系已经无法适应现代企业的要求,这就要求企业必须具有战略眼光和长远的战略目标。战略业绩评价是企业战略执行过程中的一个重要环节,评价现代企业生存和发展的战略是否正确,以及企业的管理层是否出色地实施了这种战略,然后将形成的反馈信息供企业管理层适时地修正和调整企业战略。战略业绩评价阶段是多种创新业绩评价模式层出不穷的时期,先后出现了业绩金字塔、平衡计分卡等颇有建树的业绩评价模式和方法。

一、业绩金字塔

业绩金字塔模型是将企业总体战略与财务和非财务信息结合起来的业绩评价系统。该模型于 1990 年,由凯文·克罗斯(Kelvin Cross)和理查德·林奇(Richard Lynch)提出。

（一）业绩金字塔模型概述

业绩金字塔评价模型中,企业被分为四个层次:公司总体战略位于最高层,由此产生企业的具体战略目标,并向企业组织内部逐级传递,直到最基层的作业中心。制定了科学的战略目标,作业中心就可以开始建立合理的经营业绩指标,以满足战略目标的要求,然后,这些指标再反馈给企业高层管理人员,作为企业制定未来战略目标的基础。其结构如图 11-2 所示。

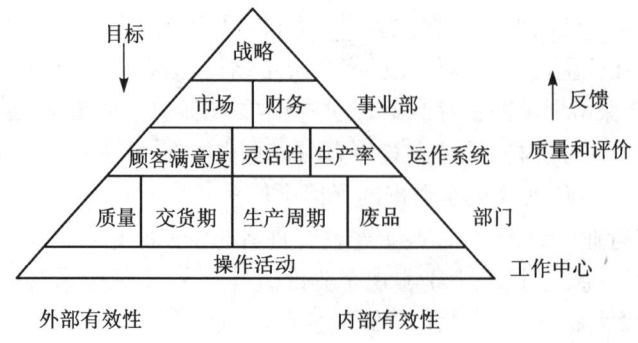

图 11-2　业绩金字塔模型

通过业绩金字塔可以看出,战略目标传递的过程是多级瀑布式的,它首先传递给业务单位层次,产生了市场满意度和财务业绩指标。其次继续向下传给企业的业务经营系统,产生顾客满意度、灵活性、生产效率等。最后,传递到作业中心层面。产生质量、交货、周期和耗费。由此,业绩信息渗透到整个企业的各个层面。这些信息由下而上逐级汇总,其最终目的是使高层管理人员可以利用这些信息为企业制定未来的战略目标。

（二）业绩金字塔模型的意义

业绩金字塔着重强调了企业总体战略在确定业绩指标中所扮演的重要角色,反映了总体战略目标和业绩指标的互动,揭示了战略目标自上而下层层分解和经营指标自下而上逐级反馈的层级结构。这个逐级的循环过程揭示了企业持续发展的能力,为正确评价企业业绩作出了意义深远的重要贡献。

（三）业绩金字塔模型的局限性

首先,业绩金字塔模型从战略管理角度给出了业绩指标体系之间的因果关系,但没有形成具有可操作性的业绩评价系统。

其次,业绩金字塔模型没有考虑企业的学习和创新能力,而在竞争日趋激烈的今天,对企业学习和创新能力的正确评价尤为重要。因此,虽然这个模型在理论上是比较成型的,但实际工作中的采用率较低。

二、平衡计分卡

（一）平衡计分卡的概念

卡普兰(Kaplan)和诺顿(Norton)提出了名为平衡计分卡（balanced score card,BSC）的业绩评价方法。平衡计分卡是采用多重指标、从多个维度或层面对企业或分部进行绩效评价的一种系统化的方法。平衡计分卡提供了一个综合的业绩评价框架,将企业战略目标转化为一套条理分明的业绩评价体系。管理者通过回答下面四个层面的问题来关注企业的业绩:

（1）我们的客户如何看待我们？（顾客层面）

（2）我们必须在什么方面有卓越表现？（内部业务过程层面）

（3）我们能否持续提高员工技能？使员工与企业同步发展？（学习和成长层面）

（4）我们的股东如何看待我们？（财务层面）

平衡计分卡四层面如图 11-3 所示。

平衡计分卡以公司战略为导向,通过财务与非财务考核手段之间的相互补充,将企业每个战略业务单元的

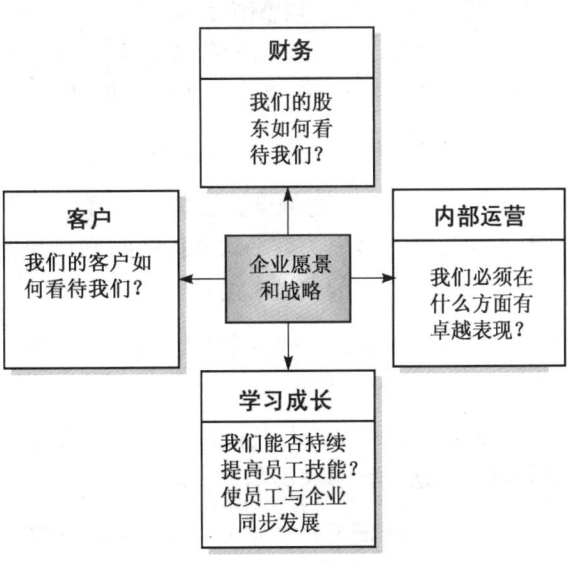

图 11-3 平衡计分卡的四个层面

使命和战略转换为一套业绩指标体系。平衡计分卡的"平衡"包括短期收益与长期收益的平衡;财务指标与非财务指标的平衡;外部计量(股东与客户)和内部计量(内部流程、创新与人员)的平衡;结果衡量(过去努力的结果)与未来业绩衡量的平衡。

(二)平衡计分卡的基本框架

平衡计分卡把决策转化为目标和指标,作为一种战略绩效管理与评价工具,主要从财务、顾客、内部业务流程、学习与成长四个维度评价企业。

1. 财务维度

企业经营的直接目的和结果就是价值创造,企业战略不同,在长期或短期对于价值创造的要求会有所差异,但毫无疑问,从长远来看,价值创造始终是企业追求的最终目标。典型的财务目标与获利能力连在一起,评价获利能力的指标包括营业收入、投资报酬率和经济附加值。此外,财务目标可以是销售增长的快慢或产生的现金流量。在不同的经营阶段,企业财务绩效评价的侧重点不同。处于成长阶段的企业,其财务目标侧重于销售收入的增长率以及目标市场、顾客群体和地区销售额增长等;处于维持阶段的企业,其财务目标侧重于经营收入、毛利、投资报酬率和经济附加值等;处于收获阶段的企业,更加注重现金流动,以使现金流量达到最大化。通常情况下,经营单位的战略都包含三个财务主题:①收入的增长;②提高生产效率,降低成本;③资产的利用。财务指标在本章前几节已经阐述,在此不一一赘述。

2. 顾客维度

平衡计分卡要求企业将使命和策略诠释为具体的、与客户相关的目标和要点,在这个过程中企业应当关注是否满足核心客户的需求。客户最关心的不外乎五个方面:时间、质量、性能、服务和成本。企业必须为这五个方面树立清晰的目标,然后将这些目标细化为具体指标。在顾客维度,管理者需要先确定细分市场和细分客户,然后设定相应的业绩指标来考核其业务单元开发并维持目标细分客户的能力。客户维度指标衡量的主要内容包括市场份额、客户保有和忠诚度、客户获得率、客户满意度以及客户盈利性等。

(1)市场份额。市场份额代表一个企业在特定市场上所获取的销售比率,可以通过销售收入、销售量和顾客数量等指标来衡量。

$$市场份额 = 本企业某商品销售量(额) \div 该种商品市场总销售量(额) \times 100\%$$

(2)客户保有和忠诚度。留住现有客户是企业维持和增加目标客户的一种方法,客户保有可以通过客户关系平均维持时间和客户保有率来衡量,客户忠诚度可以通过老客户所介绍的新客户的数量来衡量。

$$客户保有率 = (企业期末客户量 - 企业本期新增客户量) \div 企业期初客户量 \times 100\%$$
$$企业期末客户量 = 企业期初客户量 + 本期新增客户量 - 本期流失客户量$$

(3)客户获得率。开发新客户是企业增加目标客户群市场份额的一种方法,新客户的开发可以通过客户获得率来衡量。

$$客户获得率 = 企业本期新增客户量(收入) \div 企业期初客户量(收入) \times 100\%$$

(4)客户满意度。客户满意度问卷调查和客户反馈卡通常是衡量客户满意度的方式,除此以外,还可通过处理投诉数量、从销售代表获得反馈或"神秘客户"(扮演成客户,按规定问题进行评估调查)等方式。

（5）客户的盈利性。新开发的客户在最初可能是不盈利的，需要通过生命周期盈利分析来决定是否留住客户，对于不盈利的客户，需要采取措施去改变他们的购买行为。

$$某客户的利润率 = 该客户的净利润 \div 该客户的服务成本 \times 100\%$$

净利润是指扣除支持某一客户所需的服务成本后的净利润。客户服务成本是指运用作业成本法分配给客户承担的研发、制造、营销、售后服务等方面的成本。

3. 内部业务流程维度

在内部业务流程维度上，管理者需要确定企业所擅长的能够实施战略的关键内部流程。业务流程维度包括一些驱动目标，它们能够使企业更加关注于客户的满意度，并通过开发新产品和改善客户服务来提高生产力、效率、产品周期与创新。卡普兰（Kaplan）和诺顿（Norton）确定了三个首要的内部业务流程，分别是创新过程、经营过程和售后服务过程。

（1）创新过程。创新过程可以通过新产品收入占总收入的比重、新产品开发与竞争对手相比、开发下一代新产品所需要的时间、企业在市场排名靠前的产品数量、盈亏平衡时间（即从产品开发到赚取足够利润收回投资所需要的时间）等指标来衡量。

（2）经营过程。经营过程起始于收到客户订单，截止于向客户交付产品或服务。其业绩需要通过时间、质量和成本三方面来衡量：

首先，周期时间衡量：获得业绩通常用时间周期来衡量，总时间周期衡量从客户下单到交付产品服务所需要的时间，生产周期时间是生产过程起止的时间间隔。

$$生产周期效率 = 加工时间 \div 总生产周期时间$$
$$= 加工时间 \div （加工时间 + 检测时间 + 等待时间 + 移动时间）$$

其次，质量衡量：质量衡量指标包括次品率、合格品率、浪费率、报废率、返修率等。

最后，成本衡量：卡普兰和诺顿推荐在衡量内部业务过程时采用作业成本法。

（3）售后服务。售后服务过程包含了产品保修、问题产品处理、返修以及客户付款的管理等。售后服务可以通过应用经营过程中所使用的时间、质量和成本指标来衡量。

4. 学习与成长维度

平衡计分卡最大的优点就是能把学习与成长列为四个维度中的一个，它强调对未来投资的重要性。面对激烈的全球竞争，企业今天的技术和能力已无法确保其实现未来的业务目标。削减对企业学习和成长能力的投资虽然能在短期内增加财务收入，但由此造成的不利影响将在未来对企业带来沉重打击。平衡计分卡的前三个维度显示出企业的现有实际能力与实现突破性业绩目标所要求的能力之间的差距，为了弥补这个差距，企业必须投资于员工培训，提高信息技术和信息系统，组织企业流程和日常工作，这些目标在平衡计分卡的学习与成长维度中相互关联。学习和成长维度涉及员工的能力、信息系统的能力、激励、授权与目标绑定。

（1）员工的能力。衡量员工能力大多数企业通常使用员工满意度、员工保有率和员工生产效率这三个核心指标。员工满意主要是指员工对生理（如工资、福利、工作条件）、安全（如失业保险、意外事故、医疗保险）、尊重（如晋升机会、奖励）、社会交往（如同事关系、上下级关系）、自我实现（如个人特长发挥、满足感、成就感）五个方面的满意。员工满意度可以通过员工流失率、员工保持率、员工服务意识和态度等指标进行衡量。

$$员工流失率 = 员工流失人数 \div [(期初员工人数 + 期末员工人数) \div 2]$$

员工生产效率可以通过多种方法来衡量，如每个销售人员的销售收入。

（2）信息系统的能力。衡量信息系统的能力可以通过在线服务质量、周转时间、成本反馈等指标。

（3）激励、授权与目标绑定。为确保个人目标与企业目标相一致，需要对员工实施激励，向员工授权以及将员工目标与公司目标绑定。通常使用的业绩评价指标包括平均每个员工所提出的改进建议、个人目标与平衡计分卡目标绑定的比例、实现个人目标的比例。

平衡计分卡实例如图 11-4 所示。

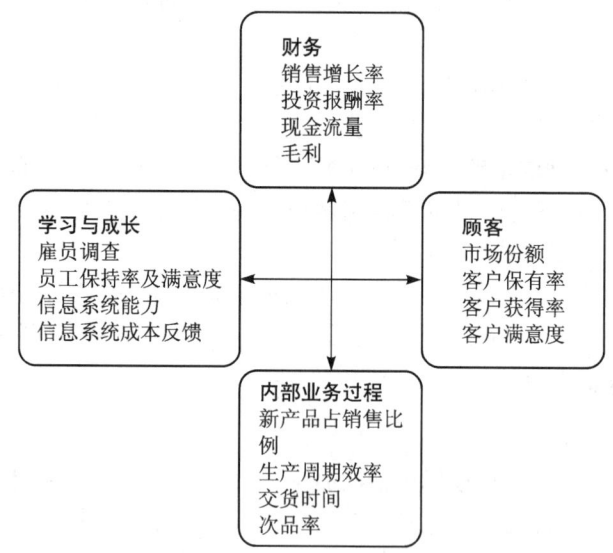

图 11-4　平衡计分卡实例

（三）平衡计分卡的优缺点

1. 平衡计分卡管理方法的主要优点

（1）克服财务评估方法的短期行为，实现组织长远发展。

（2）使整个组织行动一致，服务于战略目标并有效地将组织的战略转化为组织各层的绩效指标和行动。

（3）利于组织和员工的学习成长和核心能力的培养。

（4）提高组织整体管理水平。

2. 平衡计分卡管理方法的主要缺点

平衡计分卡是对传统绩效评价方法的一种突破，但是不可避免地也存在自身的一些缺点。

（1）指标体系的建立较困难。引进了非财务指标虽然克服了单一依靠财务指标评价的局限性。但是，如何确立非财务指标的标准以及如何评价非财务指标都成了一个问题。不同的企业面临着不同的竞争环境，需要不同的战略，进而设定不同的目标，因此在运用平衡计分卡时,要求企业的管理层根据企业的战略、运营的主要业务和外部环境加以仔细斟酌。

(2)指标数量过多。平衡计分卡涉及财务、顾客、内部业务流程、学习与成长四类业绩评价指标。指标数量过多,如果指标之间不是呈完全正相关的关系,在评价最终结果的时候,应该选择哪些指标作为评价的依据,如果舍弃部分指标的话,要考虑是否会导致业绩评价的不完整性等问题。

(3)各指标权重的分配比较困难。要对企业业绩进行评价,就必须要综合考虑上述四个维度,这就涉及一个权重分配问题。权重分配不但要在不同层面之间分配,而且要在同一层面的不同指标之间分配。不同的分配方式将可能会导致不同的评价结果。而权重的制定并没有一个客观标准,这就不可避免地使得权重的分配具有主观性。

(4)实施成本较大。平衡计分卡要求企业从财务、客户、内部业务流程、学习与成长四个维度考虑战略目标的实施,并为每个方面制定详细而明确的目标和指标,需要耗费大量精力和时间。

(四)平衡计分卡的应用——以万科为例

平衡计分卡作为一种典型的业绩评价工具,在提出以后已经被许多世界知名公司所采用。本章通过万科公司引用平衡计分卡的实例分析平衡计分卡在实践中的应用。

对企业利润过度关注,单纯依靠阅读财务报表来把握企业是大多数企业的传统做法。但万科在这个过程中感受到了自身业务和管理上的发展遇到了瓶颈。因此在关注企业可持续发展能力的基础上,万科引入并实践了平衡计分卡。以下从四个维度来分析万科的企业战略。

1.财务维度

首先,万科提出"住宅产业化"以缩短研发周期、降低研发成本及研发导致的其他成本、提升所研发产品的品质感。提高资产利用率、降低成本,增加收入机会——这两个即分别从生产率战略和收入增长战略对财务层面的总目标进行分拆。

其次,万科对"营业收入"进行了细致的分解。万科提出的定位是客户的终身锁定,即从客户大学毕业刚刚进入职场时的小户型公寓到娶妻生子的三居室,再到事业有成时身份象征的独立别墅,一直到退休后入住的老年住宅万科都要做。由此可见,万科要为客户提供终身所需要的地产产品。

2.客户维度

万科信奉着"客户是最稀缺的资源,是万科存在的全部理由"这样的企业文化,这是对万科平衡计分卡客户维度的总结性阐释。强调客户至上、以客户为中心的概念并将这种主张与绩效评价挂钩灌输到每个万科职工的价值观中。

万科成立了万科会员俱乐部,借以联系万科与客户之间的情感。该俱乐部承载着防止客户满意度受损、修复已经受损的客户关系、创造性提升客户满意度和客户价值的职责。

以下都是万科秉承"客户至上"理念的体现:

(1)尊重客户,理解客户,持续提供超越客户期望的产品和服务。

(2)衡量我们成功与否的最重要的标准,是我们让客户满意的程度。

(3)与客户一起成长,让万科在投诉中完美。

3. 内部业务流程

在关键流程的选择定位上,万科提出"抓大放小"。在剖析价值链后,万科提出了"住宅产业化"的概念。为此,关于产品研发周期,万科内部有个说法叫"三五二"——三个月做定位与规划设计、五个月做实施方案、二个月做施工图。

4. 学习与成长

万科提出"人才是万科的资本",经过多年的积累,万科已经积累了一套有关业务与管理方面规范与流程的系统并不断完善。而以"七个尊重"为核心的人文精神和企业价值观的形成和认可是万科这套系统正常运转、制度真正执行、指引充分使用的基石。七个尊重是指平等、理解、信任、公平的回报、发展空间、严格的要求和宽容,这一维度着重体现了万科的企业文化及其团队协作。万科平衡计分卡如图 11-5 所示。

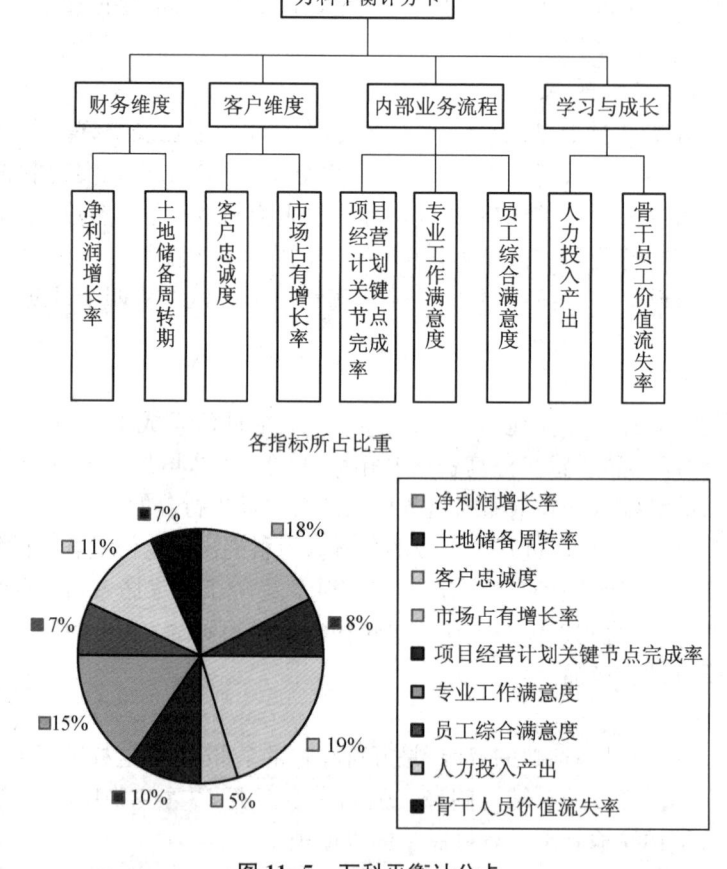

图 11-5　万科平衡计分卡

本 章 小 结

企业业绩评价是企业为了衡量其既定目标的实现程度,以及企业内部各部门、个人对目标实现的贡献程度的一个评判过程。业绩评价分为企业、部门、个人三个层面。业绩评价是一个复杂的体系,包括评价主体、评价客体、评价目标、评价指标、评价标准、评价方法以及评价报告。

基于利润的业绩评价方法,在财务指标的计算上,包括营业利润率、成本费用利润率、总投资报酬率、总资产净利率、净收益、每股收益、每股股利、净资产收益率等指标。在此基础上,美国杜邦公司创造了杜邦财务分析体系,以权益净利率为龙头,以总资产净利率和权益乘数为分支,重点揭示企业获利能力以及杠杆水平对权益净利率的影响,以及各相关指标间的相互作用关系。

基于EVA的业绩评价,在传统的会计利润上考虑了投入资本的机会成本。经济增加值指从税后营业净利润中扣除包括股权和债务的全部资本投入后的一种企业绩效财务评价方法。

基于战略的业绩评价,使企业从以往传统的财务指标评价方法转变为财务指标与非财务指标相结合,考虑企业长远的战略发展。基于战略的业绩评价包括业绩金字塔模型和卡普兰和诺顿提出的平衡计分卡。平衡计分卡作为一种战略绩效管理与评价工具,主要从财务、顾客、内部业务流程、学习与成长四个维度评价企业。

思 考 与 练 习

复习思考题

1. 企业业绩评价体系包含哪些要素?
2. 企业有哪些不同业绩评价方法? EVA的评价方法有什么优缺点?
3. 怎么看待对业绩评价要兼顾财务指标和非财务指标?
4. 面对新经济环境,企业业绩评价面临哪些问题?
5. 平衡计分卡包括哪几个层面? 在实施该评价方法过程中有何困难?

练 习 题

一、单项选择题

1. 以下考核指标中,不能用于内部业绩评价的指标是(　　)。
   A. 剩余收益　　　　　　　　　　B. 市场增加值
   C. 投资报酬率　　　　　　　　　D. 基本经济增加值
2. 在平衡计分卡评价中既要考虑提高利润、市场占有率等指标,又要注意新产品投资开发,这体现了(　　)。
   A. 外部评价指标与内部评价指标的平衡
   B. 成果评价指标与导致成果出现的驱动因素评价指标的平衡
   C. 财务评价指标与非财务评价指标的平衡
   D. 长期评价指标与短期评价指标的平衡
3. 平衡计分卡的目标是解决"我们是否能继续提高并创造价值"的问题的维度是(　　)。

  A. 财务维度 　　　　　　　　　　　　　B. 顾客维度

  C. 内部业务流程维度 　　　　　　　　D. 学习和成长维度

4. 平衡计分卡着眼于企业的核心竞争力,解决"我们的优势是什么"的问题可以利用的考核指标是( )。

  A. 经济增加值 　　　　　　　　　　　B. 顾客满意度指数

  C. 产出比率 　　　　　　　　　　　　D. 员工满意度

5. 企业的应收账款周转率高,说明( )。

  A. 企业的信用政策比较宽松 　　　　　B. 企业的盈利能力较强

  C. 企业的应收账款周转速度较快 　　　D. 企业的坏账损失较多

6. 某企业的总资产净利率为 20%,若产权比率为 1,则权益净利率为( )。

  A. 15% 　　　　　B. 20% 　　　　　C. 30% 　　　　　D. 40%

7. 根据公司公开的财务报告计算披露的经济增加值时,不需纳入调整事项的是( )。

  A. 计入当期损益的品牌推广费 　　　　B. 计入当期损益的研发支出

  C. 计入当期损益的商誉减值 　　　　　D. 表外长期性经营租赁资产

8. 下列关于经济增加值的说法中,错误的有( )。

  A. 在计算经济增加值时,不需要对经营利润和总资产进行调整

  B. 计算披露的经济增加值时,应从公开的财务报表及附注中获取调整事项的信息

  C. 计算特殊的经济增加值时,通常对公司内部所有经营单位使用统一的资金成本

  D. 计算真实的经济增加值时,通常对公司内部所有经营单位使用统一的资金成本

9. A 公司的平均投资资本为 2 000 万元,其中平均净负债为 1 000 万元,税后利息 90 万元,税后利润为 120 万元;所得税税率为 25%,净负债的必要报酬率为 8%,股权必要报酬率为 10%,基于资本市场的净负债的资本成本为 8%,股权资本成本为 9%,假设没有需要调整的项目,则经济增加值为( )万元。

  A. 20 　　　　　B. 30 　　　　　C. 10 　　　　　D. 40

10. 下列关于杜邦分析体系的说法中,不正确的是( )。

  A. 杜邦分析体系以净资产收益率为起点

  B. 总资产净利率和权益乘数是杜邦分析体系的核心

  C. 决定净资产收益率高低的主要因素是销售净利率、总资产周转率和权益乘数

  D. 要想提高销售净利率,只能降低成本费用

11. 某公司今年与上年相比,销售收入增长 10%,净利润增长 8%,资产总额增加 12%,负债总额增加 9%。可以判断,该公司权益净利率比上年( )。

  A. 提高 　　　　B. 降低 　　　　C. 不变 　　　　D. 不确定

12. 甲公司 2008 年的销售净利率比 2007 年下降 5%,总资产周转率提高 10%,假定其他条件与 2007 年相同,那么甲公司 2008 年的权益净利率比 2007 年提高( )。

  A. 4.5% 　　　　B. 5.5% 　　　　C. 10% 　　　　D. 10.5%

13. 下列财务比率中,既能反映企业资产综合利用效果,又能衡量债权人权益和所有者权益的报酬情况的是( )。

  A. 销售利润率 　　　　　　　　　　　B. 总资产报酬率

  C. 产权比率 　　　　　　　　　　　　D. 利息保障倍数

14. 在上市公司杜邦财务分析体系中,最具有综合性的财务指标是(　　)。

    A. 销售净利率　　　　　　　　　　　B. 净资产收益率

    C. 总资产净利率　　　　　　　　　　D. 总资产周转率

15. 业绩评价中应达到的要求被称为(　　)。

    A. 评价主题　　　　B. 评价标准　　　　C. 评价目的　　　　D. 评价客体

16. 甲企业是一家处于成长期的健身公司,地处高校密集的大学城。公司实行会员制,顾客主要通过电话和网络预约方式来门店进行健身。甲企业决定采用平衡计分卡进行绩效管理,从顾客的角度考虑,其平衡计分卡的内容包括(　　)。

    A. 顾客订单的增加　　　　　　　　　B. 健身器材的维护

    C. 顾客续卡率　　　　　　　　　　　D. 主要员工保留率

17. 平衡计分卡的四个维度,一般情况下,最终都会反映在(　　)维度。

    A. 财务维度　　　　　　　　　　　　B. 学习与成长维度

    C. 内部业务流程维度　　　　　　　　D. 客户维度

二、多项选择题

1. 下列有关杜邦分析的说法中,正确的有(　　)。

    A. 杜邦分析以净资产收益率为核心,以资产净利率和权益乘数为起点

    B. 杜邦分析重点揭示企业盈利能力及权益乘数对净资产收益率的影响,以及各相关指标间的相互影响作用关系

    C. 净资产收益率是一个综合性最强的财务分析指标

    D. 权益乘数越高,说明企业的负债程度比较高

    E. 净资产收益率等于资产周转率乘以权益乘数

2. EVA 的管理体系包括(　　)。

    A. 评价指标　　　　　　　　　　　　B. 管理体系

    C. 激励制度　　　　　　　　　　　　D. 理念体系

    E. 价值体系

3. 下列各因素中,属于业绩评价系统的两个关键因素的为(　　)。

    A. 评价指标体系的构建　　　　　　　B. 激励机制的选择

    C. 评价主体的选择　　　　　　　　　D. 评价目标的建立

    E. 评价程序的构建

4. EVA 与传统财务指标的最大不同,就是充分考虑了投入资本的机会成本,使得 EVA 具有(　　)的突出特点。

    A. 度量的是资本利润　　　　　　　　B. 度量的是企业利润

    C. 度量的是资本的社会利润　　　　　D. 度量的是资本的超额收益

    E. 度量的是社会平均利润率

5. 平衡计分卡通过(　　)指标体系设计来阐明和沟通企业战略,促使个人、部门和组织的行动方案达成一致和协调,以实现企业价值最大化和长期发展的目标。

    A. 财务维度　　　　　　　　　　　　B. 学习与成长维度

    C. 内部业务流程维度　　　　　　　　D. 客户维度

    E. 战略目标

6. 下列各项中,属于业绩评价功能的有(　　)。

  A. 行为导向功能　　　　　　　　 B. 预测功能

  C. 战略传达和管理功能　　　　 D. 价值判断功能

  E. 考核功能

7. 下列财务比率中,可以反映企业短期偿债能力的有(　　)。

  A. 现金比率　　　　　　　　　　 B. 资产负债率

  C. 速动比率　　　　　　　　　　 D. 现金流量比率

  E. 流动比率

8. 剩余收益是评价投资中心业绩的指标之一,下列关于剩余收益指标的说法中,正确的有(　　)。

  A. 剩余收益可以根据现有财务报表资料直接计算

  B. 剩余收益可以引导部门经理采取与企业总体利益一致的决策

  C. 计算剩余收益时,对不同部门可以使用不同的资本成本

  D. 剩余收益指标可以直接用于不同部门之间的业绩比较

  E. EVA 与剩余收益是一样的

三、计算题

1. 某投资中心 2014 年的有关资料如下(单位:万元):

资产总额	10 000
部门边际贡献	2 500

现有一个投资报酬率为 15% 的机会,投资额为 5 000 万元,每年部门边际贡献为 700 万元,资本成本为 10%。

要求:

(1) 计算投资中心目前的投资报酬率。

(2) 是否接受新的投资项目? 分别计算投资报酬率和剩余收益来说明。

2. 某公司下设 A、B 两个投资中心。A 投资中心的部门总资产为 2 000 万元,投资报酬率为 15%;B 投资中心的投资报酬率为 14%,剩余收益为 200 万元。设该公司的投资报酬率为 10%。

要求:

(1) 计算 A 投资中心的剩余收益。

(2) 计算 B 投资中心的部门总资产。

(3) 说明以投资报酬率和剩余收益作为投资中心业绩评价指标的优缺点。

第十二章　战略管理会计

【学习目标】　通过本章学习,了解传统管理会计的局限性,了解战略管理会计的产生背景及其主要内容,掌握战略管理会计的主要思想和方法。

【案例引导】

戴尔的"直销模式"

戴尔公司是电脑行业中根据顾客订单制造电脑的世界领先进制造商。戴尔公司自己并不制造电脑部件,而是将部件组装成满足顾客订单要求的计算机。这就意味着戴尔公司无需车间和设备,也无需在研发上投入资金,而消费者却得到了自己想要的电脑。过去20年来,戴尔公司所采用的商业模式是世界上最好的商业模式之一。

戴尔公司首创"直销模式"——向顾客直销,绕过了中间商,这避免了由于中间商涨价而使戴尔失去价格上竞争优势的可能。顾客可以在众多可供选择的方案中,配置满足自己需要的电脑。在订货之前,顾客可以获得有关各种不同配置的建议和报价。

一旦接到顾客订单,制造单元就要投入组装工作。戴尔公司分别为不同的产品系列设置了不同制造单元。公司管理层认为,对顾客的订单做出快速反应,是获得和保持竞争优势的关键。

向戴尔公司订货可以采取电话或者网络方式。实际上,戴尔大约有50%的收入来源于公司网站,其每天收入超过4 000万美元,其网站每周的点击次数超过300万次。通过互联网,顾客可以了解公司所有产品的配置及价格。公司也通过互联网为顾客提供个性化的系统支持和技术服务。

第一节　战略管理会计的产生和发展

一、战略管理理论的兴起

"战略"(strategy)一词是个军事方面的概念,在中国,它起源于兵法,指将帅的智谋;在西方,战略的概念起源于古代的战术,原指将帅本身,后来指军事指挥中的活动。《辞海》对"战略"的解释为"对战争全局的筹划和指挥",《中国大百科全书——军事卷》解释战略一词时说:"战略是指导战争全部的方略,即战争指导者为达成战争的政治目的,依据战争规律所制定和采取的准备和实施战争的方针、政策和方法。"毛泽东曾指出:"战略问题是研究战争全局规律性的东西。"德国军事家冯·克劳塞维茨曾经说过,战略是为了达到战争目的而对战斗的应用,战略必须为整个军事行动规定一个适应战争目的的目标。后来,这一概念被推广应用于政治、经济、社会等各个领域,其含义也变得越来越广泛。概括地说,"战略"是指重大的、带有全局性、长远性的谋划。

企业战略管理是为适应第二次世界大战后社会环境越来越复杂、企业竞争日趋加剧的形势而诞生的一门新兴学科。"企业战略管理"的思想大约在 20 世纪 60 年代末、70 年代初首先在美国形成。1965 年,美国经济学家安索夫(H. I. Ahsoff)在《企业战略论》一书中第一次提出"企业战略"的概念;随后,企业战略的理论得到迅速发展,也引起了企业管理模式的深刻变革,它强调企业应根据所处的国内外环境的变化,制定正确的发展策略,注重做正确的事而非正确地做事。

企业战略管理是生产社会化程度提高和商品经济进一步发展的产物。随着企业外部环境变革越来越快,企业经营的未来不确定性增加了,这些不确定因素使企业最高领导更多地考虑企业长远发展问题。由于技术的发展加快和产品寿命周期缩短,企业的生存和发展不再仅仅取决于企业目前的经营状况,而是更多地取决于企业对未来的预测所做的战略决策,企业不再被动地适应外部环境的变化,而是可以通过自身的努力主动适应环境的变化,从而谋求生存和发展。

二、传统管理会计无法适应企业战略管理的要求

战略管理对传统管理会计提出了挑战,迫切要求传统管理会计观念更新,克服其轻战略重战术的不足,重视企业全局性、长期性的战略性研究。具体而言,传统管理会计存在以下三方面的不足:

其一,注重内部环境而忽略外部环境变化的影响。传统管理会计在大批量、标准化生产环境下侧重降低内部的经营成本以在"蛋糕"中争取更大的份额,因此其目光更多地局限于企业内部,倾向于使用账簿中已有的财务数据来看问题,使管理会计仅成为财务会计的"副产品"。随着市场的逐步开发和全球经济的发展,企业应站在战略高度,从全球范围来看待企业的目标和行为,看到跟企业息息相关的市场环境的变化及其对企业的影响。

其二,注重短期利益、忽略企业长远健康发展。传统管理会计以"利润最大化"为最终目标,忽视了企业的长远发展,忽视了市场经济条件下的一个重要因素"风险",容易造成行为的短期化,如为了一时的利益降低质量标准,但这最终将损失企业声誉和品牌形象乃至长远利益。从战略角度上说,管理会计最终目标跟企业目标一样也应是企业价值最大化,以获得一种持久的竞争优势。相应地,对企业绩效评价的尺度应采用战略业绩评价。

其三,提供的信息不全面。传统管理会计局限于对企业内部财务信息的收集与分析,过度注重企业的短期投资效应,忽略了对外部环境的审视和其他相关信息的组合,尤其是对战略决策信息的提供。战略管理要求提供超越企业本身的、更为广泛的、更有用的与战略管理相关的信息,不仅包括内部信息和财务信息,更重要的是诸如市场需求量、市场占有率等外部信息和非财务信息。

第二节　战略管理会计的内涵和特点

一、战略管理会计的内涵

为了弥补传统管理会计的缺陷,战略管理会计应运而生,它是企业战略管理与管理会

计相结合的产物。尽管这一概念早在 1981 年就由英国学者西蒙斯(Simmonds)提出,但目前战略管理会计仍处于探索阶段,对其内涵的理解还存在分歧,战略管理会计究竟是"为战略管理服务的会计"还是"战略管理会计",学者们对其理解也不一致。早期的战略管理会计,是被界定为"为战略管理服务的会计",如西蒙斯认为战略管理会计是:提供和分析一个企业及其竞争对手的管理会计数据,并用这些数据来制定和监控企业的战略,特别是有关实际成本、价格、产量、市场份额、现金流和企业的全部资源分布结构等方面的水平和趋势方面的信息。他将概念重点放在战略管理方面,是与当时历史背景相符的。然而当今国内外许多学者认为,尽管战略管理会计突破了传统管理会计的局限,但它的落脚点仍然是会计信息,它改变的是管理会计的观念、内容和方法,并没有改变其性质和职能,它是传统管理会计的发展和完善,是站在全球高度,从战略角度寻求企业整体竞争优势。

我国学者对此进行了积极探索,对战略管理会计的定义重视从外部环境、市场及整体性角度考量,他们认为战略管理会计是以获得整体竞争优势为主要目标,以战略观念审视企业外部和内部信息,强调财务和非财务信息、数量和非数量信息并重,为企业战略及其战术的制定、执行和考评,揭示企业在整个行业中的地位及其发展前景,建立预警分析系统,提供全面、相关和多元化信息而形成的新型管理会计。战略管理会计较好地克服了传统管理会计的不足,使会计活动紧紧适应企业经营管理的实际和市场环境的变化,能够提供企业外部市场和竞争对手的信息,协助企业制定、实施战略计划,以取得竞争优势。

二、战略管理会计的特点

尽管战略管理会计的内涵还存在争议,但战略管理会计作为一门新兴学科其有自身特点,其特点如下。

1. 外向性

战略管理会计将视角更多地投向影响企业的外部环境,重视市场,重视对竞争对手的分析,不局限于本企业这一个环节,强调企业发展与环境变化的协调一致,关注价值链变化,围绕本企业、顾客和竞争对手形成的"战略三角",收集、整理、比较、分析竞争对手有战略相关性的信息,向管理者提供关于本企业与对手间竞争实力的信息,以保持和加强企业市场上的相对竞争优势。

2. 长期性

战略管理的宗旨是为了取得长期持久的竞争优势,以便企业长期生存和发展。战略管理会计以战略的眼光、以企业长期发展的战略目标为基础,从长远利益来分析、评价企业的资本投资,并随长期发展战略的改变而改变,其目标具有长期性。

3. 整体性

战略管理会计既重视主要生产经营活动,也重视辅助活动;既重视生产制造,也重视其他价值链活动;既重视现有的经营范围内的活动,也重视各种可能的活动。因此,战略管理会计应高瞻远瞩地把握各种潜在的机会,回避可能的风险,以便从战略的角度最大限度地增加企业的盈利能力和价值创造能力。

4. 战略管理会计提供了更多的非财务信息

战略管理会计将信息的范围扩展到各种与企业战略决策相关的信息,既包括传统的财务信息,也包括大量的诸如质量、需求量、市场占有份额等非财务信息。信息来源除了企业内部财务部门外,还包括诸如供应商、客户、市场、政府等多样的信息来源和信息渠道。战略管理会计在提供信息的内容和处理信息的方法上均有所拓展,帮助企业管理层掌握更广泛、更深层次的信息,全面研究分析企业的相对竞争优势,作出正确的决策。

5. 运用了新的业绩评价方法

与传统管理会计只重"结果"而不重"过程"的业绩评价指标相比,战略管理会计的业绩评价指标被称为整体业绩评价,贯穿于战略管理应用过程的每一步中,强调业绩评价必须满足管理者的信息需求,以利于企业寻找战略优势。

6. 战略管理会计运用的方法更灵活多样

战略管理会计不仅联系竞争对手进行"相对成本动态分析""顾客盈利性动态分析"和"产品盈利性动态分析",而且采取了一些新的方法,如产品生命周期法、经验曲线、产品组合矩阵及价值链分析方法等。

第三节　战略管理会计的目标和对象

一、战略管理会计的目标

为了科学地建立起战略管理会计的理论体系,并使之有效地指导实践,首要问题是如何确认战略管理会计的目标。当然,战略管理会计最终目标与企业的最终目标应该是一致的,因此,可以把战略管理会计的最终目标确定为企业价值最大化。但作为会计体系一个分支,战略管理会计目标应更具体、更细化,战略管理会计目标也可分为直接目标和具体目标。

战略管理会计的直接目标是为企业战略管理提供各种信息。从理论上讲,战略管理会计所提供的信息,也应符合会计信息所应具备的各种质量特征,但结合战略管理特性,战略管理会计应更加强调以下三方面的质量要求:一是相关性。相关性是指战略管理会计所提供的信息必须与企业战略管理决策密切相关;二是可靠性。可靠性是指战略管理会计所提供的信息必须准确地反映与之相关的业务活动情况。三是重要性。重要性是指战略管理会计所提供的信息都是对企业前途和长远利益有重大影响的。

战略管理会计的具体目标是结合战略管理(包括战略制定、战略实施和战略评价)三个阶段,为每个阶段提供相应的会计信息,具体而言,可以概述为以下四个方面:①协助管理当局确定战略目标;②编制战略规划;③协助管理当局实施战略规划;④进行战略性业绩评价。

二、战略管理会计的对象

对于传统管理会计的研究对象,学术界尚未达成共识,主要有两种观点:一种观点认为管理会计的对象是"现金流动"(cash flow);另一种观点认为管理会计的对象是企业生产经营活动中的资金运动,即价值运动,其主要表现形式是价值差量。但无论是现金流动还是价值差量,都是企业内部的价值信息。但战略管理会计的对象与之有很大差异:其一,战略管理会计的对象不再局限于企业内部,除了要研究企业内部条件外,还得研究外部环境,如宏观环境、行业环境和市场环境等;其二,战略管理会计的信息不再局限于价值信息,甚至不再局限于经济信息,还包含一些非价值方面的信息如人力资本的信息等。因此,可以把战略管理会计的对象界定为是对企业战略决策和战略实施有重要影响的各种信息。

第四节　战略管理会计的主要内容

战略管理会计所包含的具体内容是随着战略管理实践的发展而动态发展的,早期其包含的内容与战略管理的内容有高度一致性,主要包括对企业经营环境(企业外部环境和内部环境)的分析、对竞争战略的选择和实施、对企业战略绩效的评价等内容。目前大家共识的主要内容包括战略性经营投资决策、战略成本管理和战略性绩效评价。

一、战略性经营投资决策

传统管理会计在经营投资方面存在着短期化和简单化的错误倾向,战略管理会计从战略高度提供有关企业全局性和长远性的决策所需的信息,自然应该克服传统管理会计的不利方面,寻求现实的企业运行真实轨迹,提供与长期决策相关的有用信息。在进行经营决策和投资决策的分析时,具体表现在以下两个方面。

1. 在经营决策方面更多地采用长期本量利模式

短期本量利模式是建立在成本性态分类基础上的,不仅固定成本与变动成本的划分是限定在一定的相关范围内的,而且还假定产销平衡、产销量变动不会影响价格,在这样严格的条件下建立的线性模式只能在很短的时期内适用。而从较长时期来看,这些因素很难保持固定不变。而战略管理会计则采用长期本量利模式,长期本量利模式是以企业的收入、成本与销售量之间呈非线性关系、固定成本改变和产销量不平衡等为客观基础,利用高等数学建立本量利的关系图及其表达式,借以来确定保本点和各指标与利润之间的敏感度。与传统管理会计相比,战略管理会计的长期本量利模式能为企业战略管理提供更相关、更可靠的信息,更符合企业战略管理的需要。

2.在长期投资决策方面突破了传统的长期投资决策的局限

传统的长期投资决策模式是建立在两个假定的基础之上的:其一是资本性投资集中在建设期内,项目经营期不再追加投资;其二是流动资金在期初一次垫付,期末一次收回。事实上,资本性支出和流动资金在项目期间各年份会随着产品销售量的变化而不断变化,战略管理会计突破了这两个假定,把资本性投资与流动资金在项目经营期间随着产销量的变化而变动的部分考虑进去,这种情况下现金流量的计算公式为:

第 n 年的现金流量＝ 第 n 年的销售收入×第 n 年的销售利润率×(1－第 n 年的所得税税率)
＋第 n 年的折旧额－第 n 年销售收入增长额×(第 n 年固定资产投资率
＋第 n 年流动资产投资率)

上式中的现金流量为自由现金流量(free cash flow),是指支付所有费用、税金和追加投资后,尚未向利益关系人(债权人和所有者)支付现金前的剩余现金流量。将自然现金流量折现即可得出企业长期投资的预期净现值。在长期投资决策模式中,采用自然现金流量作为基础,既符合企业经营实际,又可充分体现持续经营的思想,有利于更科学地作出企业投资决策。

二、战略成本管理

1. 战略成本管理的概念和特点

战略成本管理(strategic cost management,SCM)是战略思想在成本管理中的具体应用,按照美国会计学界库珀(Cooper)教授和斯拉莫德(Slagmulder)教授对战略成本管理的界定,战略成本管理是指企业运用一系列成本管理方法来同时达到降低成本和加强战略位置之目的的过程。战略成本管理是对传统成本管理的飞跃和发展,是企业进行战略管理系统的重要子系统之一。

与传统成本管理方法相比,战略成本管理是企业全员管理、全过程管理、全环节管理和全方位管理,它突破了传统成本管理把成本局限在微观层面上的研究领域,把重心转向企业整体战略这一更为广阔的研究领域。在管理目的上,SCM 的目的不仅仅在降低成本,更重要的是为了建立和保持企业长期的竞争优势,寻求提高竞争优势的成本降低途径。在管理范围方面,战略成本管理将管理触角伸向企业外部,扩充了成本管理在时间和空间上的范围。在时间上,将传统的只注重产品生产阶段的成本管理扩展到对整个产品生命周期的成本管理;在空间上,将企业内部成本管理向前延伸至供应商,向后延伸至销售商或者消费者。在管理重点上,与传统成本管理重在成本节约不同,战略成本管理注重成本避免,立足于预防,从源头上控制和避免成本的发生。在管理方法上,战略成本管理的方法相当广泛,虽然目前理论界尚无定论,但以下方法肯定包括在内:价值链分析法、产品生命周期成本法、目标成本法,这与传统的成本管理方法大不相同。

2. 战略成本管理的主要方法

1)价值链分析法

每一种最终产品从其最初的原材料投入至到达最终消费者手中,要经过无数个相互联系的作业环节,这就是作业链。这种作业链既是一种产品的生产过程,同时又是一种价值形成和增值的过程,从而形成竞争战略上的价值链(value-chain)。价值链分析的基础是价值,价值是买方愿意为企业提供给他们的产品所支付的价格,也代表着顾客需求满足的实现。价值活动是企业所从事的物质上和技术上的界限分明的各项活动。波特将价值活动分为两类:基本活动和辅助活动。基本活动是涉及产品的物质创造及其销售、转移给买方和售后服务的各种活动。辅助活动是辅助基本活动并通过提供外购投入、技术、人力资源以及各种公司范围的职能以相互支持。各种价值活动构成企业价值链。

价值链分析的任务是识别企业的价值链,明确企业各价值活动之间的关系,以提高企业价值创造的效率,为企业取得竞争优势提供支持。管理会计原来的分析范围通常从采购开始到销售截止,从战略的角度看,管理会计的分析"开始得太晚""结束得太早",必须延伸其分析的链条,从前后联系的角度分析企业内部价值链及与之相连的前向和后向价值链,即进行社会价值链分析。价值链分析的目的就是能够找出创造价值的一系列活动之间的关系,进而进行流程优化,从而提高产品的差异和竞争力。它不仅包括企业内部活动环节之间的关系,还包括了企业和上游企业、企业和消费者、企业和下游企业等之间的关系,以从中找出使企业利润最大化的方法。

通过企业价值链分析,可以确定单元价值链上的成本与效益。根据企业的战略目标而进行价值作业之间的权衡、取舍,调整各价值链之间的关系。如果企业价值链上的所有活动的累计总成本小于竞争对手时,就具有了战略成本优势。在战略成本管理中,应把企业置身于行业价值链中,从战略高度进行分析,是否可以利用上下游价值链进一步降低成本或调整企业在行业价值链中的位置及范围,以取得成本优势。

2）产品生命周期成本法

从生产经营者角度看,产品生命周期是指产品从"孕育"到"消亡"的全过程,主要依次包括五个阶段,即产品研究和初始设计阶段、产品开发和测试阶段、生产阶段、销售阶段以及顾客使用阶段。产品在上述五个阶段中所发生的全部耗费即是产品生命周期成本。近年来由于对环境的重视,也有学者建议将产品废置后对环境影响所造成的产品废置成本考虑进去,以便全面反映其生命周期成本。

传统的产品生命周期及其成本计算只计算产品生产发生并由生产者负担的在包括产品策划、开发、设计、制造、营销和物流等过程内的成本。产品生命周期成本法除了要考虑以上由生产者负担的成本外,还必须在质量、价格、交货期、环境保护等方面满足用户及社会的需要,力求使用户的使用、维修及废弃处置成本甚至社会成本尽可能低。这种立足于产品形成乃至消亡,并将产品生命周期由生产者阶段延续到消费者、社会阶段,并由此产生的成本计算方法,不仅拓宽了人们对成本的理解范围,明确了环境成本、废弃处置成本的重要性,并促使企业注意降低这些成本,明确成本控制重点,努力提供满足用户从功能到使用直至处置等各方面需求的产品。显然,产品生命周期成本法的运用对确立企业竞争优势、保持核心竞争能力具有重要的意义。

3）目标成本法

目标成本法是根据市场导向来制定产品成本目标的一种系统方法,它先根据顾客对产品的需求,确定一个能够让顾客接受的营销价格作为目标售价;然后以目标售价为基础,扣除企业要求达到的目标利润,确定应达到的目标成本。在目标成本法中,新产品的成本不再是产品设计过程得到的结果,而是成为这个过程的一种投入。跨职能的产品设计团队设计出来的产品,必须满足客户要求的质量和功能,而且制造成本必须能够满足公司希望的目标利润。其核心是强调应把降低成本的重点放在研究、开发、设计这些产品投产前的前期阶段上,以此为研究开发人员、设计人员和生产人员制定成本目标,促进他们在日常的生产经营工作中,不断挖掘进一步降低成本的潜力,使整个生产经营处于不断改进的状态,以保证生产经营各个环节成本目标的顺利和超额实现。

三、战略性绩效评价

战略性绩效评价是战略管理会计的重要组成部分。从战略管理的角度来看,绩效评价是连接战略目标和日常经营活动的桥梁。良好的绩效评价体系可以将企业战略目标具体化,并且有效地引导管理者的行为。

传统管理会计一般以投资报酬率来评价企业的业绩,虽然它简单易行,但缺陷明显。首先,投资报酬率以一定期间的会计收益为基础计算,作为考核指标极易导致决策者的短期行为;其次,投资报酬率只是对结果的考评,难以实现对过程的控制。实际上企业利润是否稳定在很大程度上取决于企业的相对竞争地位。而战略管理会计则将战略思想贯穿于企业的绩效评价之中,通过对竞争对手的分析,运用财务和非财务指标,进行战略性绩效评价,以保持企业的长期竞争优势。

所谓战略性绩效评价,是指结合企业的战略,采取财务性与非财务性指标相结合的方法来动态衡量企业战略目标的完成程度,并及时提供反馈信息的过程。战略性绩效评价是将评价指标与企业所实施的战略相结合,根据不同的战略采取不同的评价指标。战略绩效指标应当具备以下特征:①全面体现企业的长远目标;②集中反映与战略决策密切相关的内外部因素;③重视企业内部跨部门的合作;④综合运用不同层次的绩效指标;⑤注重绩效的可控性;⑥将战略性绩效指标贯穿于计划过程和评价过程。而战略管理会计引入和强化非财务指标评价,可以有效弥补传统会计评价指标只关心产品成本而忽略顾客满意度的不足,有利于实现企业长远利益的最大化,更适用于现代的经营环境;非财务指标也可以有效地衡量管理者在创造员工工作环境、企业形象和顾客关系等方面的努力,以对企业长期健康发展起促进作用;另外,非财务指标在时间和空间两个方面延伸了传统业绩评价的范围,因此更完整更准确。

平衡计分卡和标杆管理是用于战略绩效评价的有效方法。标杆法从企业外部寻求绩优企业作为标准,评价本企业的产品、服务或工艺,以便发现差距,持续系统地加以改进。

本 章 小 结

本章在对传统管理会计进行反思的基础上,对战略管理会计的内涵、主要特征、主要内容进行了简要的阐述。具体介绍了战略管理会计的主要内容,包括战略性经营投资决策、战略成本管理和战略性绩效评价,力图为学习者开拓视野。

思　　考

复习思考题

1. 简述战略管理会计与传统管理会计的差异。
2. 试述战略管理会计的主要内容。

第十三章　环境管理会计

【学习目标】　通过本章学习,要求了解环境管理会计的发展历程、明确环境管理会计的概念和内涵,掌握环境管理会计的主要内容。

【案例引导】

云南阳宗海污染事件谁之过

阳宗海是云南 9 大高原湖泊之一,流域面积 286 平方千米,位于昆明市和玉溪市的交界处。除了为沿湖群众提供生活用水,阳宗海还是集工农业生产、渔业、旅游业等产业发展为一体的多功能湖泊。多年来,阳宗海一直保持二类水质标准,因而又被称为"滇中明珠"。2008 年 6 月,环保部门发现阳宗海水体中砷含量超过饮用水标准含量 0.1 倍后,立即要求停止以阳宗海作为饮用水水源地。通过调查发现,污染事件的罪魁祸首为云南澄江锦业工贸有限责任公司(简称锦业公司),该公司长期将含砷的生产废水在整个厂区内外环境循环,生产废水以地下渗透、地表径流方式进入阳宗海。阳宗海水体中砷的浓度自 2007 年 9 月开始上升,至 2008 年 7 月浓度值超过 V 类水质标准,导致饮用、水产品养殖等功能丧失,周边 2.6 万余居民的饮用水源中断,后果特别严重;从 2005 年到 2008 年 6 月,锦业公司实现销售收入 6.15 亿元,利润总额超过 4 000 万元,上缴税金 1 162.8 万元。但与锦业公司所得利润形成鲜明对比的是,国家治理阳宗海污染至少需要 3 年多时间和数 10 亿元的金钱。如果考虑环境污染和治理成本因素,锦业公司的投资决策以及利润状况将会发生什么变化?

第一节　环境管理会计发展概述

环境管理会计(environmental management accounting,EMA)作为管理会计中的重要组成部分,是近年来管理会计发展的一个新的领域,是伴随着可持续发展这一概念的提出而产生的。随着人们对于环境保护越来越重视,企业也开始更加关注对环境成本、环境收益的衡量以及如何促进企业的可持续性和改进生态经济效率。因此,学者们将管理会计与环境保护相结合,发展出了环境管理会计这一新的方向。

一、环境管理会计的产生与发展

近几十年来,环境恶化严重威胁了人类的生存和发展,引起了政府和各界人士的高度关注。许多国家的政府纷纷出台了各项环境保护的法律、法规来对破坏环境、浪费资源等行为进行规范和制约,比如美国出台了《国家环境保护法案》,我国颁布了《中华人民共和国环境保护法》等。同时,国内外学者及相关经济组织也开始投身于与环境相关的经济与管理的研究当中去。20 世纪 70 年代初,比蒙斯的《控制污染的社会成本转换研究》和马林的《污染的会计问题》也拉开了环境会计的序幕,环境会计初现端倪。1989 年,皮尔斯在《绿色经济蓝图》中首次阐明了将环境因素融入政府的政策和企业的经营之中的重要性。

从 1980 年起,对社会会计和环境会计的研究出现了一些专门化的倾向。由于环境问题的严重性,人们在社会会计的研究中更加突出了环境会计的地位。会计作为一种重要的信息收集系统,必须适应新的发展要求,将环境信息纳入其核算之中,用于反映与环境活动有关的内容。通过对环境成本、环境收益的控制与核算来实现社会各界的长远发展。

从 20 世纪 90 年代起,在布伦特兰报告和联合国《21 世纪议程》的推动下,对环境会计的研究进一步深入。盖瑞在 1990 年所作的报告中研究了环境问题对会计的启示以及会计界可对环境保护作出哪些贡献,从而表明了环境会计是可以独立于社会会计的一个新的领域。1991 年,艾尔克敦和詹宁斯列出了开发环境管理系统所需的步骤,并将环境管理纳入全面质量管理的一部分。1996 年,史蒂芬·肖特嘉也提出了环境管理会计的框架,指出了环境会计与生态会计的关系,并将可持续性的概念引入环境会计之中。这些理论的形成与发展使人们逐渐认识到建立环境管理系统来解决环境问题的重要性,并且意识到应该将环境问题纳入企业的管理决策中去,最终作出环境决策的应当是管理当局而非仅仅是会计人员。这一转变,就将环境会计的研究推进到了环境管理会计的研究阶段。

20 世纪 90 年代以后,在美国环保总署(USEPA)的主持下,经济学界提出了许多环境会计方面的报告,如在 1995 年的《作为企业管理工具的环境会计入门》中,提出了基本的环境会计概念;此后,在 1998 年国际会计师联合会(IFAC)发表了《组织中的环境管理:管理会计的作用》,简要概括了在可持续发展的框架之下企业环境管理的主要挑战和目标;等等。一直到今天,环境管理仍旧是企业寻求可持续发展的重中之重,因此,建立良好的环境管理会计体系是企业实现长远发展目标的基础,值得我们高度的重视。

二、发展环境管理会计的重要性

我国自中共十七大以来提出的可持续发展战略,将环境保护看作了国家长久发展的重要环节。在这种形势下,环境因素已经成为影响企业战略和经营活动的主要因素,如何看待环境问题也成为一个企业能否可持续发展的关键。因此,一些明智的企业家便意识到,从企业的长远发展来看,仅仅做到符合法律、法规的要求是远远不够的,企业必须超越这些符合性要求,充分考虑其现在的行为对当前和未来环境的影响,考虑其长期的成本和收益,并将发展中所面临的与环境相关的信息充分纳入企业的生产经营决策中。

在这种形势下,企业的经营目标开始从为股东负责、追求股东价值最大化,转变为为众多的利益相关者负责、追求利益相关者价值最大化,为实现经济可持续发展的目标服务。为此,企业必须承担起对环境负责的义务,有效利用资源,减少废弃物的排放,降低生产对环境的危害程度,将环境目标融入企业的战略目标、经营决策和会计等信息系统中。由此可见,发展环境管理会计对企业的长远发展是至关重要的。

第二节　环境管理会计的相关概念

一、环境管理会计的定义

对于环境管理会计的定义,存在着各种各样的理解或解释:加拿大管理会计师协会

(CMA Canada)在《管理会计指南》第 40 号指出,环境管理会计是"对环境成本进行确认、计量和分配,将环境成本融入企业的经营决策中,并在此后将有关信息传递给公司的利益关系人的过程";国际会计师联合会(IFAC)认为,环境管理会计是利用会计和相关信息为内部管理提供支持,其定义是"生成、分析并利用财务和非财务信息以优化公司环境和经济绩效,实现可持续经营的系统";1999 年,联合国的"改进政府在推动环境管理会计中的作用"专家工作组,与 30 多个国家的环境管理部门和国际组织、会计组织、企业组织和学术界,综合各国实践,也提出了环境管理会计的概念:环境管理会计是为满足组织内部进行传统决策和环境决策的需要,而对实物流信息(如材料、水和能源等)、环境成本信息和其他货币信息进行的确认、收集、估计,编制内部报告和利用它进行决策的信息系统。

综合以上各种对环境管理会计定义的解释,我们可以将环境管理会计看作是一种新型的管理会计制度,即将管理会计与环境保护相结合,将环境成本纳入企业的经营决策之中,通过对财务及非财务的环境信息的收集与分析,为企业各利益相关者提供更加准确的决策信息,从而提高企业的生产经营效益。其内容主要包括三个方面:环境成本的控制及管理、环境决策的制订和环境绩效的评价。

二、内涵比较

1. 环境管理会计与管理会计的比较

环境管理会计与管理会计在内涵上具有相似之处,它们都是以改善企业的经营管理效率、实现企业的最佳经济效益为最终目标的,但前者更加专注于环境保护方面,更加强调适应组织经济目标的转变(如可持续发展的目标、绿色经营目标)和为环境管理服务。但是,环境管理会计与传统意义上的管理会计仍然存在着一定的差异:传统意义上的管理会计是以货币为单位进行核算的,并以此为基础对企业的财务信息进行加工利用,以实现对经营过程的预测、决策、规划、控制和责任考评等。而环境管理会计则是从货币单位(财务信息)和实物单位(非财务信息)两个方面来进行核算的。具体来说,一方面,环境管理会计以货币形式计量与环境有关的活动对企业财务的影响;另一方面,环境管理会计采用实物指标(如材料、水和能源等实物信息)反映企业的生产经营活动对环境的影响,以此来帮助企业的管理者进行相关的决策,从而实现环境效率和经济效率的统一,最终实现企业的可持续发展。

2. 环境管理会计与环境财务会计的比较

正如我们划分传统的财务会计与管理会计一样,根据信息使用者的不同,也可以把提供环境信息的环境会计分为环境管理会计和环境财务会计。

环境管理会计与环境财务会计都属于环境会计的范畴,都是通过处理和分析企业历史的和预测的经济资料,来帮助经营管理人员确定经营目标,编制计划,作出一系列决策,以达到企业的经营目标。但环境管理会计与环境财务会计也存在着很多不同之处,它们的主要区别在于:

(1)服务对象不同。环境管理会计主要为企业内部管理人员的经营决策、投资决策提供环境方面的信息支持;而环境财务会计则主要为企业外部利益相关者提供有关环境问题对企业的财务造成影响的信息。

(2)研究内容不同。环境管理会计主要解决的问题是企业环境战略的制定、环境成本的确认与核算、环境投资评估问题以及企业环境业绩的评价问题;而环境财务会计主要解决的问题是企业环境资产的确认、计量和相关信息的披露问题。

(3)研究方法不同。环境管理会计采用分析性方法,借助动态环境数据信息来分析企业的生产经营活动,以此来为管理者提供决策信息;而环境财务会计则是采用描述性的方法,将重点放在如何全面、系统地反映企业与环境相关的生产经营活动的成本与收益。

三、环境管理会计的作用

环境管理会计注重环境保护,它的出现有利于企业的可持续经营,有利于企业降低潜在的环境成本,有利于企业对其环境业绩和财务业绩进行预测、计量和报告,有利于提升企业在公众中的信誉度水平,使企业更具有竞争力。具体来说,环境管理会计的作用主要表现在以下几个方面:

(1)环境管理会计既可以为企业的绿色经营模式提供实物计量数据,以便更加生动地反映企业对资源环境的消耗量,也为企业的绿色经营模式提供有效的财务数据资料,以便管理人员及时对企业的成本进行控制与纠偏。

(2)环境管理会计可以以货币形式计量企业的环境成本,以便企业的管理者及时对其进行控制,以减少不必要的成本费用支出。

(3)环境管理会计可以为管理者提供决策支持,管理者可以借助环境管理会计作出产品定价等项目的正确决策。

(4)环境管理会计将企业的环境业绩指标与财务指标相结合,更加科学地反映了企业的生产经营情况对环境的影响程度,能够更加全面地满足企业各利益相关者的信息使用的需求。

(5)环境管理会计体系的建立与完善有利于塑造企业的绿色形象,增加企业在公众中的信誉度。

第三节　环境成本的控制及管理

环境成本的控制及管理是环境管理会计中最受到关注的方面,它主要包括环境成本构成分析、环境成本的核算以及环境成本的控制等内容。对于以盈利为目的的企业而言,如何降低成本,增加收益是其生产经营的重点,环境成本作为企业生产经营成本的增量因素自然也会受到企业的高度关注。由于环境成本主要是因保护环境和治理环境污染而发生的费用支出或因违反相关法律、法规而支付的罚款、罚金等货币性支出,因此企业想要减少环境成本的支出就应该尽量减少和避免其生产经营活动对环境的污染,企业可以通过改进生产技术,改善生产经营模式(如采用绿色经营模式),购买环保设备,使用清洁能源和资源等方式来降低其生产经营活动对环境的危害。

一、环境成本的定义与分类

1979 年,荷兰国家统计局为了反映企业环境管理的成本,对环境成本作出了定义,将环境成本定义为环境保护的成本,而环境保护的定义是:人类为解决现实的或潜在的环境问题,维持自身存在和发展而进行的各种防止环境破坏的控制措施和实践活动的总称。将这一定义应用于企业则为:企业出于防止对其环境造成不利的影响的目的所采取的环境行为。按该定义,环境成本的范围就比较窄,企业只有在被动地遵守环境法规来规范自己的环境行为时才适用此定义,而当企业开始意识到要主动地利用环境信息进行环境决策以减少环境成本时,该环境成本的定义就不再适用了。随着可持续发展概念的不断深化,企业对于环境成本开始越来越关注,因此,在 1998 年 2 月,联合国国际会计和报告标准政府间专家工作组(ISAR)通过了《环境会计和报告的立场公告》,将环境成本定义为:本着对环境负责的原则,为管理企业活动对环境造成的影响而采取或被要求采取的措施的成本,以及因企业执行环境目标和要求所付出的其他成本,包括环境污染补偿成本、环境治理成本、环境损失成本、环境保护维持成本、环境保护发展成本等。联合国"改进政府在推动环境管理会计中的作用"专家工作组也对环境成本作出了定义:与破坏环境和保护环境有关的全部成本,包括外部成本和内部成本。

根据以上对环境的定义中可以看出,企业的环境成本是一种综合性的成本,它不仅仅是指在保护环境这一方面所发生的费用支出,而是在企业生产经营过程中的各个阶段都可能存在的,具体来说,环境成本是指可以解释为在某一项商品生产经营活动中,从产品资源开采、开发、产品的生产、运输、销售、使用、回收到最终对废弃产品进行处理的整个环节中,企业为解决环境污染和生态破坏所需支付的全部费用,以及造成环境污染后为补偿环境损失所支付的治理或修复费用、罚款、罚金等。

按照定义,可以将环境成本进行如下分类。

1. 环境保护成本和环境降级成本

观察环境成本的发生时间,可将其分为环境保护成本和环境降级成本。环境保护成本是为了避免和消除企业因经营行为对环境造成的负面影响而发生的支出。它是企业履行环境义务而发生的各种支出,主要包括企业在生产过程中直接降低排放污染物的成本支出和在生产过程中为预防环境污染而发生的成本支出等。环境降级成本是指由于废弃物的排放超过环境容量而使生态资源质量下降所造成的成本支出的货币表现。它的产生是因为企业对于产生的环境质量下降未履行其环境责任,具体包括:一种成本是为了恢复自然资源的正常功能所发生的成本支出,如污染治理成本;另一种成本是为了维持自然资源的基本存量成本和为了保护、修复和管理生态资源由企业支付给政府的税费和罚金。对于企业而言,环境保护成本和环境降级成本之间存在着此消彼长的关系。一般而言,一个企业的环境保护成本越高,该企业履行环境保护的义务越高,相应的,其环境降级成本也就越低。

2. 内部环境成本和外部环境成本

按照环境成本的空间范围,可以分为内部环境成本和外部环境成本。内部环境成本是指由环境因素导致并能够明确由企业承担支付的费用,如污染防治成本、环境损害罚款、购买清洁生产设备的投资成本等。内部环境成本的突出特征之一是企业需承担所有与内部环境成本相关的费用。外部环境成本是指那些恶劣的环境结果是由企业的经济活动所引起,但由于各种原因不能清晰地计量并且不能明确地由企业承担的费用。为了使企业可以更加自觉地保护环境、节约资源,社会各界正在寻求一种机制,使外部环境成本内部化,将外部不可明确计量的成本通过一定的手段和方法转化为可以明确计量的内部成本,并反映在财务报表中,以此来增加企业的经营者对环境的关注程度。

1995 年,美国环保局也对环境成本进行了分类,认为环境成本包括传统成本、可隐藏成本、或有成本和形象与关系成本。

传统成本是指企业在日常的生产经营过程中通过对原材料、能源、设备等资源的消耗或浪费,而因此对环境的破坏或对不可再生资源的消耗所产生的成本。企业在核算成本费用时,应当将这部分成本作为增量进行考虑。

可隐藏成本通常是指隐藏在制造费用中,易被管理者所忽视的成本,如对生产废弃物进行管理、测试、检测和监控的成本。

或有成本是指在未来某一时点可能发生,也可能不发生的成本。例如,因向河道中排放由于生产经营活动而产生的废弃物所带来的清理、修复和赔偿费用,以及未来可能因违反法律、法规所造成的罚款费用。

形象与关系这类成本通常被称作无形成本,虽然其本身可能是有形的(如商标、信誉度指标等),但其支出所带来的直接效益往往是无形的,如进行环境保护等义务活动而发生的成本、提供环境报告的成本等。

二、环境成本的特征

依据环境成本的定义,可以总结出环境成本具有以下特征。

1. 成本的形成具有差异性

环境成本的差异性是指在生产产品的整个生命周期里,环境成本在各个阶段的发生是不对称的,并不是所有的产品和生产工序都产生相等的环境成本,有些阶段发生较少,有些阶段却发生得很多。但是,环境成本往往被合并在企业的制造费用中,进行归集之后再分配到所有的产品中去。因此,应根据环境成本所形成的差异,将其与相关产品、相关生产工序及相关经济活动之间建立起相互的关联性。

2. 成本的性质具有多样性

有些环境成本与资产的价值有关,属于资本性的支出:其中,有些环境成本的发生与有形的环境资源有关,比如维持自然资源基本存量的费用;有些环境成本的发生与无形的生态环境资源有关,比如保护生态资源费用;有些环境成本的发生与企业的固定资产有关,比如污水处理设备的投资等等,一般将这些成本计入相关资产的成本中进行会计核算。而有些环境成本与资产的价值无关,是一种费用性支出,如处理生产废弃物的费用(垃圾处理费)、排污费等,一般将这些费用计入当期的损益中进行会计核算。还有一些环境成本的发生与产品的成本有关,如利用自然资源进行绿色产品的生产,这些成本则应作为产品成本处理。

3. 成本的计量具有双重性

环境成本的计量结果可依据成本性质的多样性采取准确计量和近似计量的方法。环境成本中与资产价值相关的资本性支出和与资产价值无关的费用性支出,其支出形式可以是物质资产的投入,如投入物料、设备等,也可以是人类劳动的投入。这些投入均能够准确地计量其成本价值。因此,可以采用准确计量的方法;而环境成本中与产品成本有关的费用支出,并不总能准确地计量出其物质或人类劳动的投入量(有些信息不可量化),因此,对于这类环境成本,通常采用估算的方法进行近似计量。

三、环境成本的管理方法

在传统的会计模式下,企业会将产品成本中的直接材料、直接人工以及制造费用这些成本项目进行归集后再分配到各个产品中去。但环境成本并不属于直接材料或直接人工,由环境成本的分类可知,企业一般会将环境成本作为可隐藏成本计入制造费用中去,此时再归集产品成本,由于制造费用的增加使得产品的总成本增加,分配到各个产品中的成本也增加了,产品成本的增加会提高产品的定价,不但不利于企业的生产经营,也不利于企业对产品盈利能力的分析,所以传统的环境成本计算法存在很大的缺陷。环境成本的管理方法主要有三种:作业成本法、完全成本法和产品生命周期成本法。

1. 作业成本法

作业成本法是一种通过对所有作业活动追踪进行动态反映,计算作业成本,评价作业业绩和资源利用情况的方法。由于企业的不同作业中心有不同的成本动因,根据作业来分配企业所耗用的资源成本,会提高环境成本信息的准确性,作业成本法根据资源耗用的因果关系进行成本分配,首先依据作业的资源消耗将成本分配给作业,其次按成本对象对作业的消耗将作业成本分配到各个成本对象中去。这种通过在作业层面上对环境成本的动因进行分析,明确环境成本的来源及分配,使环境成本的对象化更为准确有效。

2. 完全成本法

加拿大注册会计师协会从环境角度将完全成本法定义为:将与企业的经营、产品或劳务对环境产生的影响有关的内部成本(包括内部环境成本)和外部成本(包括外部环境成本)综合起来的会计方法。

因此,对于企业的环境成本而言,完全成本法是将企业所有的内部环境成本与外部环境成本均纳入成本计量的范畴中,通过对所有与环境有关的成本的综合计量,可以使企业的不同职能部门以及不同层次的信息使用者明确企业在生产经营过程中的环境总成本以及成本的成因及来源,有利于企业的管理人员在充分了解环境信息的基础上作出有效的环境决策,同时有助于提高企业对环境成本的重视,提高企业对环境保护的自觉性,实现企业的可持续发展。

企业的内部成本(包括内部环境成本)可以从其自身的会计信息系统中获得。而企业的外部成本,特别是外部环境成本则需要企业就其生产经营活动对环境产生的影响来进行确认与计量。但正如上述所言,企业外部的环境成本有些无法量化,不能明确地进行计量,因此,完全成本法实施的主要障碍在于企业外部成本,尤其是外部环境成本的获取。

3. 产品生命周期成本法

美国环保局将产品的完整生命周期分为四个阶段:资源的耗用、产品的生产、产品的使用以及产品的循环再利用和处置,传统的环境成本计算法会将每一个阶段的环境成本分配给各主体负责,如资源耗用阶段和产品生产阶段的成本由供应商和生产商负责;产品的使用阶段和产品的循环再利用及处置阶段则主要由消费者负责。而产品生命周期成本法作为一种系统衡量产品成本的方法,突破了传统成本的观点,将供应商、生产商和消费者结合在一个共同的体系内,将产品的成本综合起来再分配到不同的生命周期阶段,不仅仅将企业成本计量的眼光局限于产品的生产过程阶段,而且对其整个的生产经营过程进行综合考量。

产品生命周期成本法讨论的是产品在整个生命周期中对环境的影响,是从整体角度综合考虑了企业产品在生命周期内各个阶段的环境成本,包括产品的设计阶段、开发阶段以及销售阶段等的各项环境成本。企业从宏观上进行综合的环境成本管理,有利于企业更加全面地了解环境成本的归属情况,便于企业采取相应的措施及时进行控制与处理。与此同时,产品生命周期成本法也可以将企业的一些不能明确计入产品生产过程中的外部环境成本予以内部化,使产品成本项目更为完整,以满足企业管理和决策的需要。

四、环境成本的会计分析

环境成本的确定是为了企业管理者提供相关的环境信息,以便管理者可以将环境信息与其他信息(如财务信息)相结合进行综合分析,制订出更为全面、更为准确的决策信息。而深化环境会计研究与应用的关键是如何对这些有用的信息进行分析整理,从而确定相应的环境成本。对于这一问题可以通过两个途径来进行解决:一是将外部环境成本内部化,二是对内部环境成本进行归集与分配。

1. 外部环境成本内部化

随着人们对于环境保护越来越重视,企业也被广泛地要求减少因其生产而对环境造成的破坏,即减少因其生产而向外部环境排放的有毒、有害物质,降低对环境的污染。而企业作为以盈利为目的的组织,为了增加其利润,企业会选择放弃采取必要的降低环境污染的措施,以最大限度地降低成本。为了解决这一矛盾,可以建立某种具体机制,将企业外部环境成本加以确认、计量,将其并入企业的成本中进行核算,从而使企业承担起相应的经济责任和社会责任,也就是说,将企业外部环境成本内部化。一旦将企业的各种外部环境成本转化为内部成本,企业就要对该成本进行会计核算,并列入财务报告中,就会对企业的利润产生影响,而企业本着追求高利润的生产经营目标,为了提高利润就必然会努力降低各类成本,自然也包括环境成本。此时,这种机制就会促使企业在追求利润最大化的同时兼顾环境保护。目前由于企业环保意识不强,缺乏自我约束其环境行为和控制其环境影响的内在动力,要实现外部环境成本内部化这一目标就需要外在的强制力对其进行约束,而其中最直接的方法便是加强和完善与环境保护相关的法律、法规。

我国现阶段已经颁布了包括《中华人民共和国环境保护法》等在内的一系列环境保护法律、法规,强制要求企业按照法律、法规的规定规范自身的生产经营行为,并采取必要的措施保护环境以减少对环境的危害,企业为此发生的环境治理成本自然应作为企业的内部成本反映在企业的财务报告中。这样,企业造成的外部环境影响本属于外部成本,现在由于为减少或消除该影响而支付了一定的成本费用,就将该外部环境成本内部化了。随着环境问题的日益严重,企业所面临的环境保护义务也更加严峻,企业只有自觉地采取行动使外部环境成本内部化,才能为其经营者提供更为准确的、全面的、有利于企业可持续发展的决策信息。

2. 内部环境成本的归集与分配

企业将外部环境成本内部化之后所得到的是内部化的总成本,这些内部环境总成本也应相应地分配到生产出的产品成本中,从而影响企业管理者进行产品决策。所以,关键的问题在于如何合理地将各种内部环境成本进行归集并分配到相应的产品中。对于这一问题,可以采用作业成本法予以解决。

第四节　环境决策的制定

　　在考虑企业可持续发展的生产经营目标之下，将环境决策融入企业的生产经营决策中就显得尤为重要，环境决策对于企业产品的定价、各项目的实施等业务的顺利进行起着至关重要的作用。环境决策为企业提供了更为相关的决策信息支持，使企业的经营者能够全面掌握企业环境成本与环境绩效信息，从而有助于企业作出正确的生产经营决策。

　　环境决策的制定是指企业的经营者将企业在生产经营过程中收集到的与环境有关的信息纳入企业总的生产经营决策中进行综合考虑，从而制定出与环境相协调的生产经营行为的各项决策，保证企业的可持续发展。具体来说，企业环境决策的制定包括考虑环境因素的投资决策和环境与发展综合决策两大类。

一、考虑环境因素的投资决策

　　传统企业在进行新产品开发、产品经营战略和资源的投入使用等决策时，仅仅只是考虑企业的生产利润率，而忽视了其经营行为对环境的影响以及为此付出的代价，这种以不完善的信息（尤其是忽略了环境信息）为基础所作出的生产经营决策显然不能帮助企业实现其可持续发展的战略目标。因此，在企业面临环保压力日益增大的今天，企业的投资决策必须要考虑环境因素的影响。

　　将环境因素纳入投资决策是企业生产经营战略发展的一种突破，随着环境管理在企业生产经营活动中应用的重要性被企业经营者逐步地认识和重视，在企业投资决策中考虑环境因素也开始成为一种发展趋势。为了帮助企业更好地实施环境投资决策，必须注意以下几个方面。

　　1. 注重对环境保护的宣传教育

　　在环境问题十分严峻的今天，企业应当转变过去那种单一追求经济利益的方式，自觉地保护环境、改善环境。环保问题事关企业甚至是全社会的可持续发展，从现在开始就要加强企业上下的环保意识教育，普及环保知识，尤其应加强企业环保基础知识教育，在全体职工中定期开展环境学的教育，增强职工实践环境管理的自觉性。

　　2. 完善会计制度，改善企业的会计信息系统

　　应将环境因素纳入会计准则、法规中，完善会计制度，更加全面地反映企业生产经营的影响因素，同时也应当改善企业自身的会计信息系统，将环境因素纳入企业生产经营的核算中去，以便于企业会计人员掌握更加全面的信息，为企业的生产经营者作出正确的决策提供有效的信息基础。

　　3. 加强对企业环境信息的管理

　　通过加强会计部门与其他部门的及时沟通，有助于环境管理人员及时获得相关会计信息。与此同时，企业的会计人员、经营决策人员等应加强对环境管理基础理论知识的学习，也便于更好地收集环境会计信息。此外，决策部门也要安排具备环境投资决策理论知识的人员参与企业重大项目的决策，这样有助于加强会计部门对环境信息的收集，提高环境信息的质量，正确地核算环境成本，准确地进行投资决策。

二、环境与发展综合决策

环境与发展综合决策就是在决策中,正确处理环境与发展的关系,贯彻可持续发展战略,把经济规律和生态规律结合起来,对经济发展、社会发展和环境保护统筹规划,合理安排,全面考虑,实现最佳的经济效益、社会效应和环境效益。环境与发展综合决策是指在决策过程中对环境、经济和发展进行统筹兼顾、综合平衡、科学决策。

环境保护是实现经济和社会可持续发展的基础。实施环境与发展综合决策要求企业各层管理人员必须把环境保护意识贯穿于领导决策的全过程。在重大决策时一定要充分考虑环境与资源的承载能力,既要遵循经济规律,又要考虑生态规律,预防因生产排污或环境意识缺乏等造成新的环境问题。在制定环境与发展综合决策时,要求兼顾国家、集体和个人利益,正确处理眼前利益、局部利益与长远利益、整体利益,照顾、调整各个方面的权益,并充分考虑其生产经营活动对环境的影响程度。

环境与发展综合决策是一种综合性的、系统性的决策,它要求企业在制定决策时要充分考虑各方面的因素,尤其是要重视环境因素的影响,尽可能地多收集一些与环境有关的信息,结合企业实际制定环境经济发展目标,令企业各部门积极配合,相互协调,充分考虑其生产经营行为对环境的影响,尽可能地在不破坏环境的基础上发展经济,并增强企业上下各级自觉保护环境的意识,使企业朝着共同的环境经济目标前进,这对于企业可持续发展意义重大,必须得到企业上下的高度重视。

第五节　环境绩效评价

一、环境绩效评价概述

环境绩效的评价也是环境管理会计的主要内容。它主要包括如何选择恰当的评价指标,如何进行科学的评价和如何运用评价结果来激励企业改进生产等内容。环境绩效评价的重点是评估一个企业在生产经营过程中对环境的重视程度以及对其可持续发展能力的考察,环境绩效评价的结果也可以使企业的管理人员及时发现其生产的弊端,便于企业进一步优化与完善。

环境绩效评价是指在以持续的方式向管理当局提供相关和可验证的信息,以确定企业的环境绩效是否符合组织的管理当局所指定的标准的内部过程和管理工具。它主要包括:帮助了解企业的环境绩效,提供有意义的环境报告;确定重要的环境影响因素;追踪环境活动和方案的相关成本和收入,揭示企业环境管理的重点;为组织内不同团体和个人提供激励机制等。

有大量的研究表明,企业的环境绩效与财务绩效之间存在着一定的正相关关系。企业通过遵守环境方面的法律、法规,减少了因污染环境而带来的罚款,从而减少了企业负债和环境风险;通过在决策中考虑环境影响因素,企业实行绿色经营生产模式,进行清洁生产,改进产品的设计,增加产品优势,提高企业在同行业中的竞争力;通过综合考虑环境绩效,更有利于企业实现可持续发展。

二、环境业绩评价内容

企业环境业绩的评价应实行环境效益的评价与经济效益的评价相结合的方法。

1. 环境效益的评价内容

（1）生产废弃物的回收利用率。

（2）废水、废气、废渣的排放量。

（3）对资源的利用效率。

（4）企业对环境成本的控制。

（5）人文环境的改善和进步程度。

2. 经济绩效的评价内容

（1）对废弃物的循环利用所带来的企业利润的增加。

（2）对废弃物的循环利用所节约的生产成本（如管理费，排污费等）。

（3）因环境治理所减免的罚款，赔偿等。

（4）因生产绿色产品，增加市场占有率所带来的经济收益。

（5）环保投资收益率的计算和评价。

三、环境绩效评价指标

1. 环境绩效指标的分类

（1）财务指标和非财务指标。根据环境管理会计的成本信息可知，企业的环境成本可以用财务指标（货币指标）和非财务指标（实物指标）来进行核算，所以对环境绩效的评价也应采用财务指标和非财务指标来进行。财务指标是指以货币为单位进行的指标，财务指标是指以货币单位以外的单位进行计量的指标。由于以财务指标进行评价可以比较直观地反映企业经营目标的执行情况，因此，长期以来财务指标一直是主要的绩效评价指标。不过，由于企业生产经营所消耗的能源资源不一定都可以货币量化并以财务指标进行计量。所以，近年来非财务指标的应用在逐渐增加，企业的财务指标主要以计量可货币化的成本或收益，如污水处理成本，违反环境保护法律、法规而处罚的罚金等，而非财务指标则主要用于计量不可货币化的成本或收益，如企业的污水排放量，生产废气的排放浓度，采用清洁技术的数量等。

（2）内部指标和外部指标。内部指标是指评价企业在生产经营过程中因生产经营行为而产生的成本或收益，如资源、能源的消耗量，污染治理成本等。而外部指标则主要是评价向外部信息使用者提供相应数据报告的次数或获得的满意程度等，如向银行等金融机构（债权人）贷款时所提供的企业生产经营情况的报告所获得的满意程度（是否贷款）等。企业应兼顾内部指标和外部指标，不能仅仅考虑内部生产成本的降低与经营收入的增加，还应考虑外部各利益相关者对企业的生产经营情况的满意程度即企业的外部环境，这样才能有利于管理者作出正确的决策，有利于企业的可持续发展。

（3）过程指标和结果指标。过程指标通常是评价企业生产经营过程中的成本或收益的指标，目的是使生产经营者在生产经营中及时了解到存在的问题，以便快速进行纠偏，防止错误的继续发生而影响后续的生产活动。过程指标通常是采用实物计量的方法，如对将要排放的污水含量超标的生产废水进行清洁处理，避免因排放之后污染环境而造成违反法律、法规和罚款的后果。结果指标反映的是企业生产经营活动的结果,可以用货币计量也可以用实物计量。由于结果指标是事后指标,因此结果指标的作用是为了使经营者明确企业的生产经营行为带来的不良影响,以便企业可以对其易造成的后果进行纠正。例如,企业因向大气中排放了浓度超标的生产废气,违反了相应的环保法律、法规而造成了被处以罚款的后果,这一后果使企业生产者明确了自身的违法行为,警惕其以后不要再作出类似的不良行为。

2. 环境绩效指标的选择

环境绩效指标的类型多种多样,其所计量的内容和方式也有不同,因此在选择环境绩效指标进行评价时主要应考虑以下几个方面。

(1) 相关法律、法规的要求。企业选择环境绩效指标进行评价的目的是衡量企业环境保护以及资源使用情况,而企业生产经营情况通常也会受到外部法律、法规的要求和限制。因此企业所选择的绩效指标应符合相关法律、法规的要求,以遵守法律、法规为第一原则,以罚款情况,违法次数等为主要内容选择合适的指标进行评价。

(2) 企业设定的环境目标。企业想要实现可持续发展,就应当将环境因素纳入其生产经营决策中进行综合考虑,即企业应设立环境目标。环境目标主要是控制企业对环境的破坏程度以及提高资源的使用效率,因此应根据资源能源的消耗,污染物的排放,对环境保护的贡献等,选择合适的指标进行评价。

(3) 企业所处的行业和其所经营业务的特点。不同的行业,其环境评价的指标是不相同的,对其环境评价衡量的指标也是不相同的。明确企业所处的行业及其经营业务的特点才能相应地选择适合的环境评价指标。该指标所评价的内容应当是企业所处的行业所共同具备的或是能反映企业自身生产经营特点的。

(4) 企业的组织结构特点。根据不同的责任分工、不同的部门、上下级等因素,企业所选择的环境评价指标也应有所不同,如企业为高级管理当局所指定的绩效评价指标与为经营单位所制定的绩效评价指标就应划分不同的标准。此外,还要把战略性的环境绩效指标沿着组织结构等级自上而下,层层分解,落实到人。对于绩效指标的评价结果,也应自下而上地层层汇总,不同的职能部门的评价指标应相互补充,综合反映企业的生产经营目标与环境。

(5) 企业所获得环境信息的及时性与可比性。企业根据所收集到的不同的环境成本信息应选择不同的绩效评价指标。及时性是指这些指标的选择应以收集到的信息的快慢程度来进行衡量,比如在生产经营活动过程中能及时收集并需作出快速反馈的信息就可以选择过程指标进行评价等。可比性是指所选择的指标应简明扼要,便于理解,只要选择的指标可以综合反映企业的生产经营情况即可,不宜太复杂也不要太简单,且所选指标之间应相互可比,计算基础必须前后一致。

本 章 小 结

环境管理会计的产生与可持续发展概念紧密相连,体现了人们在经济发展过程中对环境污染现状的担忧。作为一种新型的管理会计制度,环境管理会计将管理会计与环境保护相结合,将环境成本纳入企业的经营决策之中,通过对财务及非财务的环境信息的收集与分析,为企业各利益相关者提供更加准确的决策信息,从而提高企业的生产经营效益,其内容主要包括三个方面:环境成本的控制及管理、环境决策的制定和环境绩效的评价。

思　　考

复习思考题

1. 试述环境管理会计的内涵。
2. 简述环境成本的控制及管理。
3. 简述环境绩效的评价。

第十四章 知识资本管理会计

【学习目标】 通过本章的学习,了解知识资本管理会计的发展历程,理解知识资本的基本概念、构成以及评估,把握知识资本管理会计的基本内容,进一步扩宽视野,了解该领域的国内外研究现状和发展趋势,洞察未来的研究空间。

【案例引导】

19 世纪 20 年代,以山西平遥日升昌票号的创立为标志,中国出现了一种金融业的特殊形式——山西票号业。平遥票号开创了中国汇兑业的先河,其经营管理理念及相关制度安排对我国企业管理有重要的启示作用,其实行的"劳资并重"分配制度,肯定了人力资本在资本运作中的作用。在山西票号的资本构成中,股份分为"银股"和"身股"两种,所谓"银股"是票号开设时资本家的出资,"身股"则是根据员工对资本的效力和作用而给予员工的不需要出资的股份,"身股"一般会随着时间递增,并且具有平等的分红权利;"银股"股东对票号债务、亏损承担无限责任,享有永久的利益,有继承权;"身股"股东不承担债务、亏损的相关责任;但顶"身股"者一旦离职或去世,利益也就停止。当然也有一些票号会给予"身股"3 年到 8 年不等的延续分享红利的权利。票号发展的早期,"身股"数远远低于"银股"数,但随着时间的推移,不断增长的"身股"数普遍超过了"银股"数。山西票号"银股""身股"并重的资本构成,有效地协调了劳资关系,把员工个人利益和票号利益、股东利益紧密联系在一起,使劳资利益最大限度地统一在一起。

第一节 知识资本管理会计的出现

一、知识资本出现的背景

20 世纪 90 年代以来,以知识和创新为动力的新经济形态俨然成形,出现了知识经济(Knowledge-based Economy),知识和技术在经济发展过程中的作用越来越显著,并逐渐取代土地和财务资源成为第一生产要素,知识资本(Intellectual capital,也译为"智力资本")取代财务资本成为经济发展的最主要资本。在知识经济环境下,知识管理与知识资本的运营已经成为企业新型的经营管理模式。在此背景下,使注重财务资本的会计学科面临着严峻的冲击和挑战,从而迎来了知识资本管理会计(Intellectual Capital Management Accounting)的新时代。

经过几十年的研究积累,目前学术界已经将研究重点从人力资源管理会计转向知识资本管理会计。从学术渊源看,知识资本管理会计是人力资源管理会计的自然升华。

知识资本概念最早是由美国加尔布雷斯(J. K. Galbrainth)于20世纪80年代末提出的。在知识资本概念被提出以前,作为其先导的人力资本概念以及与此概念相联系的人力资本管理会计,已经经历了将近30年的发展。

人力资源管理会计是20世纪60年代在美国出现的一个会计分支。美国会计学家弗兰霍尔茨在《人力资源会计》一书中,将人力资源管理会计产生和发展的历史过程分为五个阶段:人力资源管理会计基本概念的产生阶段(1960—1966年)、人力资源成本和价值计量模型的学术研究阶段(1966—1971年)、人力资源管理会计的迅速发展阶段(1971—1976年)、人力资源管理会计的停滞发展阶段(1976—1980年)、人力资源管理会计的广泛应用发展阶段(1980年以后)。特别是自1980年后,会计界又陆续发表了许多有关人力资源管理会计的论文。同时,应用人力资源管理会计的企业也增加了。此间,有以下几个因素促使人力资源管理会计的研究开始复苏。一是美国政府要求研究增加劳动生产率的手段。人力资源管理会计研究的潜在贡献,使人力资源管理会计在该领域产生了积极的影响进而得到了有力的推动。二是国际市场上日本企业与美国企业的激烈竞争,促使美国企业非常关心如何提高企业职工的劳动生产率。通过对比研究,美国企业发现,在传统上,日本钢铁和松下等日本大型企业视职工为"资产",采用终生雇佣制;而美国钢铁和通用汽车等大型企业则经常临时解雇工人,视职工为"费用"。由于日本企业重视人力资源管理,因而企业职工具有较高的工作热情,对企业更为忠诚。美国企业进而认识到,人力资源管理会计是提高职工劳动生产率的一个重要工具。

二、知识资本管理会计的产生

20世纪80年代以来,随着知识资本概念的提出,人们开始对人力资源这个概念提出了反思,认为人力资本的质量是靠知识积累来提高的,取决于人所掌握的知识水平,归根到底,掌握知识的人成了决定经济增长的首要因素。这样,经济学家从对人力资本的考察逐步转移到对知识资本的关注上。知识资本管理会计作为一种新的会计理论与方法体系,就是在这种背景下产生的。余绪缨指出,与知识经济的深入发展相联系的知识(智力)资本管理会计将成为管理会计发展的新领域,其形成和发展显得尤为迫切和重要。知识经济和知识管理呼唤着知识资本管理会计,知识资本管理会计的时代正悄然走来。

但从第一次提出知识资本到现在,仅有20多年的时间。20多年来,会计学界和实务界对知识资本管理会计进行了初步的研究和尝试,取得了一定的成果,但从总体上看,知识资本管理会计在国内外尚处于起步阶段,有待进一步探索和研究。

第二节 知识资本的概念、构成及计量

目前国内外学术界对知识资本的概念、分类、构成以及计量均存在着分歧,尚未形成统一的认识。

一、知识资本的概念

加尔布雷斯认为，知识资本是一种知识性的活动，是一种动态的资本，而不是固定的资本形式。加尔布雷斯是第一个提出知识资本概念的人，但他对知识资本的阐述并不具备定义的基本要素，不构成一种定义。

Stewart(1991)在其论文《知识资本：如何成为美国最有价值的资产》中提出了知识资本的概念，并于 1994 年进一步论证了知识资本是企业组织和国家最有价值的资产。Edwinsson 和 Sullivan(1996)认为，知识资本是企业真正的市场价值与账面价值之间的差额，是知识型企业物质资本与非物质资本的合成。Sveiby(1997)认为，知识资本是企业一种以相对无限的知识为基础的无形资产，是企业的核心竞争力。而 Dzinkowski 等(2000)将知识资本定义为企业所拥有的知识基础的权益，它可以是知识转化过程的最终结果，也可以是转化为知识产权的知识本身和企业的智力资产。Muhammad Shafique 以资源观为基础，认为知识资本是无形资产或资源的集合，如知识、技能、专业技术和经验、客户关系、数据库等的集合，它们可用来创造价值，为组织提供竞争力。

我国学者也对知识资本的概念做出了界定。唐韬智和王荣党(2002)认为，知识资本是能够为企业创造价值的各种知识的总和，具体表现为企业获取超额收益能力的知识，它与无形资产相比具有不同特性，在实践中企业应根据具体情况和需要来确定、评估知识资本；他们还认为知识资本具有三大特征，即整合性、增值性和媒介性。贾银芳等(2004)认为，知识资本是组织所拥有或者控制的，能给组织带来经济效益的知识资源，它包括给组织带来效益的手段和方法，同时也包括掌握和运用这些手段和方法的人。

知识资本是社会经济发展到一定阶段的产物。从企业的角度来看，知识资本就是企业拥有或控制的，以知识为基础的，能给企业带来价值增值的知识和技能。知识资本概念是对传统资本概念的有效扩充，是人类发展到一定阶段对企业资本认识的深化。知识资本概念的提出，并意味着企业新增了一种资本来源，知识资本从来都是客观存在的，只不过在不同的经济形态下，由于财务资源和人力资源的重要性不同，导致在两者的博弈过程中，财务资源长期处于优势地位，从而忽略了知识资本的存在以及其对价值创造和价值增值的决定性作用。而知识资本概念的提出，强调的是企业所实现的收益实质上是财务资本和知识资本共同发挥作用的结果。

二、知识资本的构成

Edvinsson 和 Sullivan(1996)提出"H-S"结构，认为企业的知识资本是人力资本(Human Capital)和结构性资本(Structure Capital)的耦合。人力资本代表了企业员工的个人能力，其知识和技能以潜在的、未编码的形式存在，知识资本中的人力资本部分依附于个人，个人拥有未编码知识的所有权，当未编码知识转化为编码知识时，个人就失去了对编码知识所有权，而编码知识成了企业的资产；结构性资本则是领导能力、企业文化和社会认可程度等因素的综合。知识资本用公式可表示为：知识资本＝人力资本(未编码的知识)＋结构性资本(已编码知识资本和经营性资产)。Espejo(1996)在类似的"H-S"结构中，认为结构性资本包括顾客资本、创新和开发资本以及流程资本。

Thomas Stewart(1997)从知识能力的角度，提出知识资本是"每个人能为公司带来竞争优势的一切知识及能力的总和,是使一个企业、组织和国家富有的最有价值的资产",提出了知识资本的"H-S-C"结构,即"人力资本—结构资本—客户资本",人力资本是指企业员工具有的各种技能,他们是企业知识资本的重要基础;结构资本是指企业的组织结构、制度规范和组织文化等;客户资本则主要指顾客忠诚度、供应商、企业信誉等方面。三种资本相互作用,共同推动知识资本的增值。

K. E. Sveiby(1997)认为知识资本是企业的一种以相对无限的知识为基础的无形资产,是企业的核心竞争能力,他将知识资本划分为雇员能力(Employee Capital)、内部结构(Inter Structure)和外部结构(Extra Structure)三部分,即提出"E-I-E"结构,实际上是将结构资本区分为内部结构资本和外部结构资本,内部结构资本的作用是为雇员知识和技能在组织内的传递提供支持,外部结构资本的作用是保证企业知识资本的增值。

Youndt 和 Subramaniam 等学者将知识资本看作是所有知识企业可利用的竞争优势的总和,并且应该从多维度去衡量。Subramaniam 和 Youndt 认为智力资本由人力资本、组织资本和社会资本三要素构成,即"H-O-S"结构,其中人力资本是指个人所拥有和可利用的知识、技能和能力;而组织资本则是通过数据库、专利、手册、结构、系统和过程表现出的制度化的知识和系统化的经验;社会资本是从个体和交互关系网络中获取的可利用的知识。

而 Brooking(1997)则提出"M-H-I-I"的知识资本结构,认为知识资本由市场资本(Market Assets)、人才资本(Human-Centered Assets)、知识产权资本(Intellectual Property Assets)和基础结构资本(Infrastructure Assets)构成。市场资本是企业所拥有的、与市场无关的无形资产潜力,包括品牌、顾客和顾客的信赖、长期顾客、备用存货、销售渠道、专利专营合同协议等。人才资本是体现在员工身上的才能,包括群体技能、创造力、解决问题的能力、领导能力、企业管理技能等。知识产权资本包括技能、商业秘密、版权、专利和各种设计专利权以及贸易和服务的商标。基础结构资本是使企业能运行的技术、工作方式和程序,包括企业文化、评估风险的方式、管理销售队伍的方法、财务结构、市场或顾客数据库等。

Malone(1997)则认为,知识资本可分为财务、顾客、流程、更新与发展、人力资源等五个部分。Bontis(1998)则在 Stewart(1997)的基础上提出,人力资本是企业员工所具有的各种技能和知识,以隐含方式存在,没有而且难以被编码,结构性资本是指企业的组织结构、制度规范和组织文化等,顾客资本主要是市场营销渠道、顾客忠诚、企业信誉等经营性资产。

三、知识资本的评估

由于对知识资本的界定不一致,对其进行评估的方法亦有所区别。企业应根据具体情形和需要采用适当的评估方法,在此基础上才能进行准确的会计计量。

(1) 市场价值与账面价值差额法。Sveiby(1997)和 Edwinsson 与 Sullivan(1996)对知识资本计量进行了初步研究。他们认为,计量知识资本的可行方法是用企业公允价值减去企业账面价值,所得余额就是企业知识资本的总额。这种方法很简单,但企业账面价值是有形资产、无形资产和金融资产的账面价值。这个账面价值可能本身就包含具有知识资本属性的无形资产。同时,确定企业的市场价值具有较强的主观性。由于这些原因,用这个公式计量知识资本显得有点困难。

(2) 结构法。这种方法的前提是明确知识资本的构成。由于项目的划分标准不同,有不同的表现形式。Stewart(1997)将知识资本分为人力资本、结构性资本和客户资本，并分别进行计量和加总。Brooking(1997)将知识资本分为四类，即市场资本、人才资本、知识产权和基础结构资本，分别进行计量、汇总。Malone(1997)将知识资本分成财务、顾客、流程、更新与发展、人力资源五个项目，在每个方面分别找了 100 多项指标，通过这些指标来表示知识资本的贡献与运用状况。

（3）Tobin 比较法。利用企业的重置成本与企业市场价值的比值来衡量企业的知识资本，即重置成本/市场价值。如果一企业的重置成本低于它的市场价值，那这个企业就获得了超额利润或者高于一般水平的投资回报，而知识资本正是企业获得超额利润的源泉。进而企业可根据情况和需要，用重置成本，市场价值来衡量企业获得超额利润的能力。该方法与第一种方法一样，可用于同行业企业之间或不同行业间知识资本的比较，而且亦受外部因素影响故须与其他财务指标结合使用。

（4）推算法。基于所采用指标或思路不一致而有不同的推算方法，但其基本原理相同。列维（BaruchLev）创建的方法分为以下步骤的操作：首先，明确公司标准年份的预期总收益，这些收益是由公司中有形资产、金融资产和知识资产共同创造的；其次，将有形资产和金融资产分别乘以预期收益率，计算出其收益额；最后，将预期总收益减去有形资产与金融资产的预期收益，即为知识资产收益，再用之除以知识资产的预期收益率，即贴现，就可得出知识资本数额。该方法将知识资本视为无形资产，它是建立在企业价值＝有形资产＋金融资产＋无形资产＋知识资产的基础之上的。上述方法只能确定企业整体知识资本，没有对知识资本的具体项目加以区分和评估，不利于企业掌握知识资本运营情况，对知识资本的管理和开发意义不大。而"结构法"有助于弥补上述几种评估方法的缺陷。

第三节　知识资本管理会计的基本内容

知识资本管理会计将长期被传统会计学科忽略的知识资本纳入会计反映和监督的范围，使会计学科第一次实现了对企业资本的全面反映和监督，科学地解决了知识资本出资者在企业的地位问题，是对传统会计学科缺陷的纠正和弥补。然而，知识资本管理会计在国内外都是新生事物，其理论体系的构建，首先依赖于知识资本基本理论，如知识资本概念的界定、构成以及计量问题。概念决定了知识资本的本质属性和内涵，也决定了知识资本的外延。只有明确了知识资本的概念，才能确定其内涵和外延，才能进一步明确知识资本的构成，也才能确定知识资本的计量以及激励问题。因此，未来知识资本管理会计研究要以知识资本基本理论研究为基础和出发点，进一步研究知识资本的企业价值创造过程以及其管理问题。

一、知识资本基本理论

从研究现状看，目前学术界对知识资本的内涵、构成、计量、管理等方面的研究成果尚缺乏共识，不同学者基于自身知识和理解，分别构建了不同的知识资本管理会计理论框架，不仅各理论框架之间存在差异，即使是同一理论框架内，各部分也是相互孤立的，前后联系不紧密。知识资本管理会计缺乏科学性、逻辑性和严密性。之所以会出现这样的差异，归根到底是知识资本相关理论基础尚未形成统一共识。因此，未来应进一步研究知识资本的概念、内涵、外延、构成以及其计量问题,为知识资本管理会计提供坚实的理论基础和可行的研究框架。

二、知识资本的价值创造机理研究

从价值创造的角度,真正创造价值的从来就是人(人力资源),是人所掌握的知识和技能。物的因素始终是以劳动工具(或手段)或劳动对象的形式出现,它们是不会自动增值的,是人通过使用劳动工具或手段,作用于劳动对象的物,在劳动中创造了价值。人的劳动创造价值,归根到底是人通过所掌握的知识和技能创造了价值增值,而财务资源在企业价值创造和增值过程中发挥着工具和手段作用,它与知识资本一样不可或缺。只将有两者有机结合才能创造价值,因此,探讨知识资本与财务资本的合作机制以及实现途径,特别是各种知识资本如何与财务资本结合来实现其价值增值,是知识资本管理会计研究的一个重要课题。

三、知识资本参与剩余收益分配研究

在明确了知识资本在价值创造和价值增值中的作用后,需要进一步研究的一个关键问题是,如何通过在知识资本和财务资本之间合理分配剩余收益,才能更好地激励知识资本以提高经济效益。如果不能合理分配剩余收益,就会抑制财务资本或知识资本的投入或作用,最终会影响企业经济绩效。正如前文所述,知识资本对企业经济效益的实现和提高起着决定性作用,虽然社会上也出现了资本追逐资本、资本与劳动合作,甚至资本受雇于劳动的新型关系,但受制于传统的"资本雇佣劳动"思想和制度的影响,如何激励知识资本以充分发挥其在企业价值创造中的作用,是知识资本管理会计一个更为核心的问题。

本　章　小　结

知识经济的出现,不仅改变了经济增长的方式,同时也改变了会计学科的面貌,使注重财务资本的会计学科面临着严峻的冲击和挑战,从而迎来了知识资本管理会计的新时代。知识资本的出现,使会计学科进入财务资本和知识资本融合并重的发展时期。而知识资本管理会计是人力资源管理会计的升华,目前知识资本的研究正处于方兴未艾的时期,知识资本的内涵、分类以及价值评估的相关研究成果丰富,但知识资本如何在企业中与传统资本结合起来共同创造价值是未来值得探讨的课题。

思　　考

复习思考题

1. 如何理解知识资本管理会计是人力资源管理会计的升华?
2. 如何把握国内外知识资本管理会计的研究现状和发展趋势? 未来存在哪些研究空间?
3. 如何理解知识资本的内涵? 知识资本应该如何分类和计量?

参 考 文 献

［1］曹中.管理会计学[M].3版.上海:立信会计出版社,2017.

［2］翟雪改,赵海霞.管理会计[M].2版.北京:清华大学出版社,2011.

［3］赵书和.成本与管理会计[M].5版.北京:机械工业出版社,2019.

［4］李文贵.美日管理会计比较与启示[J].财会通讯,2011(2):141-142.

［5］秦永和,王婧毅.美国管理会计师职业道德标准及启示[J].财务与会计,2000(7): 47-48.

［6］钱爱民,于守华.成本管理会计[M].北京:清华大学出版社,2007.

［7］唐婉虹,李怀栋,曹春华.成本管理会计[M].上海:立信会计出版社,2005.

［8］胡玉明,赖红宁,罗其安.成本会计[M].北京:清华大学出版社,2005.

［9］陆宇建,李冠众.管理会计学[M].大连:东北财经大学出版社,2009.

［10］王静刚.管理会计精要与个案[M].北京:科学出版社,2004.

［11］冯巧根.管理会计案例与学习指导书[M].2版.北京:中国人民大学出版社,2013.

［12］温素彬.管理会计理论、模型、案例[M].北京:机械工业出版社,2008.

［13］弗兰霍尔茨.人力资源管理会计[M].陈仁栋,译.上海:上海翻译出版公司,1986.

［14］张文贤.人力资源会计[M].北京:科学出版社,2010.

［15］谢琨.管理会计[M].北京:清华大学出版社,2008.

［16］颜敏,秦洪珍.管理会计学[M].北京:清华大学出版社,2013.

［17］陈今池.现代会计理论概论[M].上海:立信会计出版社,1993.

［18］李守明.成本与管理会计[M].武汉:武汉大学出版社,2002.

［19］余绪樱.管理会计[M].沈阳:辽宁人民出版社,1996.

附表：资金时间价值表

附表一　1元复利终值系数表[（S/P，i，n）]

n\i	0.5%	1%	2%	3%	4%	5%	6%	7%	8%	9%	10%	11%	12%	13%	14%	15%
1	1.005	1.010	1.020	1.030	1.040	1.050	1.060	1.070	1.080	1.090	1.100	1.110	1.120	1.130	1.140	1.150
2	1.01	1.020	1.040	1.060	1.081	1.102	1.123	1.144	1.166	1.188	1.210	1.232	1.254	1.277	1.300	1.322
3	1.015	1.030	1.061	1.092	1.124	1.157	1.191	1.225	1.259	1.295	1.331	1.368	1.405	1.443	1.582	1.520
4	1.020	1.041	1.082	1.125	1.169	1.215	1.262	1.310	1.360	1.411	1.464	1.518	1.574	1.630	1.689	1.749
5	1.025	1.051	1.104	1.159	1.216	1.276	1.338	1.402	1.469	1.538	1.610	1.685	1.762	1.842	1.925	2.011
6	1.030	1.061	1.126	1.194	1.265	1.340	1.418	1.500	1.586	1.677	1.771	1.870	1.974	2.082	2.195	2.313
7	1.035	1.072	1.148	1.229	1.315	1.407	1.503	1.605	1.713	1.828	1.948	2.076	2.211	2.353	2.502	2.660
8	1.040	1.082	1.171	1.266	1.368	1.477	1.593	1.718	1.850	1.992	2.143	2.305	2.476	2.658	2.853	3.059
9	1.045	1.093	1.195	1.304	1.423	1.551	1.689	1.838	1.999	2.171	2.357	2.558	2.773	3.004	3.252	3.517
10	1.051	1.104	1.218	1.343	1.480	1.628	1.790	1.967	2.158	2.367	2.593	2.839	3.106	3.395	3.707	4.045
11	1.056	1.115	1.243	1.384	1.539	1.710	1.898	2.104	2.331	2.580	2.853	3.152	3.479	3.836	4.226	4.652
12	1.061	1.126	1.268	1.425	1.061	1.795	2.012	2.252	2.518	2.812	3.138	3.498	3.896	4.335	4.818	5.350
13	1.066	1.138	1.293	1.468	1.665	1.885	1.132	2.409	2.719	3.065	3.452	3.883	4.363	4.898	5.492	6.152
14	1.072	1.149	1.319	1.512	1.731	1.979	2.260	2.578	2.937	3.341	3.797	4.310	4.887	5.535	6.261	7.075
15	1.077	1.16	1.345	1.557	1.8	2.078	2.396	2.759	3.172	3.642	4.177	4.785	5.474	6.254	7.138	8.137

（续表）

n＼i	0.5%	1%	2%	3%	4%	5%	6%	7%	8%	9%	10%	11%	12%	13%	14%	15%
16	1.083	1.172	1.372	1.604	1.872	2.182	2.540	2.952	3.425	3.970	4.594	5.311	6.130	7.067	8.137	9.357
17	1.088	1.184	1.400	1.652	1.947	2.292	2.692	3.158	3.700	4.327	5.054	5.895	6.866	7.986	9.276	10.761
18	1.093	1.196	1.428	1.702	2.025	2.406	2.854	3.379	3.996	4.717	5.559	6.544	7.690	9.024	10.575	12.375
19	1.099	1.208	1.456	1.753	2.106	2.526	3.025	3.616	4.315	5.141	6.116	7.263	8.613	10.197	12.056	14.231
20	1.104	1.220	1.485	1.806	2.191	2.653	3.207	3.869	4.660	5.604	6.727	8.062	9.646	11.523	13.743	16.366
21	1.110	1.232	1.515	1.860	2.278	2.785	3.399	4.140	5.033	6.108	7.400	8.949	10.803	13.021	15.668	18.821
22	1.115	1.244	1.545	1.916	2.369	2.925	3.603	4.430	5.436	6.658	8.140	9.934	12.100	14.714	17.861	21.644
23	1.121	1.257	1.576	1.973	2.464	3.071	3.819	4.74	5.871	7.257	8.954	11.026	13.552	16.627	20.362	24.891
24	1.127	1.269	1.608	2.032	2.563	3.225	4.048	5.072	6.341	7.911	9.849	12.239	15.179	18.788	23.212	28.625
25	1.132	1.282	1.64	2.093	2.665	3.386	4.291	5.427	6.848	8.623	10.834	13.585	17.000	21.231	26.462	32.918
26	1.138	1.295	1.673	2.156	2.772	3.555	4.549	5.807	7.396	9.399	11.918	15.080	19.040	23.990	30.167	37.856
27	1.144	1.308	1.706	2.221	2.883	3.733	4.822	6.213	7.988	10.245	13.109	16.739	21.325	27.109	34.390	43.135
28	1.149	1.321	1.741	2.287	2.998	3.920	5.111	6.648	8.627	11.167	14.420	18.580	23.884	30.633	39.204	50.065
29	1.155	1.334	1.775	2.356	3.118	4.116	5.418	7.114	9.317	12.172	15.863	20.634	26.750	34.616	44.693	57.575
30	1.161	1.347	1.811	2.427	3.243	4.321	5.743	7.612	10.062	13.267	17.449	22.892	29.960	39.116	50.950	66.211
31	1.167	1.361	1.847	2.500	3.373	4.538	6.088	8.145	10.867	14.641	19.194	25.410	33.555	44.201	58.083	76.143
32	1.173	1.374	1.884	2.575	3.508	4.764	8.453	8.715	11.737	15.763	21.113	28.206	37.582	49.974	66.215	87.565
33	1.178	1.388	1.922	2.652	3.648	5.003	6.840	9.325	12.676	17.182	23.225	31.308	42.092	56.440	75.485	100.699
34	1.184	1.402	1.960	2.731	30794	5.253	7.251	9.978	13.690	18.728	25.547	34.752	47.143	63.777	86.053	115.804
35	1.190	1.416	1.999	2.813	3.946	5.516	7.686	10.676	14.785	20.413	28.102	38.575	52.800	72.069	98.100	113.175

附表二 1元复利现值系数表[(P/S, i, n)]

n i	1%	2%	3%	4%	5%	6%	7%	8%	9%	10%	11%	12%	13%	14%	15%
1	0.990	0.980	0.970	0.962	0.952	0.943	0.935	0.926	0.917	0.900	0.901	0.893	0.885	0.877	0.879
2	0.980	0.961	0.942	0.925	0.907	0.890	0.873	0.857	0.842	0.826	0.812	0.797	0.783	0.769	0.756
3	0.970	0.942	0.915	0.889	0.863	0.840	0.816	0.794	0.772	0.751	0.731	0.712	0.693	0.675	0.658
4	0.961	0.924	0.888	0.855	0.822	0.792	0.763	0.735	0.708	0.683	0.659	0.636	0.613	0.592	0.572
5	0.951	0.906	0.862	0.822	0.783	0.747	0.713	0.681	0.650	0.621	0.593	0.567	0.543	0.519	0.497
6	0.942	0.888	0.837	0.790	0.746	0.705	0.666	0.630	0.596	0.564	0.535	0.507	0.480	0.456	0.432
7	0.933	0.871	0.813	0.760	0.710	0.665	0.623	0.583	0.547	0.513	0.482	0.452	0.425	0.400	0.376
8	0.922	0.853	0.789	0.731	0.670	0.627	0.582	0.540	0.502	0.467	0.434	0.403	0.376	0.351	0.327
9	0.914	0.837	0.766	0.703	0.644	0.592	0.544	0.500	0.460	0.424	0.391	0.361	0.333	0.308	0.284
10	0.905	0.820	0.744	0.670	0.613	0.558	0.508	0.462	0.422	0.386	0.352	0.322	0.295	0.270	0.247
11	0.896	0.804	0.722	0.650	0.584	0.527	0.475	0.429	0.388	0.350	0.317	0.287	0.261	0.237	0.215
12	0.887	0.788	0.701	0.625	0.556	0.497	0.444	0.397	0.356	0.319	0.286	0.257	0.231	0.208	0.187
13	0.879	0.733	0.680	0.601	0.530	0.469	0.415	0.368	0.326	0.290	0.258	0.229	0.204	0.182	0.163
14	0.87	0.758	0.661	0.577	0.505	0.442	0.388	0.340	0.299	0.263	0.232	0.205	0.181	0.160	0.141
15	0.861	0.743	0.641	0.555	0.481	0.417	0.362	0.315	0.275	0.239	0.209	0.183	0.160	0.140	0.123

（续表）

n \ i	1%	2%	3%	4%	5%	6%	7%	8%	9%	10%	11%	12%	13%	14%	15%
16	0.853	0.728	0.623	0.534	0.458	0.394	0.339	0.292	0.252	0.218	0.188	0.163	0.141	0.123	0.107
17	0.844	0.714	0.605	0.513	0.436	0.371	0.317	0.270	0.231	0.198	0.170	0.146	0.125	0.108	0.093
18	0.836	0.700	0.587	0.494	0.415	0.350	0.296	0.250	0.212	0.180	0.153	0.130	0.110	0.095	0.081
19	0.828	0.686	0.570	0.475	0.395	0.331	0.277	0.232	0.194	0.164	0.138	0.116	0.098	0.083	0.070
20	0.820	0.673	0.553	0.456	0.376	0.312	0.258	0.215	0.178	0.149	0.124	0.104	0.088	0.073	0.061
21	0.811	0.660	0.537	0.439	0.358	0.294	0.241	0.199	0.164	0.135	0.112	0.093	0.077	0.064	0.053
22	0.803	0.647	0.521	0.422	0.341	0.278	0.226	0.184	0.150	0.123	0.101	0.083	0.068	0.056	0.046
23	0.795	0.634	0.506	0.406	0.325	0.262	0.211	0.170	0.138	0.112	0.091	0.074	0.060	0.049	0.040
24	0.788	0.622	0.491	0.390	0.310	0.247	0.197	0.158	0.126	0.102	0.082	0.066	0.053	0.043	0.035
25	0.78	0.610	0.477	0.375	0.295	0.233	0.184	0.146	0.116	0.092	0.074	0.059	0.047	0.038	0.030
26	0.772	0.598	0.463	0.361	0.281	0.220	0.172	0.135	0.106	0.084	0.066	0.053	0.042	0.033	0.026
27	0.764	0.580	0.450	0.347	0.267	0.207	0.161	0.125	0.098	0.076	0.060	0.047	0.037	0.029	0.023
28	0.757	0.574	0.437	0.333	0.255	0.196	0.150	0.116	0.090	0.069	0.054	0.042	0.033	0.026	0.020
29	0.749	0.563	0.424	0.321	0.242	0.185	0.141	0.107	0.082	0.063	0.048	0.037	0.029	0.022	0.017
30	0.742	0.552	0.411	0.308	0.231	0.174	0.131	0.999	0.075	0.057	0.044	0.033	0.026	0.020	0.015
31	0.735	0.541	0.400	0.300	0.220	0.164	0.123	0.092	0.069	0.052	0.039	0.030	0.023	0.013	0.013
32	0.727	0.531	0.388	0.285	0.210	0.155	0.115	0.085	0.063	0.047	0.035	0.027	0.020	0.011	0.011
33	0.720	0.520	0.377	0.274	0.255	0.146	0.107	0.079	0.058	0.043	0.032	0.024	0.018	0.010	0.010
34	0.713	0.510	0.366	0.264	0.243	0.138	0.100	0.073	0.050	0.039	0.029	0.021	0.016	0.009	0.009
35	0.706	0.500	0.355	0.253	0.231	0.130	0.094	0.068	0.049	0.036	0.026	0.019	0.014	0.008	0.008

附表三　1元年金终值系数表[(S/A,i,n)]

n\i	1%	2%	3%	4%	5%	6%	7%	8%	9%	10%	11%	12%	13%	14%	15%
1	1.000	1.000	1.000	1.000	1.000	1.000	1.000	1.000	1.000	1.000	1.000	1.000	1.000	1.000	1.000
2	2.010	2.020	2.030	2.040	2.050	2.060	2.070	2.080	2.090	2.100	2.110	2.120	2.130	2.140	2.150
3	3.030	3.075	3.090	3.121	3.152	3.183	3.214	3.246	3.278	3.310	3.342	3.374	3.407	3.440	3.472
4	4.060	4.152	4.183	4.246	4.310	4.374	4.439	4.506	4.573	4.641	4.710	4.780	4.850	4.921	4.993
5	5.101	5.204	5.309	5.416	5.525	5.637	5.750	5.866	5.934	6.105	6.228	6.353	6.480	6.610	6.742
6	6.152	6.308	6.468	6.632	6.801	6.975	7.153	7.335	7.523	7.715	7.913	8.115	8.323	8.536	8.375
7	7.213	7.434	7.662	7.898	8.142	8.393	8.654	8.922	9.200	9.487	9.783	10.089	10.405	10.730	11.066
8	8.285	8.582	8.892	9.214	9.549	9.897	10.259	10.636	11.028	11.435	11.859	12.300	12.757	13.232	13.726
9	9.368	9.754	10.159	10.582	11.026	11.491	11.977	12.487	13.021	13.579	14.164	14.776	15.416	16.085	16.785
10	10.462	10.949	11.463	12.006	12.577	13.180	13.816	14.486	15.192	15.937	16.722	17.549	18.420	19.337	20.303
11	11.566	12.168	12.807	13.486	14.206	14.971	15.783	16.645	17.560	18.531	19.561	20.655	21.814	23.045	24.349
12	12.682	13.412	14.192	15.025	15.917	16.869	17.888	18.977	20.140	21.384	22.713	24.133	25.650	27.271	29.001
13	13.809	14.680	15.617	16.626	17.712	18.882	20.140	21.495	22.953	24.522	26.212	28.029	29.985	32.089	34.351
14	14.947	15.973	17.086	18.291	19.598	21.015	22.55	24.214	26.019	27.974	30.095	32.393	34.883	37.581	40.554
15	16.096	17.293	18.598	20.623	21.578	23.275	25.129	27.152	29.360	31.772	34.405	37.280	40.417	43.842	47.580

（续表）

n\i	1%	2%	3%	4%	5%	6%	7%	8%	9%	10%	11%	12%	13%	14%	15%
16	17.257	18.639	20.156	21.824	23.657	25.672	27.888	30.324	33.003	35.949	39.190	42.753	46.671	50.980	55.717
17	18.430	20.012	21.761	23.697	25.810	28.212	30.840	33.750	36.973	40.544	44.501	48.884	53.739	59.118	65.075
18	19.614	21.412	23.414	25.645	28.132	30.905	33.999	37.450	41.301	45.599	50.396	55.750	61.725	68.394	75.836
19	20.810	22.840	25.116	27.671	30.539	33.759	37.378	41.446	46.018	51.159	56.939	63.440	70.749	78.969	88.211
20	22.019	24.297	26.870	29.778	33.065	36.785	40.995	45.761	51.16	57.274	64.203	72.052	80.947	91.025	102.443
21	23.239	25.783	28.676	31.969	35.719	39.992	44.865	50.442	56.764	64.002	72.265	81.699	92.470	104.768	118.810
22	24.471	27.298	30.536	34.247	38.505	43.392	49.005	55.456	62.873	41.402	81.214	92.503	105.491	120.436	137.631
23	25.716	28.844	32.452	36.617	41.430	46.995	53.176	60.893	69.531	79.543	91.148	104.603	120.205	138.297	159.276
24	26.973	30.421	34.426	39.083	44.501	50.815	58.176	66.893	76.789	88.497	102.174	118.155	136.831	158.659	184.167
25	28.243	32.030	39.459	41.645	47.727	54.864	63.249	73.105	84.700	98.347	114.413	133.334	155.620	181.871	212.793
26	29.525	33.670	38.553	44.311	51.113	59.156	68.676	79.954	93.323	109.181	127.999	150.334	176.85	208.333	245.711
27	30.820	35.344	40.709	47.084	54.669	63.705	74.483	87.350	102.723	121.099	143.079	169.374	200.841	238.499	283.568
28	32.129	37.051	42.930	49.967	58.402	68.528	80.697	95.338	112.968	134.209	159.817	190.699	227.950	272.889	327.104
29	33.450	38.792	45.218	52.966	62.322	73.639	87.346	103.965	124.135	148.630	178.397	214.583	258.583	312.094	377.169
30	34.784	40.568	47.575	56.084	66.438	79.058	94.460	113.283	136.307	164.494	199.021	241.333	293.199	356.787	434.745
31	36.132	42.379	50.002	59.328	70.76	84.801	102.073	123.345	149.575	181.943	221.913	271.293	332.315	407.737	500.956
32	37.494	44.227	52.502	62.701	75.298	90.889	110.218	134.213	164.036	201.137	247.324	304.848	376.516	465.82	577.100
33	38.869	46.111	55.077	66.209	80.063	97.343	118.933	145.95	179.800	222.251	275.529	342.429	426.463	532.035	664.665
34	40.257	48.033	57.730	69.857	85.066	104.133	128.258	158.626	196.982	245.476	306.837	384.521	482.903	607.520	765.365
35	41.660	49.994	60.462	73.652	90.320	111.434	138.236	172.316	215.710	271.024	341.590	431.663	546.681	693.573	881.170

附表四　1元年金现值系数表[（P/S，i，n）]

n \ i	1%	2%	3%	4%	5%	6%	7%	8%	9%	10%	11%	12%	13%	14%	15%
1	0.990	0.908	0.970	0.962	0.952	0.943	0.935	0.926	0.917	0.909	0.901	0.893	0.885	0.877	0.870
2	1.970	1.942	1.913	1.886	1.859	1.833	1.808	1.783	1.759	1.736	1.713	1.690	1.668	1.647	1.626
3	2.941	2.884	2.828	2.775	2.723	2.673	2.624	2.577	2.531	2.487	2.444	2.402	2.361	2.322	2.283
4	3.902	3.808	3.717	3.630	3.545	3.465	3.387	3.312	3.24	3.170	3.102	3.037	2.974	2.914	2.855
5	4.853	4.713	4.579	4.452	4.329	4.212	4.100	3.993	3.890	3.791	3.700	3.605	3.517	3.433	3.352
6	5.795	5.601	5.417	5.242	5.075	4.917	4.767	4.023	4.486	4.355	4.231	4.111	3.998	3.889	3.784
7	6.728	6.472	6.230	6.002	5.786	5.582	5.389	5.206	5.033	4.868	4.712	4.564	4.423	4.288	4.160
8	7.652	7.325	7.019	6.733	6.463	6.210	5.971	5.747	5.535	5.335	5.146	4.968	4.799	4.639	4.487
9	8.566	8.162	7.786	7.435	7.107	6.802	6.515	6.247	5.995	5.759	5.537	5.328	5.132	4.946	4.772
10	9.471	8.983	8.530	8.111	7.721	7.360	7.024	6.710	6.418	6.145	5.889	5.650	5.426	5.216	5.019
11	10.368	9.787	9.252	8.760	8.306	7.887	7.499	7.139	6.805	6.495	6.207	5.938	5.687	5.453	5.234
12	11.255	10.575	9.954	9.385	8.863	8.384	7.943	7.536	7.161	6.814	6.492	6.194	5.918	5.660	5.421
13	12.134	11.343	10.634	9.986	9.393	8.853	8.358	7.904	7.487	7.103	6.750	6.424	6.122	5.842	5.583
14	13.004	12.106	11.296	10.563	9.989	9.295	8.745	8.244	7.786	7.367	6.682	6.628	6.302	6.002	5.724
15	13.865	12.819	11.937	11.118	10.379	9.712	9.108	8.559	8.061	7.606	7.191	6.811	6.462	6.142	5.847

（续表）

n\i	1%	2%	3%	4%	5%	6%	7%	8%	9%	10%	11%	12%	13%	14%	15%
16	14.718	13.578	12.561	11.652	10.837	10.106	9.447	8.851	8.313	7.824	7.379	6.974	6.604	6.256	5.954
17	15.562	14.292	13.166	12.166	11.274	10.477	9.763	9.122	8.544	8.022	7.549	6.980	6.729	6.373	6.047
18	16.398	14.992	13.753	12.659	11.689	10.828	10.059	9.372	8.756	8.201	7.702	7.250	6.840	6.467	6.128
19	17.226	15.678	14.323	13.134	12.085	11.158	10.336	9.604	8.950	8.365	7.839	7.366	6.938	6.550	6.198
20	18.046	16.351	14.877	13.590	12.462	11.470	10.594	9.818	9.129	8.514	7.963	7.469	7.025	6.623	6.259
21	18.857	17.001	15.415	14.029	12.821	11.764	10.836	10.017	9.292	8.649	8.075	7.562	7.102	6.687	6.312
22	19.66	17.658	15.936	14.451	13.163	12.024	11.061	10.210	9.442	8.772	8.176	7.645	7.170	6.743	6.359
23	20.456	18.292	16.443	14.857	13.488	12.303	11.272	10.371	9.580	8.883	8.266	7.718	7.230	6.792	6.399
24	21.243	18.914	16.935	15.247	13.798	12.550	11.469	10.529	9.707	8.945	8.348	7.784	7.283	6.835	6.434
25	22.023	19.523	17.413	15.622	14.093	12.783	11.654	10.675	9.823	9.007	8.422	7.843	7.330	6.873	6.464
26	22.795	20.121	17.876	15.982	14.375	13.003	11.826	10.810	9.929	9.161	8.488	7.896	7.372	6.906	6.491
27	23.560	20.707	18.327	16.330	14.643	13.211	11.987	10.935	10.027	9.237	8.578	7.943	7.409	6.935	6.514
28	24.316	21.281	18.764	16.663	14.898	13.406	12.137	11.051	10.116	9.307	8.602	7.984	7.441	6.961	6.534
29	25.066	21.844	19.188	16.984	15.141	13.591	12.278	11.158	10.198	9.370	8.650	8.022	7.470	6.983	6.551
30	25.808	22.396	19.600	17.292	15.372	13.765	12.409	11.258	10.274	9.427	8.694	8.055	7.496	7.002	6.566
31	26.542	22.938	20.000	17.588	15.593	13.929	12.532	11.350	10.343	9.479	8.733	8.085	7.518	7.020	6.579
32	27.270	23.468	20.389	17.874	15.803	14.084	12.647	11.435	10.406	9.526	8.769	8.112	7.538	7.035	6.591
33	27.990	23.989	20.767	18.148	16.003	14.230	12.754	11.534	10.464	9.569	8.801	8.135	7.556	7.048	6.600
34	28.703	24.499	21.132	18.411	16.193	14.368	12.854	11.587	10.518	9.609	8.829	8.157	7.572	7.060	6.609
35	29.409	24.999	21.487	18.665	16.374	14.498	12.948	11.655	10.567	9.644	8.855	8.176	7.586	70.700	6.617